【增订本】

浮华背后的五代十国

杜文玉 著

陕西师范大学出版总社

图书代号：SK22N0544

图书在版编目（CIP）数据

夜宴：浮华背后的五代十国 / 杜文玉著. —增订本. —西安：陕西师范大学出版总社有限公司，2022.5（2025.6重印）
ISBN 978-7-5695-2805-3

Ⅰ.①夜… Ⅱ.①杜… Ⅲ.①中国历史－五代十国时期－通俗读物 Ⅳ.①K243.09

中国版本图书馆CIP数据核字（2022）第024843号

夜宴——浮华背后的五代十国（增订本）
YEYAN——FUHUA BEIHOU DE WUDAISHIGUO（ZENGDINGBEN）

杜文玉　著

出 版 人	刘东风
出版统筹	侯海英　曹联养
责任编辑	王　森
责任校对	张爱林　远　阳
封面设计	东合社·安宁
版式设计	锦　册
出版发行	陕西师范大学出版总社 （西安市长安南路199号　邮编710062）
网　　址	http://www.snupg.com
印　　刷	陕西龙山海天艺术印务有限公司
开　　本	710 mm×1000 mm　1/16
印　　张	22
字　　数	260千
版　　次	2022年5月第1版
印　　次	2025年6月第3次印刷
书　　号	ISBN 978-7-5695-2805-3
定　　价	88.00元

读者购书、书店添货或发现印装质量问题，请与本公司营销部联系、调换。
电话：（029）85307864　85303629　　传真：（029）85303879

自序

发生在《夜宴图》与韩熙载身上的故事，以及韩熙载与他周围的人们生活的那个历史时代，对于当代相当部分的中国人来说是陌生而遥远的，但是却为后人留下了无尽的话题。人们在看到《夜宴图》的时候不只会想到它的思想内涵、艺术特点、图中人物的命运，更会关心他们生活的那个时代的风貌，关心韩熙载坎坷的人生，还有这一时期错综复杂的历史进程等。

当我坐在书房中为此书在电脑键盘上敲下最后一个句号时，我感到一丝轻松，因为我终于可以以我之所知讲述人们未必耳熟能详的故事了。同时，又略有不安，总觉得还有一些话需要交代，这就是韩熙载所生活的那个时代的历史特点。

韩熙载所处的时代，历史上称之为"五代十国"，它是在繁荣昌盛的唐王朝之后出现的一段分裂割据的历史时期，也是一个金戈铁马、战火纷飞的动荡时代。

所谓"五代"，是指后梁、后唐、后晋、后汉、后周等五个王朝，都是建立在中原地区的政权，也是所谓的正朔之所在；所谓"十国"，指建立在南方的九个政权，即吴、南唐、吴越、南楚、闽、南汉、南平、前蜀、后蜀，再加上割据于今山西的北汉。此外，还有大理、定难、秦岐等没有算在五代十国内的一些割据政权。五代十国的历史从公元907年朱全忠篡唐建立后梁起，至公元960年赵匡胤陈桥兵变建立北宋王朝止，共计五十三年。这是旧史家的传统观点。其实在北宋建立时，十国中的大部分政权，如吴越、南汉、南平、南唐、后蜀、北汉等小国都还存在，如何能说这个时代已经终结了呢？公元979年，北宋大军灭亡了北汉，中国才算基本统一，若以此来计算，则五代十国的历史实达七十二年，而十国中有些政权的建立还要更早一些。

由于五代十国是一个社会动荡、战乱纷起的历史时期，这一段历史自宋代以来便被人们所忽视。其实这是一个完全错误的做法。首先，就像有的现代学者所说的，这一时期"表面上乱，实质是变"。其最大的变化便是，从这一段历史开始，就始终存在着一个统一的发展趋势，而不是人们通常所说的五代十国是唐末军阀混战的继续。因为在唐朝末年，全国到处是藩镇割据，混战连年不息，而这一时期却在中原地区消灭了藩镇割据，实现了局部统一，南方各国也各自实现了区域性统一。这种区域性的统一，有利于当地社会经济与文化的恢复和发展，再经过数十年的努力，终于在这个基础上实现了全国的大一统。

其次，这一历史时期的社会结构发生了极大的变化。唐朝的统治阶层从皇室到官员，不是士族出身就是科举出身的新贵，他们往往以门第自高，在婚姻观念上崇尚阀阅。这种以衣冠缙绅为主的社会结构，到了五代十国时期发生了彻底的改变，从皇帝、国王到朝廷权贵，大多来自社会下层，其思想观念更多地来自平民，婚姻不尚阀阅。至于广大农民，人身依附关系则更加松弛，租佃制的进一步发展，使其人身更加自由。

再次，这一时期的经济与文化得到了一定程度的发展，有的地区甚至可以说是突飞猛进。为了能够在强敌林立的社会环境中得以生存，各国无不发展社会经济，主要是在手工业、商业、农业商品化等方面，比之唐代有了较大的进步，原来一些经济落后的地区，如福建、两广、江西、湖南等，都得到了较大程度的开发。至于文化方面，诗词、绘画、书法等都有较大程度的发展，南方各国无不重视对文人的吸纳，重视发展教育事业，培养本地区人才。在这一时期全国出现了两个文化中心，即南唐与西蜀。在中国文学史上有所谓"唐宋八大家"之说，除了唐代两人外，宋代的六个人，原南唐境内的江西与西蜀正好各占三位，这种现象绝非偶然的巧合。还可以再举一个例子：唐代的福建考中进士者凤毛麟角，可是到了宋代，福建人才辈出，在当时的政治舞台与学术园地中占有重要的地位。所有这一切都与五代十国时期社会经济的发展有着极为密切的关系。

这个时代导致了多少人间悲剧的发生，又上演了多少威武雄壮的历史活剧；涌现了多少才华横溢的奇才异士，又出现了多少嗜杀成性的赳赳武夫……这是一个扭曲的历史时代，又是一个发展变化的新时期，所有这些看似矛盾的事物共同构成了这个时代的鲜明特点。我不知道这样的描述是否无愧于这一段历史，也不知道能否经受得起读者的检验。我将会以一颗真诚的心对待一切评论，并修正自己的不足。

杜文玉

2006 年 7 月 8 日初稿
2021 年 6 月 20 日增订

目录

导语
夜宴图 ／001

夜夜笙歌
夜宴及《夜宴图》 ／002

高步出群
风流倜傥韩熙载 ／010
避乱到吴国 ／012
坎坷宦途在南唐 ／015

难言苦闷
纵情声色自无奈 ／024

动荡
夜宴的时代 ／029

天子兵强马壮者为之
藩帅当皇帝 ／030

唐帝国的末日 ／030

十七年后梁 ／045

十三年后唐 ／054

十年后晋 ／066

三年后汉 ／071

十年后周 ／075

毛锥子安足用
武夫任将相 ／083

士族的衰亡 ／083

武夫的天堂 ／091

四分五裂的割据政权
诸国君主相 ／099

闭门称帝的吴越钱氏 ／099

兄弟阋墙的福建王氏 ／105

残暴的南汉诸帝 ／110

老骥伏枥与群驹争槽 ／114

人称无赖的南平高氏 ／119

其余诸国君主 ／121

十国之外的诸国君主 ／131

无为
夜宴的君主 /141

治国理念的变化
从先主李昪到中主李璟 /142

吴国杨氏失权 /142
先主李昪身世之谜 /147
雄心勃勃的统一之梦 /151
复杂的宫廷斗争 /159
混乱的南唐政局 /165

只配当翰林学士的皇帝
后主李煜 /176

储位之争与家庭生活 /176
政治庸人与文学奇才 /182
软弱无为与苟安偷生 /193

三十年来梦一场
李煜的可悲下场 /197

城破为臣虏 /197
往事已成空 /205

苦闷
夜宴者的心态 /215

无可奈何花落去
韩熙载心态剖析 /216

空怀抱负 /216
心灰意冷 /224

从《长乐老自叙》说起
北方士风 /228

《长乐老自叙》的由来 /228
离世混事之北方士风 /233

旷达与狂躁
南方诸国士风 /250

吴唐：狂躁重教 /250
西蜀：浮靡重金 /257
他国：委身武夫 /264

茫然
夜宴的参与者 /271

南唐党争
从宋齐丘、孙晟说起 /272

朋党的形成 /272
党争的焦点 /280
党争的结局 /284

轻薄浮躁
宰相冯延巳 /287

无能宰相 /287
五鬼乱政 /292
文学成就 /297

比翼双飞
徐铉、徐锴兄弟 /301

徐铉：博学扬美名 /301
徐锴：多才未彰显 /306

耿直愚忠
潘佑、李平悲惨的命运 /309

超然洒脱
韩熙载的朋辈 /317

尾声
归宿 ／323

参考文献 ／329

五代十国简表 ／337

后记 ／339

导语 夜宴图

南唐，五代十国时期"十国"之一，国都在金陵，也就是今天的江苏省南京市。五代十国前承鼎盛的唐朝，后启繁华的两宋，在中国古代王朝的两座高峰之间，呈现出低洼的"马鞍"形状。这的确是一个分崩离析、各主其政、强凌弱、众暴寡的动荡纷乱时代。而南唐的名臣韩熙载却是夜夜笙歌，诗酒唱和，仿佛陶醉在太平盛世一般。

往事悠悠，不可追寻，而那幅《韩熙载夜宴图》却传递了他当年的狂放不羁。

夜夜笙歌
夜宴及《夜宴图》

在南唐后主李煜统治的最后六七年间，具体地说，即公元968至970年间的一天日暮时分，熙熙攘攘的金陵城结束了一天的喧嚣，逐渐趋于寂静。夜幕降临以后，除了巡城将士偶然穿过街巷外，几乎没有行人往来。城南凤台里天禧寺东有一座豪宅，这就是南唐中书侍郎韩熙载的府第，此刻却宾客盈门，十分热闹，南唐有名的画师顾闳中也混在其中。

这不是顾闳中第一次来到韩熙载的家里，但是那份豪华的气派还是让他叹服。厅堂上黑色几案坐榻沉厚古雅，宽大的屏风绘有山石树木，几案上摆满了精美的食器，食器中盛满菜肴、美酒，侍女环列左右，只待宾客到齐，夜宴便正式开始。

在画家顾闳中的眼中，韩熙载家的夜宴是从听乐开始的。宾客们在觥筹交错、语笑喧哗之后，或坐或立，男女相错，欣赏教坊副使李家明的妹妹弹奏琵琶。李家明坐在其妹身旁，在场的宾客还有紫微郎

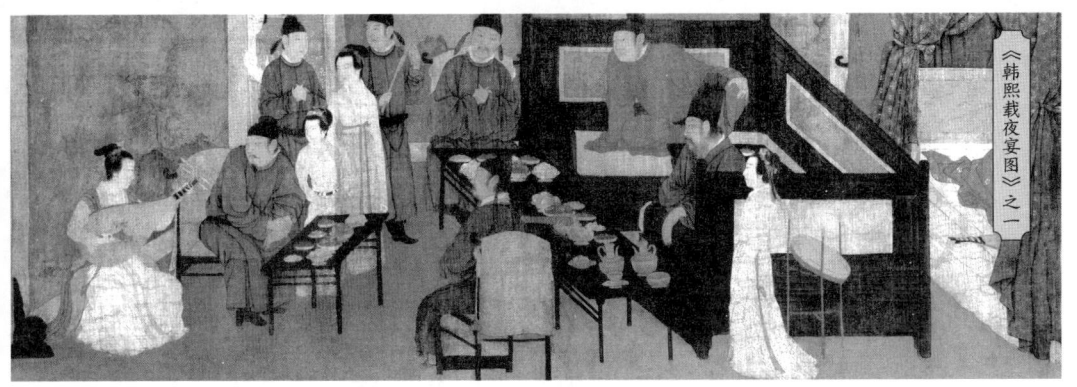

《韩熙载夜宴图》之一

朱铣、太常博士陈致雍、门生舒雅、家伎王屋山等人,坐在榻上身着红袍者为状元郎粲。在这一时刻,众人的目光大多集中在李家明之妹身上,认真倾听其精彩的演奏。此时的韩熙载高冠长髯坐于榻边,垂手注目,若有所思,表现出一副漫不经心的样子。

李家明的妹妹刚刚退下,韩熙载家中的宠伎王屋山便应节起舞了。王屋山身材小巧玲珑,能歌善舞,聪慧异常,深得韩熙载的怜爱,"每醉,须乐聒之乃醒",可见宠爱到何种程度。王屋山表演的是唐代著名歌舞大曲《六幺》,本名《录要》,后讹为《六幺》《绿腰》,属于软舞系列,多由女子独舞。关于此舞的舞姿描写,有唐代诗人李群玉的《长沙九日登东楼观舞》诗:

南国有佳人,轻盈绿腰舞。
华筵九秋暮,飞袂拂云雨。
翩如兰苕翠,宛如游龙举。
越艳罢前溪,吴姬停白纻。
慢态不能穷,繁姿曲向终。
低回莲破浪,凌乱雪萦风。
坠珥时流盼,修裾欲溯空。
唯愁捉不住,飞去逐惊鸿。

这首诗将《六幺》舞轻盈飘逸的优美舞姿描写得详尽具体、淋漓尽致,真让人恨不生当其时,一睹为快。在王屋山表演时,韩熙载亲击羯鼓,以鼓点表示节奏,此时他的兴致虽然渐渐高涨起来,但仍然不露笑容。其他人有的拍板,有的击掌,沉醉之态,乐不知归。韩熙载的好友德明和尚，这时与此景不期而遇，尴尬地拱手而背立，不敢直视舞者。韩熙载是个崇信佛教之人，曾送二幼婢出家，一人名叫凝酥，另一人叫素质，因此在其家中出现僧人不足为奇。

《韩熙载夜宴图》之二

乐舞结束后，韩熙载退入内室休息，宾客也分别休息。韩熙载坐在榻上，一名侍婢端水让他盥濯，另一名侍婢送来茶水，余婢围侍榻上。仅韩熙载小憩时，其周围侍奉的婢妾就达七人之多。韩熙载家蓄养伎妾百余人，除了王屋山外，还有多人也精通音乐歌舞。

《韩熙载夜宴图》之三

导语
夜宴图

短暂的休憩之后,夜宴继续进行。韩熙载更换便装,敞露胸膛,盘坐椅上,一边执扇与侍婢说话,一边倾听音乐,其身侧有一婢执扇,身后有一婢服侍。韩熙载的面前有五名女伎在拍板的应和下箫笛齐吹;教坊副使李家明亲执拍板,配合箫笛演奏。李家明与韩熙载是亲密无间的朋友,他在韩熙载家无拘无束。

《韩熙载夜宴图》之四

欣赏完音乐演奏后,已到夜阑时分,宾客们纷纷散去。韩熙载举手示意,送别宾客。有的宾客醉醺醺地搂抱着伎妾的腰部;有的宾客牵着伎妾的手,态度亲昵;还有一婢隔屏风与一宾客私语,像是在挽留。韩熙载家伎妾众多,不加防闲,旦暮不禁出入,与宾客生徒杂处,甚至有"夜奔客寝"者。

《韩熙载夜宴图》之五

晚年的韩熙载纵情声色，金陵韩府的夜宴笑忘流年。在宫廷画师顾闳中的笔下，这一切竟然成为历史瞬间的永恒定格，从而为我国绘画史增添了光彩夺目的一页，留下了一幅杰出的古代绘画佳作。顾闳中是南唐的画院待诏，他来到韩府参加夜宴，应该是没有得到主人的邀请。这位画师眼光独特，他把韩熙载家中的宴乐场景分为五个部分，绘制在长335.5厘米、宽28.7厘米的绢面上，这就是有名的《韩熙载夜宴图》。

这幅画作现藏于北京故宫博物院，自南宋"绍兴"印到近代张大千的收藏印记，钤印共计四十六方，著录于《宣和画谱》《御定佩文斋书画谱》《庚子销夏记》《石渠宝笈初编》等书。

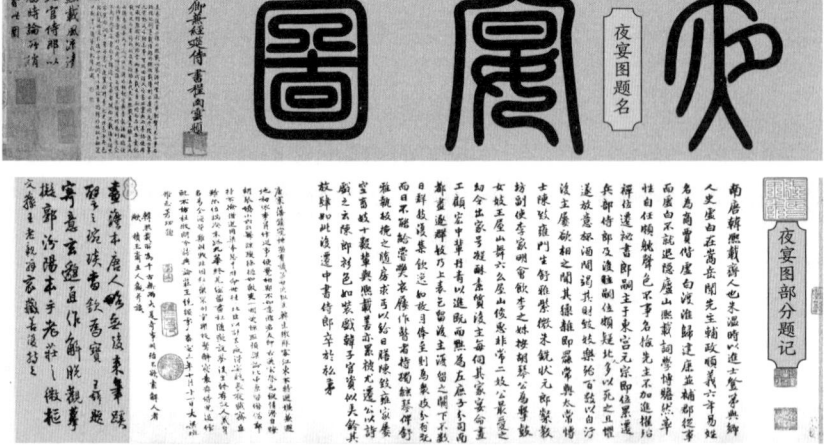

《韩熙载夜宴图》以连环长卷的形式描摹了韩熙载家设宴行乐的场景，根据场景先后次序以韩熙载为中心，分为"听乐""观舞""歇息""清吹""宴散"等五个场景。从艺术构思的精密程度看，画家采取了传统的构图方式，但却打破了时间概念，五个场景一气贯注，把不同时间中进行的活动组织在同一画面上。全画组

导语
夜宴图

织连贯流畅，画面情节复杂，人物众多，却安排得宾主有序、繁简得度。在场景之间，画家非常巧妙地运用屏风、几案、管弦乐器、床榻等器物，完成了不同场景间的过渡，将时间和空间不露痕迹地糅为一体，使之既有相互连接性，又有彼此分离感；既可以独立成画，又可合为一幅完整的画卷。其中有些画面没有画出墙壁、门窗、屋顶，也没有画出光暗及灯烛，但通过人物的活动，却能让观众感到宴会是夜晚时分在室内进行的，体现了中国传统绘画的简练手法。犹如中国的传统戏剧，不用布景，只用手势、眼神等便让观众感受到周围景物历历在目，构思巧妙，令人叫绝。

整幅画卷以韩熙载为表现中心，细致地描绘了他从夜宴开始以后几个不同阶段的神情与活动，精细地把握住了他的情绪变化。韩熙载长髯、高冠的外形描绘，与文献记载完全吻合。他一方面在宴会上与宾客觥筹交错，不拘小节，亲自击鼓为王屋山伴奏，敞胸露怀听伎乐合奏，送别时听任客人与家伎厮混，充分反映了他狂放不羁、纵情声色的处世态度和生活追求；另一方面又心不在焉、满怀忧郁，擂鼓时双目凝视、面不露笑，听清吹时漫不经心地与对面侍女闲谈……纵情声色的外表，难掩其对国事的忧心忡忡。

在全图四十多个人物的刻画上，作者力求以形传神，通过人物的动态表现反映其内心状况，同时营造了多种群像组合形态，呈现出生动和谐的形式美感。画家还善用细节传情达意，如以侍女探头听琵琶暗示演奏技艺之高超，以盘中水果点明节令，以案上烛火表示时间，等等，都值得细心去体会。画面中乐曲悠扬，舞姿曼妙，觥筹交错，笑语喧哗，更突出了韩熙载的忧郁无聊、心事重重。

这幅作品的艺术水平相当高超。造型准确精微，线条工细流畅，色彩绚丽清雅。不同物象的笔墨运用富有变化，尤其敷色更见丰富、和谐：仕女的素妆艳服与男宾的青黑色衣衫形成鲜明对照；几案坐榻等深黑色家具沉厚古雅，仕女裙衫、帘幕、帐幔、枕席上的图案又绚烂多彩。不同色彩对比参差、交相辉映，使整体色调艳而不俗，绚中出素，呈现出高雅、素馨的格调。画中所绘的女性身形苗条，面貌清秀，一改唐代仕女身材肥腴、面容丰满的旧貌，反映出五代十国时期审美观念及绘画风格变化的时代风貌。

这幅长卷线条准确流畅，精细灵动，表现力极强。设色明丽雅致，且富于层次感，神韵独出。与晋、唐人的匀细线条不同，线多方折、顿挫，色彩丰富而又统一和谐，服饰花纹细入毫发，显示出画家杰出的写实能力和五代人物画的高超水平。顾闳中的这幅作品除了在绘画史上具有重要的价值外，也是研究我国古代音乐史、舞蹈史、服装史、工艺史、风俗史的重要形象资料。

《韩熙载夜宴图》的创作时间，由于画史上没有详细的记载，现在已经无法确知了；但是有一点是明确的，那就是顾闳中奉后主李煜之命潜入韩熙载府中，观察韩熙载夜间与宾客伎妾混杂、放纵宴乐之事，目识心记，然后绘成图卷进献。

对于当时韩熙载所任的官职，后人有不同的说法，主要有两种：一说其为中书舍人，一说其为中书侍郎。据徐铉所撰《韩熙载墓志铭》及陆游《南唐书·韩熙载传》等记载，韩熙载任中书舍人是在中主李璟统治的保大年间，而《夜宴图》的绘制却是在后主李煜统治时期，所以前一说法显然有误。那么比较可信的说法只能是韩熙载任中书侍郎期间被绘下了夜宴时的场景。

韩熙载任中书侍郎是在宋太祖开宝元年（968），因此《夜宴图》的绘制时间应该是在开宝前期，即公元968年至970年之间，因为公元970年韩熙载就去世了。

导语
夜宴图

据记载,当时后主李煜曾命画院待诏顾闳中与周文矩一同入韩熙载府探视情况,两人均绘有韩熙载夜宴作乐的场面,其中周文矩的作品直到元代还存留于世,当时还有人见到过这幅作品,并且把它与顾闳中的作品做过比较,认为"事迹稍异"。后来周文矩的这幅作品便不知所终,也不知于何时亡佚,只剩下顾闳中所绘的这幅《韩熙载夜宴图》。

关于这幅画是否是原本的问题,历来争议很大。大多数的专家认为此画应是顾闳中的原作,也有人认为是南宋人的摹本。这幅作品上有南宋、元、明、清人的题跋,此外,还有"绍兴"一玺,故知是宋代内府收藏物。加上此图所用的绢素加工精细平整,与文献记载五代"槌加银板"的绘画用绢特征相符,画法亦与五代作品基本相合,故应确定为顾闳中的真迹。

由于韩熙载是南唐的著名人物,社会影响极大,其晚年的这种行为自然也引起人们的广泛关注,南唐的另一画家顾大中也以此为题,画过一幅有关韩熙载夜宴场面的作品,取名为《韩熙载纵乐图》。顾大中是江南人,画史上说他善画人物、牛马、花鸟,宋人怀疑其与顾闳中为同族,而后人干脆说其是顾闳中之弟。其所绘《韩熙载纵乐图》曾被《宣和画谱》著录,收藏于北宋宫廷之中,后来亡佚了。至于顾大中的这幅作品是奉命而作,还是画家的个人行为,已无法得知了。

张大千先生照

《韩熙载夜宴图》原为我国著名书画大师张大千先生收藏。张先生在抗战胜利后,于1945年以五百两黄金的巨款在北平购得。20世纪50年代初,我国政府派人在香港组成了一个秘密收购小组,主要负责收购流失海外的艺术品,以保护国宝。1951年,张先生从印度回到香港,并且居留约一年之久。在此期间,收购小组负责人徐伯郊与张大千往来甚密。徐伯郊利用自己既是香港银行高级职员又是著名收藏家的便利,照顾张大千的生活。张大千对他非常感激,把他当作知心朋友。朝鲜战争爆发后,张大千欲离开香港,举家移民南美。国家文化方面的负责人郑振铎在北京得知这个消息后,急忙写信给徐伯郊,指示徐以其父与张大千是世交的关系,在港多与张大千接触,一是希望张大千能够回内地,二是希望通过张大千的关系争取将流失到美国、日本等海外地区的中国古代书画名作收购一些回来。

当徐伯郊把郑振铎的信件内容告诉张大千后,张大千对郑振铎的关心与热忱非常感激。尽管出于种种原因,张大千当时没有回内地,但他却把自己最心爱的顾闳中画的《韩熙载夜宴图》、董源画的《潇湘图》等一批国宝,还有他以前收集到的一些敦煌卷子、古代书画名迹等珍贵文物,一共折价两万美元,以极低的价格全部"半送半卖"给了祖国。这批珍贵文物皆由徐伯郊经手,由国家文物局全部收购,终于回到了祖国的怀抱,现由北京故宫博物院收藏。

高步出群
风流倜傥韩熙载

唐昭宗天复二年(902),齐鲁大地战火连绵,民不聊生。在这动乱的岁月里,北海县(治今山东省潍坊市)的一户小官吏家中

导语
夜宴图

一个小生命呱呱落地了，他出生得那么平凡，除了给这个家庭带来些许欢乐外，竟然在所有的文献中都找不到其降生月日的记载。

这个平凡的小生命就是在五代十国时期名震南北的韩熙载，他是南唐的著名臣僚，才华横溢，风流倜傥，时人称之为神仙中人。每次外出，人们仰慕其大名，随观者前呼后拥，场面十分热烈。韩熙载语言诙谐，谈笑风生，听者忘倦。他多才多艺，通音律，能歌舞，善书画，尤精八分书，冠绝当时。韩熙载生性孤傲，不惧权贵，在朝中除皇帝外，平生不拜一人，这种高洁的品格也增加了其人格魅力。

由于这些原因，韩熙载名声远播，无论南北，皆知其名，旧史记载说韩熙载"为当时风流之冠，尤长于碑碣，他国人不远数千里，辇金币求之"，可见其影响之大。连中原王朝的统治者对其也不敢忽视，据《图画见闻志》卷三记载：画家王霭，善画佛道人物，长于写貌，在五代时颇有影响。入宋后，王霭在宫廷画院任祗候，曾奉命出使南唐，暗中将南唐的三位著名人物的相貌画了下来。这三个人就是宋齐丘、韩熙载、林仁肇。宋齐丘号称江左之诸葛武侯，林仁肇则是南唐的著名战将，都被中原王朝视为日后统一江淮的障碍；韩熙载能名列其中，可见宋朝皇帝对其之重视程度。王霭由于任务完成得好，归朝后升任翰林待诏。

王霭给韩熙载画的像流传广泛，以至于数十年后，人们把唐朝著名文学家韩愈都画成了韩熙载。宋人沈括的《梦溪笔谈》卷四就记载了这一趣事，书中说现在人们所画的韩愈，小面而美髯，戴着纱帽，其实就是江南韩熙载，因为韩愈胖而少髯。当时王霭的这幅画还有流传，上面的题款清楚显示应该是韩熙载而不是韩愈。韩熙载谥号文靖，江南人称之为韩文公；而韩愈谥号"文"，世称韩文公，这也是韩熙载的画像被误传为韩愈的一个重要原因。宋朝元丰年间，以韩愈从享文宣王庙，也就是孔庙，各郡县孔庙中所画的其实大都是韩熙载。到了后世更加辨识不清，韩愈遂变成了韩熙载。

· 避乱到吴国 ·

韩熙载，字叔言。其祖先在先秦时期居于南阳，即今河南省济源市至获嘉县一带，春秋时期这里属于晋国。晋末为避战乱，又迁居于昌黎（治今辽宁省义县），因此不少史籍在提到韩熙载时都称其为昌黎人。昌黎韩氏在唐代曾出了一个著名人物，即大诗人韩愈，遂声名远播，许多韩姓之人都以出自昌黎为荣，加之韩熙载与韩愈很可能出自同一远祖，于是后人好事者便称其为昌黎人了。

至少在唐朝后期，韩熙载家已经迁到了北海。其曾祖父韩钧，担任过太常卿；祖父韩殷，任侍御史；父韩光嗣，任秘书少监、平卢观察支使。不过韩熙载的曾祖、祖父似乎没有多大的作为，在历史上也没有留下什么记载。其父韩光嗣虽然也没有多少作为，但由于其卷入了一场兵变，并且导致了韩熙载不得不南迁江南，以避祸乱，故而为人所知。

事情的详细经过是这样的：后唐庄宗同光四年（926），邺都（故址在今河北省大名县东北）发生兵变，唐庄宗命宿将李嗣源率大军征讨。然而李嗣源军也发生兵变，并与邺都乱兵联合，拥立李嗣源为主。这年三月平卢节度使符习也奉命率本军前往邺都平叛，中途得知这一情况后，不敢继续前进，遂率军返回青州（治今山东省青州市）。当走到淄州（治今山东省淄博市淄川区）时，受到平卢监军使杨希望派来的军队阻击，不能前进。符习无奈，只好率军西返，进至滑州（治今河南省滑县东）时，李嗣源派人招降，符习遂与李嗣源合军，并进占了汴梁（治今河南省开封市）。杨希望得知符习归顺了李嗣源，便派兵包围了符习在青州的家，打算将其家属全部杀死。符习部将指挥使王公俨此时也留守在青州，此人素为杨希望所信任，便对杨希望说："内侍尽忠朝廷，诛杀反叛者，谁敢不从命！只是当务之急，应该先分兵守城，以防外变，符习的家属不足虑，随时可以动手处决。"杨希望听信了王公俨的话，分兵把守城池，王公俨遂利用其兵力分散之机，擒获并杀死了杨希望，也使符习的家属幸免于难。其实王公俨也是一个野心家，他在诛杀杨希望后，便怂恿将士们上表，请求朝廷任命他为节度使。这时唐庄宗已死，李嗣源即皇帝位，即后唐明宗。唐明宗遂任命王公俨为登州（治今山东省蓬莱市）刺史，另行任命天平军节度使霍彦威为平卢军节度使。王公俨借口将士挽留，拒不前往登州上任。霍彦威率大军进屯淄州，准备进攻青州，王公俨自知不敌，心中畏惧，才勉强前往登州。这年七月，霍彦威进驻青州，并派兵追赶王公俨，将其杀死，参与此事的其他将士也同时被斩，其中便包括韩熙载的父亲韩光嗣。

韩熙载自幼勤学苦读，后又隐居于中岳嵩山读书，大约二十岁时游学于洛阳，后参加了科举考试，一举考中进士，此时其年龄在二十二岁至二十四岁之间。韩熙载在后唐同光年间考中进士后，是否担任过什么官职？史书没有记载，不得而知。不久就发生了其父被杀的事件，并且株连到整个家族，韩熙载不得不逃离中原。

韩熙载伪装成商人，经正阳渡过淮河，逃入吴国境内。当时其友汝阴（今安徽省阜阳市）人李谷前来相送，送至正阳渡口而别。韩熙载之所以选择这条路线，是因为李谷乃汝阴人，颍州的治所就是汝阴，而淮水的重要渡口正阳镇就在颍州颍上县境内的颍水入淮处，其对岸便是吴国疆土，交通十分便捷。

韩熙载与李谷之间还有一段广为流传的佳话，由于反复传抄，遂产生了一些不同的版本。据《资治通鉴》记载：韩熙载与李谷在正阳分手时，两人痛饮而别，韩熙载对李谷说："吴如果用我为宰相，我当长驱以定中原。"李谷笑着回答说："中原若用吾为相，取吴国如同探囊取物。"后来周世宗用李谷为相，采用其计谋而夺取了南唐的淮南之地；而韩熙载在南唐却始终没有拜过相。

另据《玉壶清话》卷四载：李谷与韩熙载少年时为同学，韩熙载入仕江南后，两人还经常有书信往来，在书信中说到了上述那些话。后来李谷果然为相，亲征江南；而那时韩熙载已经死去数年了。李谷拜相是在周世宗统治时期，而韩熙载死于宋太祖开宝三年（970），因此这一记载所涉及的时间显然有误。他们两人所说的各自拜相后的想法，到底是分别时说的，还是在书信中所云，尚无法论定。

·坎坷宦途在南唐·

吴睿帝顺义六年（926）七月，韩熙载长途跋涉，终于到达了吴国的都城广陵（治今江苏省扬州市西北蜀冈上）。为了获得吴国的接纳，他首先向吴睿帝杨溥上了一篇《行止状》，类似于投名状，即介绍自己的籍贯、出身、投吴原因以及平生志愿等情况，使对方对自己有一个初步的了解。这篇《行止状》保存至今，《江表志》一书全文收录，后清人又收入《全唐文》之中，文采斐然，气势恢宏，虽然是请求对方接纳自己的行状，却丝毫没有露出乞求之意，反而显得气势如虹，畅述平生之志。

文章开头用简短的文字介绍自己的籍贯、出身，然后笔锋一转，便说："愚闻钓巨鳌者，不投取鱼之饵；断长鲸者，非用割鸡之刀。是故有经邦治乱之才，可以践股肱辅弼之位。得之则佐时成绩，救万姓之焦熬；失之则遁世藏名，卧一山之苍翠。"意在说明帝王选贤用能的重要性。然后便开始介绍自己的才学："某妄思幼稚，便异诸童。竹马蒿弓，固罔亲于好弄；杏坛槐里，宁不倦于修身。但励志以为文，每栖身而学武。得麟经于泗水，宁怪异图；授豹略于邳圯，方酣勇战。"说自己从幼年便不同于其他儿童，不贪玩耍，励志读书习武，胸藏文韬武略，"争雄笔阵，决胜词锋"；还说自己能"运陈平之六奇，飞鲁连之一箭，场中勍敌，不攻而自立降旗；天下鸿儒，遥望而尽摧坚垒。横行四海，高步出群"。从这些文字可以看出韩熙载在青年时确有傲视天下之才，胸怀远大的抱负，然而却也极易招致非议，被视为狂妄不羁之徒。

当时在吴国掌握实权的是徐知诰，即后来的南唐烈祖李昪。韩熙载想要得到重用，必须首先得到他的赏识。据陆游《南唐书·韩熙载传》载："熙载来奔，时烈祖辅吴，方修明法令，熙载年少，放荡不守名检，补和、常、滁三州从事。""放荡不守名检"一句，将韩熙载当时的狂傲姿态尽展无遗。徐铉所撰《韩熙载墓志铭》说得稍微婉转一些，他写道：烈祖高皇帝"得公甚喜，宾礼有加。于时有吴肇基，庶事草创，公以俊迈之气，高视名流，既绛、灌之徒弗容，亦季、孟之间不处，以校书郎释褐，出为滁、和、常三州从事"。尽管徐铉用比较和缓的笔调来写韩熙载初入仕时的情况，但"绛、灌之徒弗容""季、孟之间不处"等话，亦将韩熙载自视甚高、狂傲不羁的性格表露无遗。韩熙载早在洛阳时就以才名而知名于世，当时中原人士南迁者多已得到擢用，唯独韩熙载没有被重用，反而被赶到外州任小官，但其怡然自得，不以为意，正好游山玩水、吟风弄月。

时光荏苒，不觉十年已过，到了昇元元年（937），李昇完成了禅代，正式建国称帝，才把韩熙载从外州召回南唐的都城金陵（今江苏省南京市），授其秘书郎之职，掌太子东宫文翰。秘书郎，从六品上，其本职工作是掌管国家图籍的课写之事，但韩熙载却被派到太子东宫，可见李昇对其仍然心怀疑虑。从李昇对韩熙载所说的一番话中，也可以看出这个意思，他说："卿虽然早登科场，但却未经世事，所以命你任职于州县，今日重用卿，希望能善自修饬，辅佐我儿。"不过韩熙载却不这样认为，后来在李璟即位后，他曾对人说："先帝知我而不重用，只是因为我是幕客之后。"韩熙载的父亲是观察支使，属于幕职官系列。韩熙载的言下之意是说因为自己门第不高，所以才不能得到李昇的重用，可见他并没有认识到不被重用的真正原因。李昇本人就出身于社会下层，如何会以门第高低取人？他重用的宋齐丘等许多人，均出身于门第不高的庶族家庭，怎么会独独对韩熙载另持一套标准？李昇生活简朴，处事谨慎，不喜张扬，而韩熙载却恰恰相反，性格孤傲，不拘小节，自然难以获得李昪的赏识。可见无论多聪明的人，认识别人容易，真正了解自己反倒很难。

正因为如此，韩熙载并没有因此次升职对李昪心存感激，也不上表感谢。他每日在东宫与太子李璟谈天说地，论文作诗，日子过得倒还安逸。韩熙载在东宫一待就是七年，长期的相处，使李璟对韩熙载的才学有了进一步的了解，这对韩熙载来说，也算是不幸中的大幸。

保大元年（943），先主李昪驾崩，太子李璟即皇帝位。因为韩熙载是东宫旧僚，所以李璟即位之始，就任命他为虞部员外郎、史馆修撰，赐绯。员外郎虽然仍是从六品上的官职，但毕竟是尚书省郎官，在唐五代属于清选之官，升迁的前景较好；唐五代时规定，五品以上官员才能穿绯（红）袍，韩熙载是从六品的官员，按规定不能服绯，所以李璟特意赐绯，这样他就可以与五品官一样穿绯袍了。又因为先主新丧、新帝即位，礼仪繁多，所以李璟又给韩熙载加了太常博士之职。这个官职掌五礼，拟谥号，是国家在礼仪方面的学术权威，可见李璟对韩熙载之器重程度。在此之前，韩熙载除了谈论诗文外，从不过问政事，出于报答李璟的缘故，此时的韩熙载无所保留，尽展平生之学，凡应当施行的大事，他都以积极的姿态参与其中。

按照我国古代礼制，凡皇帝死后，都必须给其拟定一个庙号。南唐以唐朝皇室的后裔自居，于是有人认为李昪在唐昭宗之后，其庙号应称"宗"，韩熙载与司门郎中萧俨、给事中江文蔚等均认为李昪乃是中兴之君，应当称为"祖"，遂确定李昪庙号为"烈祖"。在这件事上韩熙载的所作所为甚得中主李璟的欢心，然韩熙载并不是善于逢迎的人，他的主张都是出于公心，所以并不能事事都使李璟满意。

李璟即位之初，便改昇元年号为保大。韩熙载认为按照礼制，新帝即位的次年才可以改元，还说："逾岁改元，古之制也，事不师古，何以训人？"李璟以改元诏书已颁，不便改动为由，拒绝了韩熙载的建议。虽然韩熙载此举没有得到李璟的赞同，但由于李璟是一个宽厚的人，并不影响其对韩熙载的信任。在这期间，韩熙载对吉凶仪礼不当者十数事，一一进行了纠正，尽到了太常博士的职责。对于韩熙载的这些表现，李璟看在眼里，事后遂令韩熙载以本官权知制诰，对其委以更重的职责。

按照唐五代时期的制度，置中书舍人六员，以其中一员掌管起草诏敕的工作，称为知制诰；如果以其他官员掌管这项工作，则称兼知制诰，或权知制诰。韩熙载能任此职，除了表明中主李璟对他的信任外，也极大地加重了他的权力。韩熙载所起草的诏诰，文字典雅，有元和之风，甚得舆论的好评。但韩熙载毕竟是书生，一旦得到重用，唯知尽心为国，全然不知如何保护自己。他任知制诰以来，感中主知遇之恩，对于朝中大事，或驳正失礼之处，或指摘时弊，章疏不断，引起朝中权要尤其是宋齐丘、冯延巳的极大忌恨与不满，从而使其日后的仕途充满了坎坷与艰辛。

保大四年（946）八月，枢密使陈觉擅自调发汀、建、抚、信等州军队进攻福州（治今福建省福州市），中主李璟唯恐有失，命王崇文、魏岑、冯延鲁等率军共同攻取福州。次年三月，由于诸将争功，加上吴越军队增援福州，南唐军队大败，损失惨重。四月，李璟下诏诛杀陈觉、冯延鲁等人，由于宋齐丘、冯延巳等从中斡旋，竟然免死，将陈觉流放蕲州（治今湖北省蕲春县西南蕲州镇西北），冯延鲁流放舒州（治今安徽省潜山市）。御史中丞江文蔚上表弹劾宰相冯延巳、魏岑怂恿进攻福州，应该治罪，结果反倒使自己被贬为江州（治今江西省九江市西）司士参军。在这场战争中，南唐元老宋齐丘与冯延巳大肆鼓吹开疆拓土，对发动战争起到了推波助澜的作用。于是韩熙载又与徐铉上表纠弹宋、冯二人与陈觉、魏岑等结为朋党、祸乱国事，并请求诛杀陈觉、冯延鲁等人，以正国法。李璟不得已贬冯延巳为太子少傅、魏岑为太子洗马，然不久魏岑就官复原职，而冯延巳却被任命为节度使。

宋齐丘与冯延巳等人本来就对韩熙载不满，韩熙载此举更加深了他们的忌恨。数日后，宋齐丘亲自出面诬告韩熙载嗜酒狷狂，其实韩熙载并不善饮酒，然此时宋齐丘党羽势力甚大，李璟不得已，只好将韩熙载贬为和州（治今安徽省和县）司士参军，不久又调任宣州（治今安徽省宣城市）节度推官。

在外州数年后，他才得以调回金陵重任虞部员外郎，等于转了一个大大的圆圈，又回到了最初所任的官职。后来从员外郎逐渐升任虞部郎中、史馆修撰。因为韩熙载毕竟是中主李璟当太子时的旧僚，且颇有才华，于是李璟又给其赐紫，即可以穿三品以上官员才能穿的紫色袍服。按照唐制，六部侍郎，中书、门下侍郎等未达到三品的重要官员，如有必要，才可赐紫；而韩熙载仅仅是五品的郎中，便能得到赐紫，说明李璟对其仍然是信任的。这也为其进一步升职做好了铺垫，果然，李璟不久便又提升其为中书舍人、户部侍郎。

自保大十三年（955）以来，后周大军进攻淮南，连败南唐军队，中主李璟数次遣使求和，皆不能成功。次年，李璟命其弟齐王李景达为诸道兵马元帅，以陈觉为监军使，率大军抵御周军。韩熙载素知陈觉志大才疏，嫉贤妒能，前番统兵攻取福州，损兵折将，致使南唐国力遭到很大的削弱，所以上疏坚决反对。他说："亲莫过亲王，重莫过元帅，何必再任命监军使！"由于先主李昇在世时曾一度有意立李景达为太子，虽然未能实施，但毕竟在中主李璟心中已形成了阴影，把兵权交给李景达他并不完全放心，所以才派陈觉进行牵制。在这种情况下，韩熙载的劝谏自然不会被采纳，然李璟的固执己见却为南唐军事的惨败埋下了很大的隐患。

这一时期南唐军队虽然屡败，但由于后周军队军纪败坏，所到之处，烧杀抢掠，激起了淮南人民的反抗，他们自动拿起武器，四处袭击周军，加之周世宗一度返回汴梁，南唐失去的州县又有不少相继被收复。南唐的寿州（治今安徽省寿县）守将刘仁赡出兵攻击围城的周军得手，杀伤数万，焚毁其器械无数。在形势有利的情况下，刘仁赡派人至李景达驻扎的濠州（治今安徽省凤阳县东北），请求派大将边镐来守寿州，自己乘胜率军出城与周军决战。由于陈觉的干扰，刘仁赡的请求没有被批准，刘仁赡愤郁得疾。这时各地周军纷纷撤退，准备集中兵力攻取寿州，南唐诸将请求乘机据险邀击周军，而朝中权要怕事态扩大，不许行动，致使周军安然退至正阳，使寿州之围更加难以解救。李景达虽为元帅，却处处受到陈觉的牵制，军政大权实际控制在陈觉手中。而陈觉拥兵五万，却无意决战，将吏畏其权势，无人敢言。正在双方相持不下之时，发生了南唐大将朱元临阵叛变降敌的事件，致使局面不可收拾。

事情的经过是这样的。朱元此次奉命担任淮南西北面应接都监，连下舒、和二州，驻军紫金山。朱元善抚士卒，与之同甘苦，每战誓众，慷慨陈词，流涕被面，士卒皆有效死之意。陈觉与朱元不和，密奏朱元不可信，不可付以兵权，中主李璟于是命杨守忠前往代替朱元统军。杨守忠到前线后，陈觉以李景达的名义召朱元至濠州议事，谋夺其兵权。朱元闻知，悲愤欲自杀，其门客劝他投降后周，朱元遂率本部万余人归降了后周。朱元的投降导致南唐诸军崩溃，纷纷沿淮河东逃，被事先埋伏的周军截击，死伤及投降者达四万余众，抛弃的船舰器械不计其数。李景达、陈觉狼狈逃回金陵，大将边镐、许文缜、杨守忠被俘。寿州援兵断绝，守将刘仁赡忧愤而死，寿州失守；其余各州守将纷纷弃城而逃，后周战舰直入长江，布列江面。南唐彻底战败，只好割让淮南十四州给后周，并称臣纳贡。

中主李璟不听韩熙载的劝谏，最终导致战败，南唐从此积贫积弱，处于被动挨打的局面。为了躲避中原王朝的威胁，李璟被迫迁都洪州后，郁郁寡欢，一病而亡。

后主李煜即位后，任命韩熙载为吏部侍郎、兼修国史。不久因为改铸钱币之事，韩熙载与宰相严续争论于御前，韩熙载辞色俱厉，声震殿廷，后主因其失礼，改授秘书监。不到一年，再次任命其为吏部侍郎，并升任兵部尚书、充勤政殿学士承旨。后又因其旷达不羁，放纵声色，被人弹劾，贬为太子右庶子、分司南都，即于洪州安置。韩熙载上表乞哀，于是又被留了下来，重任旧职。

这一时期，韩熙载仍不改其狂傲的性格，但由于后主李煜生性宽仁厚爱，君臣之间尚能相安无事。比如后主纳小周后时，在宫中大宴群臣，韩熙载却赋诗讽刺，而李煜未加谴责。有一次，李煜狩猎于青龙山，返回金陵后，亲自到大理寺复核关押的囚犯，多有赦免者。韩熙载再次上书进谏，认为此事自有司法部门负责，监狱非君主所应入之地，要求后主自罚钱三百万以充军费。后主也没有怪罪于他。开宝元年（968）五月，韩熙载撰成《格言》五卷、《格言后述》三卷，进献给后主李煜，并上疏"论刑政之要，古今之势，灾异之变"。李煜读后非常欣赏，遂令其升任中书侍郎、充光政殿学士承旨，这是韩熙载生前所任的最高官职。

韩熙载平生不惧权贵，性格诙谐。宋齐丘势盛时，自以为文章华美，盖世无双，好给人撰写碑志，而韩熙载因为八分书尤佳，所以每逢此类事,都由宋齐丘起草文字,而由韩熙载进行抄写。韩熙载每次承担此事时,都用纸塞住自己的鼻孔,有人询问何故,答曰:"文辞秽且臭。"韩熙载有一个长处,就是喜好奖掖后进之士,因此时常有人投文求教。当遇到那些文辞低劣的文章时,他遂令女伎点艾熏之。当见到求教者时,他便故意批评说:"怎么您的大作这么多艾气啊!"据载其出使中原时,有人问道:"江南人为何不食剥皮羊?"韩熙载回答说:"这是江南多产罗绮的缘故。"当时问者还没有弄懂其意,等到后来醒悟过来,韩熙载已经离去多日了。

据《玉壶清话》卷四载:后周曾派遣陶谷出使江南,以观察虚实。陶谷在南唐君臣面前容色凛然,宴席之间从未谈笑,显得道貌岸然。韩熙载对其亲朋说:"我辈经事已多,历官多年,陶公何必如此?我观此人,非端介正人,诸君请观,吾有法使其露出原形。"于是命歌伎秦若兰冒充驿卒之女,旧衣竹钗,每天早晚在馆驿中洒扫庭院。秦若兰容貌秀

秦若兰像

美,即使宫掖之中也很少有如此佳丽。陶谷见其美丽,遂上前询问其家世,秦若兰说:"妾身不幸,夫婿亡故,无处可归,托身于父母,就是馆驿中守门的那对老夫妇。"陶谷爱其美貌,遂成好事,并赠《春光好》词一首。数日后,中主李璟设宴于澄心堂,命以玻璃巨盅斟满酒,请陶谷饮之,陶谷不理不顾。中主于是便将秦若兰

叫至席间，令其演唱前日陶谷所作之词，全词如下：

> 好姻缘，恶姻缘，奈何天，只是邮亭一夜眠？别神仙，瑟琶拨尽相思调，知音少，待得鸾胶续断弦，是何年？

陶谷听后只能愧笑，于是再也不敢推诿，连酌连饮，醉吐茵席，南唐君臣仍不作罢。由于这个原因，陶谷遂为中主李璟所轻视，他还朝之日，中主只命几个小吏设薄宴于郊外相送。等到陶谷回到汴梁时，其在南唐的所作所为及其所撰之词已经传遍了京师。也正是由于这个原因，陶谷后来始终不被重用。

关于此事，宋人所撰《清波杂志》一书认为可能不实，尽管如此，由于这则故事颇能反映韩熙载为人处世的风格，故复述于此。

宋太祖建隆二年（961）十月，韩熙载奉命与太府卿田霖出使中原，参加宋朝皇太后的葬礼。被宋朝久留而不遣还，韩熙载遂题诗于馆驿的墙壁之上，诗曰：

> 仆本江北人，今作江南客。
> 再去江北游，举目无相识。
> 金风吹我寒，秋月为谁白。
> 不如归去来，江南有人忆。

还有一种不同的记载说，其所作诗共有两首，除了前面一首外，现将另一首录之如下：

> 未到故乡时，将谓故乡好。
> 及至亲得归，争如身不到。

目前相识无一人，出入空伤我怀抱。
风雨萧萧旅馆秋，归来窗下和衣倒。
梦中忽到江南路，寻得花中旧居处。
桃脸蛾眉笑出门，争向前头拥将去。

这两首诗是否是韩熙载所作，还不好论定，尤其是后一首，更可怀疑。不过这两首诗倒是客观地反映了韩熙载当时的心境，因为韩熙载青年时离乡，相识的故旧皆已故去，而妻子儿女又皆在江南，加之此时的韩熙载已届六旬，思念江南，盼望归去，自然是在情理之中。

难言苦闷
纵情声色自无奈

《夜宴图》的主题已经说了很多，但是对于韩熙载纵情声色以及后主李煜派顾闳中等人夜探韩府的深层次原因，却有不同的说法，有必要分析清楚。

有一种说法认为韩熙载纵情声色是为了避祸。此说主要出自宋人龙衮所撰的《江南野史》一书，南宋人周密的《癸辛杂识》前集亦沿袭其说。大意是说：韩熙载在先主李昪时尚能受到重用；后主李煜即位以来，对于来自北方的士人颇有疑虑，往往赐死。韩熙载在来自北方的士人中名望甚高，树大招风，担心招来祸患，于是便纵情声色，做出胸无大志、无意于政治的姿态，表明自己对权力没有兴趣，以达到免遭皇帝怀疑和迫害的目的。后世一些学者采用此说，用来解释《韩熙载夜宴图》的时代背景，并说后主李煜为了核实韩熙载是否真的纵情声色，于是便派顾闳中、周文矩潜入韩府，各自将其夜生活的真实情况用画笔画下来。后主李煜看后，对韩熙载的戒心减少了许多，后来韩熙载在南唐官至中书侍郎、光政殿学士承旨，得以善终。这种说法漏洞颇多。

首先，后主李煜怀疑北方士人的说法缺乏史实根据，遍查有关南唐历史的典籍，根本没有见到李煜滥杀北方士人的记载，又如何能够谈得上怀疑北方士人呢？其实李煜是一个心慈手软的人，不要说对朝中大臣进行诛杀，即使对普通罪犯也很少诛杀，能够赦免者尽量予以赦免。反倒是在中主李璟统治晚期，由于江南籍大臣跋扈乱政，曾经进行过较大规模的诛杀和贬黜，对北方来的侨寓之士反倒要重视得多。在后主李煜统治时期，并没有发生剧烈的政治变故，他没有理由怀疑南下的侨寓人士。

其次，前面已经说到，《韩熙载夜宴图》创作之时，韩熙载已经官居中书侍郎、光政殿学士承旨，成为朝中重要的大臣；而不是李煜解除疑虑后，才升至中书侍郎、光政殿学士承旨。如果韩熙载当时只是一个中书舍人，作为一个普通官员，地位不高、手无重权，又如何能引起后主李煜的疑虑呢？可见这种说法本身就存在着自相矛盾之处。

再次，《江南野史》一书还记载说：韩熙载后来官至中书侍郎，有一次奉命入宫赴宴，当时御园中果子成熟，红艳可爱。宴会期间，后主李煜令人将新熟的果子分赐诸臣，韩熙载由于经常服食丹药，尤其忌食桃李，但由于是皇帝赏赐的果子，不便拒绝，勉强吃了数颗，当夜便死去了。既如此，又何来善终之说呢？其实《江南野史》对这个问题的记载是极不可靠的，韩熙载之死确是善终，大量的史料可以证实这一点。韩熙载死时已六十九岁，在古代社会已经算是高龄了，加上其晚年纵情声色，心情又非常郁闷，这些都是促使其死亡的重要因素。根据可靠记载，韩熙载死后，后主李煜非常痛惜，欲赠其同中书门下平章事，问左右前代是否有此惯例，回答说："昔刘穆之赠开府仪同三司。"遂下诏赠韩熙载左仆射、同中书门下平章事，即宰相之职，谥曰"文靖"，这在古代已经是极好的谥号了。因为韩熙载生前不经营产业，棺椁衣衾皆由后主赐给。后主又命人为其选择墓地，要求必须选在"山峰秀绝，灵仙胜境，或与古贤丘表相近，使为泉台雅游"之地，后来将其埋葬于风景秀美的梅颐岭，位于东晋著名大臣谢安墓侧。后主还令南唐著名文士徐铉为其撰写墓志铭，徐锴负责收集其遗文编成文集。这种待遇对于臣子来说，可谓荣耀之至了。

因此，避祸之说是不能成立的，韩熙载纵情声色应该另有原因。

韩熙载是一个具有远大政治抱负的人，见识学问都有独到之处，他入仕南唐以来多次进言，均能切中时弊。但是，至后主李煜统治时期，南唐岌岌可危，而李煜却不想有所作为。韩熙载知大势已不可扭转，遂纵情于清歌艳舞之中，这种行为是朝野清议所不能容忍的，也与他朝廷大员的身份极不相称。

韩熙载本来家财颇丰，除了每月丰厚的俸禄收入外，由于他文章写得极好，文名远播，江南贵族、士人、僧道载金帛求其撰写碑碣者不绝于道，甚至有以千金求其一文者，再加上皇帝的赏赐，遂使韩熙载成为南唐朝臣中为数不多的富有之人。正因为韩熙载家富于财，所以他才有条件蓄养伎乐、广招宾客、宴饮歌舞。家财耗尽后，他仍未有所改变，每得月俸，即散于诸伎，以至于搞得一无所有。于是他便换上破衣烂衫，装扮成盲叟模样，手持独弦琴，令门生舒雅执板，敲敲打打，逐房向诸伎乞食，"率以为常"。有时碰到伎妾与诸生私会，韩熙载便不入其门，还笑着说："不敢阻兴而已。"意思是说不敢打扰你们的好兴致。以至于有的伎妾夜奔宾客寝处，其客有诗云："最是五更留不住，向人枕畔着衣裳。"

韩熙载的这种行为，有意造就了他放荡不羁、不堪重用的形象，但是他毕竟有一个人口众多的家庭，仅靠游戏般的乞讨是不能解决生活问题的。在不能度日、无可奈何的情况下，他只好向后主上表哭穷，后主李煜虽然对其行为不满，但还是以内库之钱予以赏赐。于是韩熙载索性不再上朝，被人弹劾，贬为右庶子，分司于南都，即于今江西省南昌市安置。韩熙载遂尽逐诸伎，一面单车上路，一面上表乞哀，当后主将他挽留下来后，所逐诸伎又纷纷返回，韩熙载也重新过起了以往那种纵情声色的日子，后主李煜叹息说："吾亦无如之何！"

宋人编撰的《宣和画谱》说：后主李煜欲重用韩熙载，又"颇闻其荒纵，然欲见樽俎灯烛间觥筹交错之态度不可得。乃命（顾）闳中夜至其第，窃窥之，目识心记，图绘以上之"。还有一种说法，见于《五代史补》一书，曰：韩熙载晚年生活荒纵，"每延宾客请谒，先令女仆与之相见，或调戏，或殴击，或加以争夺靴笏，无不曲尽，然后熙载自始缓步而出，习以为常。复有医人及烧炼僧数辈，每来无不升堂入室，与女仆等杂处。伪主知之，虽怒，以其大臣，不欲直指其过，因命待诏画为图以赐之，使其自愧，而熙载视之安然"。这两种记载虽略有不同，但有一点却是相同的，即后主李煜了解韩熙载夜生活的目的，都是出于善意，或欲重用，或欲促其有所改正。

关于后主欲拜韩熙载为相之事，见于《宋史》《新五代史》《续资治通鉴长编》《湘山野录》《玉壶清话》以及陆游《南唐书》等典籍，当属确实无疑。关于纵情声色的原因，韩熙载曾经对人说过："吾为此以自污，避入相尔。老矣，不能为千古笑端！"这段话见于陆游《南唐书·韩熙载传》。《钓矶立谈》所记较此为详，说他曾对好友僧德明说："吾为此行，正欲避国家入相之命"，因为"中原常虎视于此，一旦真主出，弃甲不暇，吾不能为千古笑端！"在这一时期，韩熙载的政治抱负和理想完全破灭，而且亡国当俘虏的命运迫在旦夕之间。个人内心和客观现实的错综复杂的矛盾与痛苦折磨着他，使他除了以声色自娱来安慰和消磨自己外，已别无出路。《夜宴图》中的韩熙载在欢宴时，非但不是心情欢畅，反而表现出悒悒不乐、心情沉重的样子，其根本原因就在于此。

韩熙载自污以避拜相，其死后，后主李煜叹曰："吾终不得熙载为相也！"于是才有了追赠同中书门下平章事的举措。

动荡 夜宴的时代

天子兵强马壮者为之
藩帅当皇帝

·唐帝国的末日·

唐玄宗天宝十五载(756)六月十三日黎明,帝都长安,万籁俱寂,行人绝迹,一队人马保护着皇帝从禁苑延秋门而出,匆匆向西疾驰而去。

这支队伍走得如此匆忙,除了杨贵妃姐妹、宰相杨国忠及少数几个皇子和亲信宦官外,皇帝的其他嫔妃、公主、皇孙以及百官均被抛弃不顾了。究竟发生了什么大事,使唐玄宗出逃得如此仓皇?

唐李昭道绘《明皇幸蜀图》

原来数天前,关中的屏障潼关已被安禄山叛军攻破,关中无险可守,唐玄宗只得匆匆逃往西蜀避难。

经过八年的战争,安史之乱终于平定了,但大唐煌煌盛世已不复存在,在战争中各地藩镇势力坐大,形成了唐后期的藩镇割据局面。

欲要说清楚唐代藩镇割据的形成,就必须从开元、天宝时期的军事态势说起。唐朝前期的军事布局是重内轻外,那时实行的是府兵制度,大量的军府设置在帝都所在的关中地区,用以拱卫京师安全。周边地区如有战争,则需调发内地军队长途跋涉,开赴边疆作战,路途遥远,军队与军需调发均非常不便。于是从唐高宗以来,便设置一些长置不废的军区,明确防御区域,驻有大量的军队。至唐玄宗时期,府兵制已经破坏,而玄宗又好大喜功,开边战争不断,这种军区便越来越多,至天宝末年沿边已经设置了十个以节度使(其中岭南为经略使)为长官的军区,全国绝大部分军队分属于这些军区,而内地反倒兵力寡弱,形成了内轻外重的军事态势。在这十个节镇中,安禄山一人兼领范阳、平卢、河东三镇,兵力最为雄厚,而且多为久经沙场的精锐军队,加之内地兵力虚弱,致使其势如破竹,最终酿成了大祸。

藩镇本来设在边地,唐朝在平定安史叛乱的过程中,为了争取战争的胜利,便把这种军事体制移至内地,在中原一带陆续设置了一批节镇。战争结束后,这种体制便保留下来了,后来越设越多,以至于全国各地无处不有节镇。一般来说,除河朔型割据藩镇外,大多数藩镇还是能够听从唐中央命令的。自黄巢起义爆发以来,在镇压农民起义的过程中,各地藩镇势力进一步壮大,而唐中央经过农民起义的打击,控制力受到极大的削弱,于是跋扈藩镇层出不穷,唐廷无力制约。为了扩充地盘,藩镇之间互相吞并,致使连年混战，社会经济遭到了极大的破坏，人民生活在水深火热之中。

唐朝末年，连中央政府也不断遭到周围藩镇的欺侮，唐僖宗、唐昭宗数次逃离长安以避战乱。在这一时期，唐廷在经济上所依赖的两根

输血管已经断绝，其中，高骈在扬州的割据，致使江淮财赋转运路线中断；由于陈敬瑄与王建之间的混战阻断剑阁，巴蜀财赋又告断绝。唐廷在财政上失去了这两根输血管，灭亡之势已经形成。在政治上，关中的藩镇混战不休，一些强大的藩镇利用地理上的近便，不断地干预朝政，使朝廷受制于这些藩镇，失去对政事的自主处置权，尤其是凤翔节度使李茂贞、华州节度使韩建，跋扈最甚。李茂贞兵临长安，威逼昭宗处死宰相杜让能，昭宗不敢不从；韩建将昭宗劫持到华州，擅自处死了十一个亲王，并解散了侍卫皇帝的禁军两万余人，而昭宗却无可奈何。可见唐朝廷已经沦落到何种可悲的程度。

在长期的军阀混战之中，一些弱小的藩镇相继被吞并。北方地区逐渐形成了数个强大的军事集团，其中最强大的为割据于河东的李克用集团与占据河南的朱全忠集团，这两大集团之间的长期攻战，构成了唐朝末年军阀混战的主线。

汴晋角力

河东节度使李克用是一个非常复杂的历史人物,他虽然是沙陀族人,在历代史家的笔下却被塑造为一个忠君爱国的良臣形象。

李克用像

李克用的父亲朱邪赤心因为镇压庞勋起义有功,被唐朝任命为大同防御使,进而升任振武节度使,并赐以宗姓,改名李国昌——这就是这个家族得以姓李的原因。李克用在唐僖宗时曾因杀死云中防御使段文楚而被唐廷讨伐,李氏父子不敌,逃入鞑靼人聚居地区躲避。不久黄巢义军攻入长安,为了镇压义军,唐廷遂赦免了李氏父子之罪,命其率军入关中进攻义军。李克用率领的代北铁骑主要由沙陀、吐谷浑、突厥、回鹘等部族人组成,骁勇善战、剽悍异常、所向无敌,义军不敌,只好退出长安。李克用穷追猛打,尾随到河南,连战连胜,为唐王朝最后扑灭黄巢起义做出了决定性的贡献。因为这个功劳,李克用被唐廷任命为河东节度使,随后他又兼并了昭义镇,将河中镇置于自己的卵翼之下,势力覆盖了整个河东地区(治今山西省太原市西南晋源镇)。唐昭宗乾宁二年(895),李克用被封为晋王,成为唐末北方最强大的军事集团之一。

北方地区另一强大的藩镇便是朱全忠军事集团。朱全忠原名朱温，宋州砀山（今安徽省砀山县）人。其父早死，他幼年随母在萧县地主刘崇家当牧猪佣工。黄巢起义时，他前往投军，转战南北，升任为大将。黄巢攻入长安后，他被任命为同州（治今陕西省大荔县）防御使，奉命进攻河中，却屡被击败。他多次请求黄巢派军增援，不被理睬，一怒之下投降了唐朝。唐朝对其来降非常重视，任命其为金吾大将军、河中行营招讨副使，并赐名全忠，以分化农民起义军。本为农民军将领的朱全忠，自此遂成为农民军的主要敌手之一。唐廷调集诸镇军队围攻长安时，朱全忠被任命为宣武（治今河南省开封市）节度使。宣武镇遂成为朱全忠起家的本钱，之后他以此为基本力量，逐渐扩张，陆续吞并了中原地区不少藩镇，发展成为当时举足轻重的军事集团。

朱温像

朱全忠与李克用交恶的导火索是所谓上源驿事件。

唐僖宗中和四年（884），黄巢从长安撤出后，来到河南，朱全忠自知不敌，遂卑辞厚礼，乞援于李克用。李克用亲率大军赴援，连败义军，黄巢无力抵抗，退往山东。朱全忠对李克用的强盛十分忌惮，表面上甘言奉承，实则暗萌杀机。他在汴州设宴款待李克用，李克用此时不满三十岁，年轻气盛，屡胜之后，骄矜异常，引起朱全忠的不满，索性提前下手。朱全忠于当晚派兵包围了李克用入住的上源驿，四面纵火，欲一举铲除李克用。当时李克用大醉，被左右唤醒，在卫士们的拼命保护下，杀出重围，所率亲

动荡
夜宴的时代

兵三百余人全部被杀害。李克用回营后,本欲起兵讨伐朱全忠,其妻认为擅自动武,反而理亏,不如上奏朝廷,经朝廷同意后再出兵讨伐。朱全忠买通了朝廷大臣,不少人都替他说好话,请求缓颊,唐僖宗遂下诏劝谕双方和解。朱全忠自知不敌,也遣使向李克用谢罪,李克用见事已至此,只好暂时隐忍不发。

这一事件是朱、李两大集团形同水火的导火线,从此双方结为宿仇。客观地说,在唐朝末年,中央政府控制力大大削弱,军阀势力极为膨胀,它们之间是很难长期共存的,相互之间的火并是不可避免的,上源驿事件的发生只不过使这种争斗提前爆发了而已。

朱全忠所在的宣武镇处于中原四战之地,为了能够站住脚,他利用黄巢义军败亡之机,大力招降纳叛,扩充实力,使其兵力得到了很大的加强。当时河南一带最大的军阀是秦宗权,此人兵多将广,但却残暴异常,他除了在豫南四处攻伐、屠戮人民、焚烧城邑外,还派将向周围地区扩张。其部将秦彦率兵祸乱江淮,秦贤乱江南,秦诰陷襄阳,孙儒陷洛、陕、孟、虢乃至关中,张晊陷汝、郑,使这一广大地区人烟断绝、荆榛蔽野。经过唐末长期战乱,生产遭到极大破坏,粮食非常紧缺,秦宗权缺乏军粮,遂四处抓人,以盐腌尸,充作军粮,车载行军。

朱全忠想要发展势力,必须首先对付秦宗权。他自知实力不足,遂拉拢占据陈州(治今河南省周口市淮阳区)的赵犨兄弟,得其财赋军粮的支持;又卑辞厚礼,拉拢天平(治今山东省东平县西北)节度使朱瑄、泰宁(治今山东省金乡县西北)节度使朱瑾兄弟,与其联合。在这些势力的支持下,朱全忠大破秦宗权军,占据了河南地区大片的土地。然后招辑流亡,恢复生产,为战守之备,为其称霸中原奠定了基础。在实力得到加强后，他遂对原来的同盟者采取了行动，击败了朱瑄、朱瑾兄弟，又攻破徐州（治今江苏省徐州市），节度使时溥全家自焚而死，朱全忠的势力扩大到山东地区。

但是朱全忠南下进攻江淮时却受到了挫折。当时唐廷命朱全忠兼领淮南节度使，因其无力南顾，遂奏请割据江淮的杨行密为节度副使。唐昭宗乾宁四年（897），朱全忠占据了河南、山东，有余力外顾后，遂命大将庞师古、葛从周统兵十余万，南下江淮。庞师古屯兵清口（今江苏省淮安市西南），自恃兵多将广，骄傲轻敌，不加戒备。清口地势低下，杨行密军壅塞淮河上流，放水冲淹朱温汴军，汴军大败，庞师古被斩，葛从周见状急忙撤退。淮军乘胜追击，大破之。汴军战死及冻饿而死者不计其数，逃归的不满千人。

杨行密击败汴军，从而保证了江淮地区不再遭受战火的破坏，对恢复这一地区的社会经济具有积极的意义。

在朱全忠大力扩张势力的同时，李克用也全力扩充自己的实力。他南巡泽潞，略地怀孟、河阳，北攻幽州，击破镇、冀等镇，还两次出兵关中、威逼长安。李克用的军队虽然也有汉人，然其主力却是代北游牧民族，骁勇善战。他还选用一批骁勇善战的将校作为自己的养子，以这批人为骨干建立了效忠于自己的"义儿军"。李克用凭借强大的实力，四处征讨，兵锋所向，无不望风而逃，就连朱全忠这样的强敌，也屡遭败衄。在唐昭宗统治的相当长的一段时期内，李克用集团势压群藩，威震中原，无人能与之争锋。

李克用虽然实力强大，但在战略上却存在致命的弱点。他自恃强盛，采取了四面出击的战略，到处树敌，虽然制服了许多藩镇，却未能有效地控制，这些藩镇时叛时附，所得地区也不能完全巩固。其内部也因争权夺利而发生摩擦，加之李克用赏罚不公，全凭一己之喜怒，致使一些人离心离德。如李克用攻克昭义镇（治今山西省长治市），命堂弟李克修为节度使，治理颇有成效。李克用视察昭义时，不问其政绩如何，却因招待不周，打骂交加，李克修怨愤难平，活活气死。李克用又任命弟弟李克恭为节度使。此人骄横不法，引起兵变，士兵杀死了李克恭，并向朱全忠投降。李克用派兵讨伐，击败了来援的汴军，重新夺取了昭义镇。此战其义子李存孝居首功，李克用却另任康君立为节度使，李存孝气愤难平，遂暗中勾结朱全忠与镇冀节度使王镕，背叛了李克用。李克用率大军征讨李存孝所据的邢州（治今河北省邢台市），击败了王镕的援军，包围了邢州。李存孝无奈，只好泥首出降。李存孝是晋军中著名的勇将，战绩卓著，李克用惜其勇，本不想处死，但又不得不摆出姿态，下令车裂之。李克用原本以为诸将一定会出面劝解，准备顺水推舟，赦免李存孝。岂知李存孝平日自恃其勇，傲视诸将，竟无人出面解救，遂使此事弄假成真。李存孝之死使李克用非常气恼，郁闷难平，又借题发挥惩办了几员将领出气。李克用自剪羽翼，实力大损，双方角力的天平开始向朱全忠集团倾斜。

李克用短于识人，对于依附自己的邻镇将帅不能识别，养痈遗患，造成很大的损失。以其扶持李罕之、刘仁恭为例，便可清楚地看出这一点。

李罕之，无赖出身，少年时当过和尚、讨过饭，后来投军并逐渐官至河南尹、东都留守。上源驿事件后，李克用返回太原，途经洛阳，得到李罕之的热情款待，李克用遂与其结盟，并支援李罕之击败秦宗权军，表请唐廷任命他为河阳节度使，使其有了安身立命之地。后来河阳发生兵变，李罕之只身逃到太原，李克用将他安置于泽州（治今山西省晋城市），仍领河阳节度使，但实际仅有一州之地。李罕之遂对周围诸州烧杀抢掠，致使一些地方荆棘蔽野、烟火断绝。尽管如此，李罕之仍不满足，多次请求李克用给他一个藩镇统领，李克用没有答应。李罕之怀恨在心，乘昭义军节度使薛志勤死亡之机，起兵攻取了潞州，自称留后，并向朱全忠请降。朱全忠派汴将丁会援助他，当汴军赶到潞州时，李罕之病危，朱全忠遂命丁会为节度使，将李罕之迁往河阳，中途李罕之病死。李罕之的叛变，使朱全忠唾手而得泽、潞，直接威胁到太原的安全。

刘仁恭，原为幽州（治今北京市西南）节度使李匡威的部将，因为发动兵变失败，逃到太原，归降李克用。李克用待其甚厚，攻取幽州后任命其为节度使。刘仁恭逐渐扩充实力，自感羽翼丰满，便开始不受李克用的节制。李克用与朱全忠数次激战，刘仁恭拒不发兵相助，而且还扣留了李克用派来的使者。李克用大怒，亲率军队征讨。双方交战之时，李克用骄傲轻敌，饮酒大醉，胡乱指挥，致使晋军大败。从此，刘仁恭与晋交恶，威胁着太原的侧后方，致使李克用腹背受敌，局势对李克用集团越来越不利。

汴晋争衡，魏博（治今河北省大名县东）镇居中原要冲，是双方必须争取的重要力量。魏博号称强镇，百余年来列于河北诸镇之首。朱全忠进攻朱瑄、朱瑾兄弟时，他们向李克用求救，李克用派大将李存信借道魏博前往援救。晋军军纪败坏，所到之处烧杀抢掠、无恶不作，加之朱全忠施离间计，魏博节度使罗弘信遂发兵袭击晋军，晋军猝不及防，大败溃逃，兵械资粮损失殆尽。魏博既与河东决裂，自然与朱全忠结好，形势对李克用更为不利。

朱全忠在汴晋争衡中占据优势之后，遂于天复元年（901）大举进攻河中（治今山西省永济市西南蒲州镇），另派军队将晋军拦阻于晋、绛地区。李克用的女婿河中节度使王珂屡次求救，李克用无力救援，王珂只得乞降于朱全忠，其全家被迁往洛阳，河中地区遂落入汴军之手。

次年，朱全忠乘胜进攻太原，晋军连战连败，李克用一度打算弃城逃往云中，被诸将苦劝，才决定坚守太原。他一面整顿城防，一面派诸将骚扰汴军粮道，四处袭击汴军，终于打退了汴军的这次进攻，从危局中苦撑下来。尽管如此，数年之内，晋军不敢再与汴军交锋，处于极度不利的境地之中。

唐亡后梁立

在藩镇割据、军阀混战的情况下，唐廷内部钩心斗角、争权夺利的斗争仍然十分激烈，主要是宦官集团与朝官之间展开了你死我活的斗争。宰相崔胤外结朱全忠，利用其势力密谋诛杀宦官。另一位宰相王抟劝其不要操之过急，崔胤不听，反而设计将王抟害死，又设法将任枢密使的宦官宋道弼、景务修处死。崔胤一时权倾朝野，宦官噤声。对此，宦官集团并不甘心，光化三年（900）十一月，宦官刘季述发动政变，率兵闯入宫中，囚禁了唐昭宗，扶持太子监国。不过宦官们对朱全忠的势力还是非常惧怕的，所以暂时还不敢把崔胤处死，而是先派人到汴梁，向朱全忠进献唐朝社稷。朱全忠做梦都想当皇帝，但他认为时机尚不成熟，于是便囚禁来使，以勤王为名，出兵讨伐刘季述。然而朱全忠大军尚未入关，崔胤已经联合一些神策军将校杀死了刘季述，重新扶持唐昭宗复位。

复位后的唐昭宗迫不及待要彻底铲除宦官集团，于是便任命宰相崔胤、陆扆分别掌领左右神策军，想要夺取宦官的兵权，然后再铲除他们。可是这个诏令竟然遭到神策军将领的反对，无法实施，昭宗只好妥协，又任用宦官韩全诲为神策军中尉，将禁军兵权仍然交由宦官专掌。无法夺取兵权，铲除宦官集团便是一句空话，因为朱全忠远在汴梁，崔胤竟然幻想利用凤翔镇（治今陕西省宝鸡市凤翔区）靠近长安的便利，拉拢其节度使李茂贞钳制宦官。他请李茂贞派兵三千进驻长安，作为对抗宦官的资本。其实李茂贞早就与韩全诲勾结在一起，凤翔军队的入驻反倒助长了宦官的气势。韩全诲还收买昭宗身边的宫人，昭宗与崔胤谋诛宦官的计策尽为其所知。

  为了夺取斗争的胜利，朝官与宦官集团都想挟天子以自重，以皇帝的名义来整治对方。为此，韩全诲与李茂贞勾结，由李茂贞出面请求昭宗移驾凤翔；而崔胤则暗中致书朱全忠，请其发兵迎圣驾入洛阳。天复元年，朱全忠攻取河中，兵临华州（治今陕西省渭南市华州区），韩建投降。当朱全忠军队逼近长安的消息传来后，韩全诲急忙劫持唐昭宗，焚烧长安，逃往凤翔。以崔胤为首的不少朝官拒绝随同皇帝前往凤翔，留在长安迎接朱全忠的到来。朱全忠大军进入长安后，随即向凤翔进军。次年，由于李克用大举进攻河中，朱全忠只好返回河中，击败了晋军的进攻，然后又返回三原（治今陕西省三原县清水谷南），与崔胤商量如何攻取凤翔。汴军势大，李茂贞军连战连败，坚守凤翔而不敢出战。天复三年（903），李茂贞久困孤城，孤立无援，十分惶恐，与昭宗密议杀死宦官韩全诲等，礼送昭宗返回长安。凤翔被包围了三个年头，有一年多时间，城中缺粮，饿死人无数，就连皇帝也以衣服换取食物，所以昭宗也急于结束战争，与李茂贞达成协议后，便下诏处死了以韩全诲为首的大宦官二十多人，并颁诏令朱全忠与李茂贞和解。朱全忠获得胜利后，遂挟昭宗返回长安，与崔胤商议尽诛宦官,共杀死了在朝的宦官七百多人,其又以昭宗的名义颁诏各道,要他们尽数杀死所在监军的宦官。除了河东、剑南等道与监军宦官关系密切,没有奉诏外,其余各地的宦官基本被杀光了,唐朝自中叶以来历时一百多年的宦官专权的局面由此结束。

在这场斗争中,最大的赢家不是朝官,而是朱全忠,至此他完全控制了朝政,唐昭宗成了孤家寡人。朱全忠掌握了朝廷大权后,对还是不信任他的朝官或诛或贬,剩下的均为他的走狗和奴仆。即使这样朱全忠仍不放心,留其侄朱友伦掌典禁军,将汴军万余人留驻长安,归朱友伦统率;又安排心腹充任宫苑使、皇城使、左右街使等职,把皇帝、宗室、妃主以及百官都严密地控制起来。朱全忠做了周密的安排后,才返回了汴梁。

宰相崔胤虽然投靠朱全忠,在反对宦官的斗争中获得了胜利,但从其内心来讲,并不甘心唐朝被朱全忠取代,所以他想方设法维持唐朝的延续。他上奏昭宗请求募兵六千,以充宫室卫士,希望能够掌握一部分兵权,以免完全受制于朱全忠。朱全忠闻知后,暗中派遣部下士兵假冒平民,前往应募。崔胤不知,结果非但使计划落空,而且还使朱全忠加强了在长安的兵力。不久朱友伦在打马球时坠马而亡,朱全忠怀疑为崔胤所害,遂上奏昭宗将崔胤罢相,随后崔胤被扈驾指挥使朱友谅所杀。翰林学士柳璨文才出众,昭宗喜爱,遂任其为宰相。柳璨出身贫寒,资历甚浅,为同僚所轻视,他心怀怨恨,寻机报复,这就为后来的"白马驿之祸"埋下了祸根。

朱全忠急于篡唐,而长安距汴梁路途甚远,不便直接控制,又担心其他强镇插手朝政,为了便于就近控制朝政,遂决定强迫昭宗迁都洛阳。昭宗无奈,只好顺从朱全忠之意。天复四年(904)初,朱全忠下令长安百姓按籍迁移,拆毁长安宫室、房屋,将木料顺渭水漂下，在洛阳营建宫室。长安百姓号哭连天，大骂崔胤说："国贼崔胤，招朱全忠入京，倾覆社稷，祸害百姓！"

长安是当时世界上规模最大最宏伟的大都市之一，虽然唐朝后期几经焚烧，但都影响不大，基本规模仍在，经过朱全忠此次破坏后，这座伟大的历史名城遂成为丘墟了。

唐昭宗到达华州时，百姓夹道呼"万岁"，他流着泪说："不要再呼万岁，朕不再是你们的皇帝了！"又回头对侍臣说："'纥干山头冻杀雀，何不飞去生处乐！'朕今漂泊，不知道将来会流落到何处！"这年四月，行至陕州（治今河南省三门峡市陕州区东北），昭宗派人对朱全忠说："皇后生产，身体不佳，待十月再行入洛。"朱全忠大怒，认为昭宗有意拖延不行，派部将寇彦卿前往催促，要求必须马上动身赴洛。到洛阳时，崔胤招募的六军侍卫之士在其死后散亡殆尽，昭宗身边卫士及宫中之人均为朱全忠派来的。从长安至洛阳途中，昭宗身边尚有小黄门及打球、内园小儿二百余人，对于这些人朱全忠也不放心，命人灌醉后全部坑杀，然后换上年貌、身高相当的二百人顶替，昭宗初不能辨，后来才有所察觉。在这种情况下，昭宗已经成为真正意义的孤家寡人，成为朱全忠的俎上之肉。

朱全忠强迫昭宗迁都洛阳后，河东李克用、凤翔李茂贞、西川王建、襄阳赵匡凝等地方实力派组成了联盟，以兴复唐室讨伐朱全忠为名，倡议天下共伐之。朱全忠决定举兵西讨，又担心昭宗会有所举动，于是决定害死昭宗，另立新君。这年八月，他指使左龙武统军朱友恭、右龙武统军氏叔琮、枢密使蒋玄晖等人，乘夜暗之际，以入宫奏事为名，率兵进入内宫，昭宗身穿单衣绕殿柱而逃，被追上杀死。本来还要杀死何皇后，其苦苦哀求，才免于一死。唐昭宗死时，年仅三十八岁。

昭宗死后，朱全忠另立昭宗第九子李柷为帝，时年十三岁，史称唐哀帝。次年，朱全忠又杀死了昭宗其余九个儿子。朱全忠认为朝臣中还有不少人忠于李唐皇室，是自己篡夺皇位的障碍，必须彻底铲除。他先把宰相裴枢等名门宿望之臣罢黜，然后又酝酿屠杀一批人。柳璨虽然是唐昭宗一手提拔起来的宰相，然其不知报恩，反而投靠朱全忠，为其出谋划策。他趁机把自己平素所忌恨的朝臣开出名单，交给朱全忠，怂恿他把这批人全部杀掉。朱全忠的重要谋士李振，早年屡试不中，因而对这些所谓的名门士族非常痛恨，同时也痛恨科举出身的朝士，也极力主张将这些人全部杀掉。于是朱全忠在滑州白马驿一举屠杀裴枢为首的朝臣三十余人。李振意犹未尽，对朱全忠说："此辈常自称是清流，应当投入黄河，使之变为浊流！"朱全忠大笑，立即命人把这些尸体投入滚滚黄河。史称这次事变为"白马驿之祸"。

朱全忠大杀唐朝臣僚固然是为了篡夺皇位，但手段如此残忍，在士人们的心目中形成了极为凶恶的形象，迫使他们投向别处，增添了敌对力量，实际上不利于他创建新王朝，在历史上也造成很不好的影响。李唐皇朝经此一变，已经完全失去了统治根基，唐哀帝虽仍在位，实际上已经等于亡国了。

至此，朱全忠认为篡唐建国的条件已经成熟，急不可待地想要废唐称帝。柳璨为了讨好新主子，与枢密使蒋玄晖等商议，认为历来改朝换代，都要先加九锡、封国，后行禅让。朱全忠出身社会下层，根本不懂得这套东西，反而认为他们心怀异志，拖延时间，等待外援。有人告蒋玄晖与昭宗的皇后何氏有染，不愿支持禅让，于是朱全忠便下令先把蒋玄晖处死，随后又派人杀死了何皇后。接着，他下令处死柳璨，柳璨临刑时大声喊叫："负国贼柳璨，早应受死了！"

公元907年，朱全忠代唐建国，都城汴梁，改元开平，改国号梁，史称后梁。唐哀帝被朱全忠贬为济阴王，于次年被杀害，终年十七岁。

后梁建立时，仅有二十一镇，即宣武、宣义、天平、护国、天雄、武顺、佑国、河阳、义武、昭义、保义、戎昭、武定、泰宁、平卢、忠武、匡国、镇国、武宁、忠义、荆南等镇，共六十九州之地。其中武定是剑南西川的属镇，后梁仅占其一州之地，而荆南则保持着相对独立的地位，因此后梁在五代中版图最为狭小。

朱全忠创建后梁既是其事业的顶峰，也是其事业滑坡的开始。由于他急于篡夺皇位，手段残酷，毫无顾忌，引起了天下人的不满与反对，这等于把自己置于火炉上烘烤，给政敌提供了反对他的口实。当时处于独立状态的诸侯很多，如江淮的杨渥、两川的王建、吴越的钱镠、河东的李克用、湖南的马殷、岭南的刘隐等，都有条件关起门来称王称帝。至于关中的李茂贞、幽州的刘仁恭、福建的王潮等，虽然实力较弱，也都处于相对独立的状态。这些人中很多都是朱全忠的死敌，却未互相联系，朱全忠称帝反倒促使他们联合起来，共同声讨篡唐逆贼。如李茂贞在后梁建国后，马上宣言讨伐，联络李克用、王建、杨渥等，以兴复唐室为号召，并推李克用为盟主。就连朱全忠一向信任的昭义节度使丁会，在听到唐昭宗被杀的消息后，也立即宣称效忠唐室，讨伐篡逆，举全境归降了太原，使李克用唾手而得潞州战略要地。朱全忠的兄长朱全昱虽在后梁建立后封王，但他毫不领情，竟在宫廷宴会上借酒大骂，直斥朱全忠不该灭李唐三百年社稷，并断言朱氏家族不得善终，要覆宗灭祀。不过这些实力派虽然口头上喊叫得很凶,但各有自己的小算盘,并没有组成联军讨伐朱全忠,有的后来还向后梁称臣。尽管如此,从总的形势来看,朱全忠此举将自己在政治上孤立起来了,失去了很多同盟者,为后来的灭亡埋下了隐患。

李克用当然不会放弃这样的好机会,他利用人们对朱全忠的不满,乘机扩张自己的地盘,壮大势力,待机反攻。他明知刘仁恭反复无常、凶险狡诈,却加以利用,与其联合,使其发挥了牵制梁军的作用。李克用对待唐廷的方式也比朱全忠高明,其始终宣称效忠于李唐王朝,不论实力强大还是衰弱,都保持了一个忠臣的形象。他在朱全忠强迫唐室迁都,以及后来弑君篡位之时,冷眼旁观,等待时机,然后便联络诸镇,共同讨伐。李克用的这种策略,为其子后来灭亡后梁奠定了坚实的基础,同时也在历史上留下了一个忠臣的良好形象。

·十七年后梁·

太祖暴戾淫乱

朱全忠称帝后,改元开平,改名朱晃,史称梁太祖。这一时期局势变化很快,朱全忠的头号敌人李克用在开平二年(908)因病而亡,其子李存勖继晋王位。李存勖继位之时,潞州已经被梁军围攻了一年有余,形势非常危急。李存勖利用梁军以为他正忙于其父丧事,戒备松懈之机,亲率大军,直扑潞州,攻破了梁军围攻潞州而修筑的夹寨,斩梁军统帅符道昭,梁军大败,死亡万余人,委弃的资粮、军械堆积如山。此战对梁晋两方影响都很大：如梁军获胜，等于打开了河东的门户，可以直攻晋的首府太原；如晋军获胜，不仅可以巩固河东的南境，而且向南可以威胁梁的统治中心——河南地区。朱全忠听到夹寨被攻破的消息后，大惊失色，感叹地说："生子当如李亚子，吾儿豚犬耳！"李亚子是李存勖的小字。

然后李存勖着手整顿松弛的军纪，发展农业生产，减轻赋税，优抚孤寡，稳定内部秩序，选用人才，整军备战，使河东境内面貌焕然一新。

这一时期后梁内部却接连发生变乱，义武（治今河北省定州市）节度使王处直、成德（治今河北省正定县）节度使王镕，因朱全忠处心积虑地削除异己而举兵反梁，转而投靠李存勖，推其为盟主，共同反梁。朱全忠听信谗言，杀死佑国（今陕西省西安市）节度使王重师，并诛其全族，大将刘知俊疑惧，遂在同州举兵造反，与李茂贞联合，共同讨朱。朱全忠还嫉贤妒能，借口马瘦斩杀了屡立战功的骁将邓季筠；又以违抗军令之罪，处死了大将李重允、李谠；宿将氏叔琮、养子朱友恭，因参与杀害唐昭宗，朱全忠为推脱罪责，将他们处斩；朱珍是其著名的战将，朱全忠寻故杀之，诸将苦苦求情，被朱全忠赶走；李思安本为朱全忠爱将，因故被贬后，心怀不满，也被处死。后梁内部矛盾激化，极大地削弱了其实力。

开平四年（910）十一月，朱全忠派大将王景仁率大军讨伐成德王镕、义武王处直，晋王李存勖亲率大军增援。次年，两军在柏乡（今河北省邢台市）相遇，后梁军队铠甲鲜明，缕金挂银，光彩耀日，晋军望见颇有惧意。晋大将周德威鼓励将士说："梁军为汴州天武军，皆为市井之徒，衣甲虽鲜明，然战斗力极差，十不能挡汝一，希望大家努力作战，擒获一人，足可致富，此乃奇货，机不可失！"晋军闻言斗志昂扬，士气大振。周德威先派小股部队袭扰梁军，待其疲惫困乏之时，全力出击，大败梁军，死尸蔽野，抛弃的军资器械不计其数。柏乡之战是梁晋争衡的转折点，此战之后，战略主动权转移到晋军一方。

乾化二年（912），幽州刘守光（刘仁恭之子）进攻成德、义武，李存勖率大军赴援。刘守光担心不是敌手，遂向朱全忠求援，朱全忠为报柏乡之仇，亲率大军攻晋。行至下博（治今河北省深州市东南），讹传晋大军涌至，梁军惊慌失措，急忙逃至枣强（今河北省枣强县前、后旧县村）。晋将李存审仅率少量军队，突袭后梁大军，朱全忠夜间不辨虚实，烧营而遁。其情急之中迷失方向，错走了一百五十余里。河北之民对梁军的残暴非常愤恨，纷纷拿起农具袭击梁军。朱全忠连吃败仗，羞愤交加，狼狈逃回汴梁，患病卧床不起。

朱全忠流氓出身，性情暴躁残忍，晚年由于战事不利，猜忌之心日重，除了肆无忌惮地杀戮外，便是纵欲宣淫。除了在宫中宣淫外，他还对大臣的女眷肆行淫乱。河南尹、魏王张全义是五代十国时期一个重要的历史人物，在恢复中原地区的社会生产方面贡献颇大。朱全忠连年征伐，军需物资全赖张全义支持。就是这样一个人物，朱全忠对其家属女眷也不放过，巡幸洛阳时，住在张全义家中，迫其女儿、媳妇一一与之淫乱。张全义诸子气愤难忍，打算杀死朱全忠，被张全义苦苦劝阻。尤为荒唐的是，朱全忠对自己的儿媳也不放过，无论是养子还是亲子之媳，逐一召见侍寝，公然宣淫，行同禽兽。有意思的是，他的这些儿子为了争宠，甘愿献出自己的妻子，而毫无羞耻之心。他们利用妻子入宫侍寝的机会，打听消息，窃取机密，争夺储位。养子朱友文之妻，貌美灵巧，深得朱全忠宠爱，由于这个原因，朱全忠对朱友文也非常宠爱，竟然超过了自己的亲子。

乾化二年，朱全忠败回汴梁，又转至洛阳，由于病势垂危，遂打算将朱友文从汴梁招来，嘱咐后事。郢王朱友珪虽是朱全忠的亲子，但由于其母只是一个营妓（即军妓），故不为朱全忠所喜。然朱友珪却是一个野心很大的人，不甘心目前的地位，也参与到争夺储位的斗争中来。这时他的妻子张氏正在朱全忠身边陪侍，探知这个消息，并且得知朱全忠要将朱友珪贬为莱州（治今山东省莱州市）刺史，马上密告给朱友珪。朱友珪惊恐不安，顿起杀机，于是他勾结禁军将校，引兵入宫，将朱全忠杀死，称帝于洛阳。为了斩草除根，他派人赶到汴梁，杀死了朱友文。

庶子篡位不长久

朱友珪弑父篡位，引起了朱全忠诸子的气愤与不满，他们想方设法，欲取而代之。对于朱友珪的这种状况，明眼人都很清楚，知其必败无疑。宰相敬翔称病不出。朱全忠的养子朱友谦传檄诸道，问罪朱友珪，并以河中镇归降了晋王李存勖。后梁宿将杨师厚，素为朱全忠所猜忌，这时也乘机占据魏博，朱友珪不敢得罪，只好承认既成事实，任命其为节度使；但他又不愿轻易受其摆布，遂令杨师厚入朝商议军情，想借机铲除，以绝后患。杨师厚率精兵万人入洛，朱友珪见此状况，哪里还敢动手，只得厚赐遣送归镇。在这场斗争中，朱友珪非但没有得利，反倒示弱于人，杨师厚更加骄横，对于朱氏诸子视若草芥。

动荡
夜宴的时代

朱全忠的第四子朱友贞,也想夺取皇位,只是苦于没有实力。朱友珪命他杀害朱友文,他也不敢违抗,只得奉命办事。因此,朱友珪即位后,任命他为东京留守,行开封府尹、检校司徒。这时后梁的另一大臣赵岩有事来到汴梁,朱友贞设宴款待,席间言及皇位之事,朱友贞遂乘机向他请教如何可以取而代之。赵岩说:"此事易如反掌,成败全在杨令公(指杨师厚),只要得其一言,禁军立即奉命而行。"杨师厚位高权重,禁军将士多为其部下,又占据魏博重镇,精兵猛将多在其掌握之中,所以赵岩才劝朱友贞结好于杨师厚。赵岩当时也在禁军中任职,返回洛阳后,便把与朱友贞商议的内容告诉了侍卫亲军都指挥使袁象先,得到了袁的支持。朱友贞又派心腹马慎交前往魏州拜见杨师厚,答应事成之后赐给劳军钱五十万贯,并许愿杨师厚可以再兼领一个藩镇。杨师厚犹豫不决,对其部下说:"我与友珪君臣之分已定,今无故改图,别人会怎么议论我?"马慎交劝喻说:"友珪以子弑父,天下人皆知,友贞是太祖至亲之子,仗义讨贼,名正言顺,一旦事成,令公又如何相处?"杨师厚醒悟,决意支持朱友贞。于是他派人入洛阳,密与赵岩、袁象先等商议举事计划。

得到杨师厚的支持后,朱友贞便放心大胆地行动起来。在此之前,龙骧军的一个军官在怀州(治今河南省沁阳市)反叛,搜捕其同党的行动四处进行。朱友贞派人潜入其军中,散布谣言说:"友珪因为龙骧曾经发生过叛乱,此次把你们召到洛阳,将要全部坑杀。"当时左右龙骧军驻扎在汴梁,朱友贞伪造朱友珪诏书,调其入洛阳,然后借机煽动其起事。龙骧将校闻知这个消息后,非常惊恐,他们纷纷到朱友贞处,向他请教逃生之路。朱友贞乘机煽动他们起兵诛杀朱友珪,诸将校也表示愿意拥立朱友贞为帝。朱友贞掌握了龙骧军的兵权后，马上派人密告赵岩、袁象先，于是赵、袁等人率禁军突入宫中，杀死了朱友珪，然后拥立朱友贞在汴梁即皇帝位。

末帝殉国无人陪

朱友贞即位后，史称梁末帝。由于他是依靠禁军将校的拥戴当上皇帝的，所以即位之后，大肆赏赐，花费了巨额钱财，加之连年征战，军费开支浩大，使后梁财政日趋紧张。为了满足需要，梁末帝任用贪吏，搜刮民财，致使社会矛盾骤然激化。

梁末帝即位后还面临一个问题，就是杨师厚倚仗其拥立之功，更加骄矜不法，目无君主。梁末帝惧怕其势大，朝中事务无论巨细，皆先咨询杨师厚再施行，杨师厚俨然成了后梁的太上皇。好在杨师厚毕竟年高，不久就病死了，梁末帝得知消息后如释重负，在宫中设宴庆贺。但是杨师厚所在的魏博镇仍然是一个很大的威胁，魏博兵多将广，且勇悍善战，地理位置又靠近汴梁，如果这一威胁不解除，梁末帝仍然难以安生。于是末帝亲信赵岩献计，不如趁其军中无主，将魏博一分为二，达到削弱其实力的目的。梁末帝从其计，下诏将魏博分为天雄、昭德两镇，其府库将士对半而分。又恐魏博将士不服，遂派大将刘鄩率大军六万渡过黄河，逼近魏州，准备弹压。魏博将士不愿背井离乡，聚众哗变，他们纵火大掠，劫持了新任节度使贺德伦，请降于晋。李存勖喜出望外，亲率军队到魏州，接收了军政之权。这一变化对晋来说，无疑是天上掉馅饼的好事，不仅一举占据了魏博这一军事重镇，直接威胁到后梁的统治中心汴梁；而且获得了魏博久战沙场之精兵，军事实力大大增强；尤其是魏博银枪效节军的获得，意义更大，这支军队勇悍异常，李存勖收其为亲军，后来在灭亡后梁的战争中出力甚大。

梁末帝当然不甘心就此失去魏博，催促刘鄩迅速进军，收复魏博。刘鄩是后梁诸将中非常杰出的将领，多谋善断，用兵诡诈。他自知晋军兵力强大，不能正面硬拼，于是派军队间道袭击太原，妄图调动晋军主力回援，然后再攻取魏博。李存勖洞察其谋，其没有得逞，只好退屯莘县（今山东省莘县），闭营不出。梁末帝连诏催其出战，刘鄩因军粮不足，请求每人发给十斛粮，才可进行反攻。梁末帝大怒，下诏严责，又派人督战。刘鄩无奈，只好勉强进兵，结果大败而回。从此，刘鄩坚壁不战，以避晋军锋芒。贞明二年（916），李存勖为了引诱梁军出战，留大将李存进驻守原处，扬言自己要返回太原。梁末帝闻言，又一次催促刘鄩进兵魏州，并且说："社稷存亡，全系此战，望将军勉之！"刘鄩只好再次进兵，在故元城（今河北省大名县东）西与晋军遭遇，梁军大败，仅步兵被歼的就达七万之众。这时派去袭击太原的梁军在城内守军与城外援军的夹击下，也大败溃退。晋军乘胜进击，连下邢、洺（治今河北省邯郸市永年区东南）等州，从而使河北之地尽数归于晋，与后梁形成夹河（黄河）对峙的局面。争夺魏博镇的这场战争，以晋军全胜、后梁彻底失败而宣告结束。梁末帝得知战败的消息后，哀叹说："吾大势去矣！"

这一时期后梁皇室内部的矛盾也很尖锐，朱氏诸子互相猜忌，时刻想发动宫廷政变，以夺取皇位。贞明元年（915），梁末帝的张贤妃薨，出葬的前一夜，末帝之弟康王朱友孜遣心腹潜入寝宫，谋刺末帝，事泄被杀。从此以后，末帝更加疏远宗室兄弟，宠信赵岩及德妃兄弟张汉鼎、张汉杰等人，他们均居近密之职，军国大事，末帝多与他们商议，每次出兵也一定派这些人前往监军。而赵岩等人倚仗权势，卖官鬻爵、离间将相，搞得朝中乌烟瘴气、人心涣散。老臣敬翔、李振等，虽居高位，所言多不见用。李振干脆称病不出，不问政事，以避赵、张等族祸害。自此，后梁政事更加混乱，直至灭亡，仍未有所改观。

从后梁贞明三年（917）至龙德二年（922），晋与后梁展开了夹河大战，双方你来我往，多次大战，死伤惨重。总的来看，晋军胜多败少，消灭了梁军不少有生力量，但自身消耗亦很大。之所以出现这种状况，与契丹对晋军的牵制有极大的关系。好几次晋军获得了很大的胜利，正要乘胜进兵之时，都因为契丹军队在北部边境的骚扰而不得不分兵抵御，从而使后梁有了喘息之机，减轻了军事压力。

晋王李存勖是一个颇具军事才能的历史人物，但也有明显的缺点，这就是恃勇好斗，经常亲率轻骑逼敌营挑战，也数次遇险被包围，被诸将救出，却依然如故，没有丝毫改变。正因为如此，往往也导致一些不应有的损失，其中最大的损失便是宿将周德威的战死。李存勖侦知梁军内部发生矛盾，勇将谢彦章被杀，认为有机可乘，决定攻取洛阳。周德威认为时机还不成熟，不宜过早地进行决战，李存勖不听。当晋军进抵胡柳陂（今河南省范县西南）时，梁军大批涌至，周德威主张先以小股骑兵袭扰敌军，待其疲惫之时再大举进攻，李存勖不听。他一意孤行，亲率军队应战，混战中周德威父子战死，幸得老将李嗣昭整军反击，才使晋军反败为胜，歼灭梁军数万人，但晋军也损失惨重，得不偿失。正因为李存勖存在这样的缺点，所以后梁大将王彦章称他是"斗鸡小儿"，不足为虑。

贞明五年（919），晋将李存审在德胜夹黄河修筑了南北两城（北城故址在今河南省濮阳市，南城在今濮阳市南），中有浮桥相连，以加强守御。为了对付晋军，梁军也在德胜上游十八里的杨刘

（今山东省东阿县北杨柳村）夹河筑垒，造浮桥相连。从此双方在杨刘与德胜之间展开大战，互有胜负。龙德元年（921），成德节度使王镕被部将所杀，李存勖闻讯急率大军讨伐，梁军也乘机反攻，经过激战，晋军虽然平定了成德兵变，并且击败了梁军的进攻，但兵员、物资却损失惨重，老将李嗣昭、李存进等也都在此战中战死。与此同时，后梁内部也发生了内乱，陈州刺史、惠王朱友能想乘梁军屡败，重兵皆在前线，后方空虚之机，举兵向汴梁进攻，虽然很快便以失败而告终，但仍在一定程度上削弱了后梁的实力。

龙德三年（923），李存勖在魏州称帝，改元同光。因其祖父得到过唐朝的赐姓，故国号仍为唐，史称后唐，李存勖也以唐朝的合法继承人而自居。

李存勖即位后，历史上称其为唐庄宗。他即位后，决定大举攻梁，打算一鼓而灭之。梁末帝急命老将王彦章与段凝为大将，统兵前去抵御。王彦章勇猛善战，人称"王铁枪"，而段凝却无勇无谋，只是因为善于讨好权贵，才得以重用。宰相敬翔深知这两人同时为将，段凝肯定会嫉贤妒能，阻挠和牵制王彦章，必然导致战争的失败。于是他面见末帝，要求撤去段凝，专用王彦章。末帝不听。

王彦章率军至前线后，奇袭德胜，连下德胜北城和潘张、麻家口等寨，并进逼杨刘。双方在杨刘周围展开激战，均损失惨重。不久，梁军康延孝降后唐，王彦章又为赵岩、段凝等人所诬陷，被罢去了兵权，改由段凝任主帅。段凝怯懦无谋，人心不附，他不敢主动进攻，竟在滑州掘开黄河堤坝，东注于曹、濮、郓等州，企图阻止后唐进军。正在这时，后唐大将李继韬举潞州投降后梁，梁末帝急派军协助李继韬攻下了泽州，切断了后唐军队的退路，并进攻太原，直捣后唐老巢。后梁还调汝、洛之兵进攻成德，使后唐军队前后受敌，处在生死关头。

就在这时,李存勖听取了谋臣郭崇韬、大将李嗣源的建议,自杨刘渡过黄河,绕开梁军主力,然后向西直捣汴梁。这一路后梁没有驻扎重兵,只有王彦章率少数军队进行过阻截,结果战败被擒。唐兵很快便攻到汴梁城下,守将惊恐失措,只好开城投降,梁末帝走投无路,命侍卫杀死自己。后梁百官见状,皆无效死之意,纷纷出城投降。段凝所率的梁军主力在前线得知都城失守后,人心涣散,在主帅率领下全军解甲投降。后梁至此灭亡,前后历时仅十七年时间。

王彦章像

·十三年后唐·

伶人贪吏害庄宗

后唐庄宗,沙陀人。沙陀族源问题比较复杂,史籍中对此有许多不同的记载。据当代学者的研究,其族源应该是西突厥别部处月部中的朱邪部落，居于金娑山之南、蒲类之东，当地有名叫沙陀的大戈壁，故称其部落为沙陀。沙陀部族在形成的过程中，还将一些其他民族部落吸收进来，如粟特、回鹘、同罗、仆骨、鞑靼等，相互融合，组成了沙陀民族共同体。

在五代十国时期中原地区的五个王朝中，后唐、后晋、后汉都是沙陀人建立的政权，其重要大臣多为沙陀人，所以历史上将这三个王朝称为"沙陀三王朝"。

后唐的都城建在洛阳，是五代中疆土最大的一个王朝，不仅占据原后梁的全部疆土，而且还占据了关中、汉中、两川等地区。由于实力强盛，当其灭亡前蜀之时，南方诸国无不震恐，担心会蹈前蜀之覆辙。然而事实却是，后唐非但没能并吞诸国，完成统一大业，唐庄宗本人反而很快就身败族灭了。

唐庄宗李存勖本是出身于沙陀贵族家庭的纨绔子弟，虽然在军事上颇有才能，但在政治上却是一个目光短浅的人。他在继晋王位初期，因为面临着生死存亡的大问题，尚能克制自己，采取一些改革措施，虽然只是头痛医头、脚痛医脚的应急之策，但毕竟还是有所作为，当度过危机后，他性格中的劣根性便表现出来了。

李存勖喜欢赌钱，也爱好歌舞戏曲，经常需要大量的钱财支付赌账和赏赐伶人。在建国称帝之前，他把主要精力用于军事作战，河东军府政事则委于宦官张承业掌管。张承业是一个廉洁奉公、恪尽职守的人，在他的惨淡经营下，河东治内百业复兴、社会稳定，蓄积了大量的金谷，供应战争的需用。因此，李存勖在赌博和歌舞方面的开支需要通过张承业才能获得，而张承业却认为财赋应用于政事和军事，不应花在赌钱等方面，所以常常拒绝支付。李存勖总觉不方便，于是便想了一个办法，另行设立了"酒钱库"供自己私用,并要自己的儿子李继岌为张承业跳舞,赚取钱帛。不料张承业仍然分文不给,只用他个人的财物如宝带、良马、钱币相赠,公家的钱物却丝毫不予支付。李存勖指着钱库说:"和哥(指继岌)乏钱,七哥(指承业)应以公钱与之,宝带、良马的价值也太小了。"张承业说:"所给郎君之物,皆出自承业的俸禄,公家之钱是大王用于养战士的,承业不敢以公物作为私礼相送!"李存勖借酒耍疯,口出恶言,逼迫张承业出钱。张承业说:"老仆这么做,非为子孙计,只是想以此库钱为大王成就霸

李存勖像

业之用,不然大王自取之,何必问老仆。不过财尽民散,一无所成而已!"李存勖恼羞成怒,拔剑行凶,张承业上前抓住他的衣襟,哭泣着说:"老仆受先王顾托之命,誓为国家铲除汴贼,若以爱惜公家钱物而死于大王之手,老仆在地下见到先王也无愧了!今日就请大王杀了老仆吧!"前庭闹成一团,惊动了李存勖之母曹氏,遂将他唤入内室责备。李存勖大孝,于是慌忙向张承业叩头谢罪。次日,曹氏又带李存勖专门向张承业赔礼谢罪,才将一场风波平息了下去。可见李存勖虽为恶少,但尚能顾及大局,不敢一味地胡闹下去,但一旦天下平

定,他便开始放纵自己,为所欲为了。

　　灭亡后梁登上皇帝位后,唐庄宗李存勖便不再有所克制了,开始骄傲自满。灭梁之初,割据荆南的高季兴闻讯后非常惶恐,急赴洛阳朝见庄宗。返回后他对部属说:"主上百战而得中原,对勋臣夸手抄《春秋》,又竖手指说'我于指头上得天下',如此则功在一人,臣下又有什么功劳呢?且经常游猎,经旬不回,不理政事,我可以高枕无忧了!"当时吴国得知后梁灭亡的消息后,上下震惊,而谋士严可求全不在意,从容地说:"我闻唐主始得中原,志气骄满,御下无法,不出数年,必有内变。"建议卑辞厚礼,保境息民,等待其变。时人对唐庄宗的这些看法,无疑是准确的。

　　庄宗灭梁以来,猜忌功臣宿将,却信任宦官、伶人。从李克用时代起,这个家族就与宦官集团建立了比较密切的关系,李克用重新被起用,就是出于大宦官杨复光的举荐。杨复光死后,他又与其兄弟杨复恭勾结起来。杨复恭在朝中专权跋扈,称唐昭宗为"负心门生天子",两人闹翻以后,杨复恭在逃往河东的途中被杀。李克用上表为其鸣不平,并迫使唐廷为其平反。朱全忠诛杀宦官,河东遂成了宦官最大的避难之处。后唐建立后,庄宗颁敕要求各地将前朝宦官不论贵贱统统遣送到洛阳,致使朝中宦官人数达上千人之多。这些人在后唐又重新专断权柄,干预政事,并在各道再次设置监军使,军府之政皆监军决之,欺凌主帅,怙势争权,唐朝宦官专权之局再次死灰复燃,引起了朝野上下的不满。就此点而言,后唐与后梁相比,应该说是一个倒退。

　　宠信并重用伶人,是唐庄宗在政治上的又一特征。庄宗喜音律,好俳优,爱与伶人交往,早在其为晋王时就是如此,只是那时他忙于灭梁大事,在这方面表现还不突出。即皇帝位以后,其自以为天下太平，便无所顾忌起来。比如他所宠爱的伶人周匝被梁军俘去，得到后梁教坊使陈俊、内园使储德源的保护。庄宗进入汴梁后，周匝前来谒见，庄宗大喜。周匝诉说自己在后梁多亏陈俊与储德源保护，才得以与陛下重新相见，请求授给两人刺史之职，以为报答，庄宗遂授陈俊为景州（治今河北省东光县）刺史、储德源为宪州（治今山西省娄烦县）刺史。庄宗有时也粉墨登场，亲自表演，自取艺名"李天下"。有一次他表演到兴头上时，四顾而呼曰："李天下，李天下何在？"伶人敬新磨上前打了庄宗几个耳光，庄宗一时不知所措，左右伶人皆大惊失色，抓住敬新磨责问说："如何敢打天子？"回答说："李天下者，一人而已，哪得二人？"李，取"理"字的谐音，理天下者即指皇帝。听到此话，左右皆大笑，庄宗也非常高兴，赏赐敬新磨甚厚。

庄宗皇后刘氏出身寒微，其父刘叟以卖药算卦为生，人称刘山人。庄宗在魏州时，刘山人前来认亲，内臣刘建丰认出这个老人正是刘氏之父。刘氏却不愿认亲生父亲，对庄宗说："妾离乡之日，妾父死于乱兵，当时妾环尸而哭。这位是何田舍翁？竟敢前来冒充妾父！"命人打出宫门去。庄宗明知此人是皇后的亲生父亲，但是也不便说破。刘氏生性凶悍，与宫中诸嫔妃争宠，由于其出身低贱，所以特别忌讳提起自己的家世。庄宗既好俳优，遂穿上与刘叟一样的衣服，背上药囊卦筹，命其子李继岌头戴破帽相随，直入刘氏寝宫，说："刘山人来探望女儿。"刘氏大怒，不好对庄宗如何，只好把气撒在继岌身上，将其痛笞一顿而赶出宫去。此事一时成为宫中笑乐的话题。

刘皇后不愿认亲生父亲，却自愿认张全义为养父。张全义久居洛阳，在后梁时已经封王，家富于财，庄宗入洛之后又投靠了新朝。有一次庄宗夫妇造访其家，刘皇后贪图钱财，竟对庄宗说："妾幼年遭遇战乱，失去父爱，愿认全义为父。"张全义自然不敢拒绝，诚惶诚恐，认了这名义女，并献出大批财宝作为见面礼，以后每年都进献大批财物，总算保住了富贵荣华。

刘皇后贪婪已极，拥有大量的财富，却仍不满足，又以皇后的名义经营商业，甚至樵果菜蔬也不放过，往来兴贩，乐此不疲。每年各地的贡献先入后宫，其除了写佛经、施僧尼外，靳惜不舍纤毫。同光三年（925），发生大水灾，河南、河北百姓流离失所，无以为生。由于漕运路绝，京师供给不足，六军兵士往往有饿死者。可是庄宗与刘皇后却游猎宴乐不绝，所至之处，都要当地百姓供给，甚至售卖家具什器、拆毁房屋以供之，县吏因畏惧而逃窜于山谷。次年春天，新粮未收，百姓军士仍然非常困苦，国库无钱，宰相请求打开内库以供应军队之需，庄宗已经同意，而刘皇后却不肯。宰相在殿上再三论请，刘氏在屏风后窃听，遂闯至廷前，拿出了自己的妆奁首饰，并推出了皇幼子满喜，对庄宗说："诸侯所贡，给赐已尽，宫中所剩就这些东西了，请把它们卖了以供军，如果不够就把满喜也卖了吧！"宰相见此状况，哪里还敢多言，惶恐而退。后来魏州兵变，庄宗和刘皇后才拿出了内库之物以赏军，军士一面背负着赏赐之物，一面大骂说："我们的妻子儿女已经饿死了，要这些财物又有何用处！"可见，庄宗身败国亡，其妻刘氏也有不可推卸的责任。

由于庄宗宠信伶人，伶人出入宫掖，侮辱公卿，专权用事，收受货赂，引起了朝臣的愤恨。其中伶人景进最得庄宗信任，经常受命出访民间，事无大小，皆禀皇帝。每次景进禀事，都要屏退左右，军机国事也经常参与决策，三司使孔谦称其为兄，呼为"八哥"。庄宗入洛之初，居于唐朝原宫殿内，由于宫室广大，显得宫人稀疏，比较冷清。于是宦官、伶人多说宫中夜见鬼怪，是后宫人数稀少之故。庄宗遂命景进等人负责选民间美女千人，以充实后宫。景进仗势弄权，无论官民军士，凡有女者皆在采选之列，致使军士妻女因此而逃亡者达数千人之多。枢密使郭崇韬对伶人素来厌恶，常常加以抑制，因此伶人对其非常痛恨。后来郭崇韬与魏王李继岌率军伐蜀时，刘皇后听信宦官、伶人的谗言，指示李继岌杀死了他。庄宗之弟李存乂是郭崇韬的女婿，郭崇韬被诛后，伶人景进进谗于庄宗说："存乂将要谋反，为其岳丈报仇也。"于是李存乂也被杀害。梁将朱友谦以河中降于后唐，庄宗攻入洛阳后，伶人们向其索贿，朱友谦无法应付，遂予以拒绝。于是景进对庄宗说："崇韬既诛，友谦不自安，必将谋反，应该早诛，以绝后患。"结果导致了朱友谦全族被杀。

　　伶人史彦琼任武德使，镇守邺都，魏博等六州之政皆由其掌管，自留守王正言以下官员，全都俯首听其指使。后来在邺都兵变时，史彦琼不知设法化解，反而率先逃走，致使邺都群龙无首，酿成大祸。另一伶人郭从谦，艺名门高，被庄宗任命为从马直指挥使，掌管亲军兵权。郭从谦因为姓郭，遂拜郭崇韬为叔父，又被李存乂收为养子。两人被害，郭从谦置酒军中，愤然流涕，称二人之冤。这时从马直军士王温利用宿卫宫中的时机，阴谋作乱，事泄被诛。庄宗对郭从谦说："你与崇韬、存乂为亲戚，又指使王温造反，今欲有何为？"庄宗此语本是戏言，但已使郭从谦惊恐不安，于是煽动亲军反叛，攻入宫中，导致了庄宗的死亡。

　　正因为庄宗宠用伶人而最后死于伶人之手，所以宋代大文豪欧阳修撰《新五代史》时，专门创立了《伶官传》一门，并在序言中以此为鉴，希望能引起统治者的警觉。他总结这一历史经验说："《书》曰：'满招损，谦得益。'忧劳可以兴国，逸豫可以亡身，自然之理也。故方其盛也，举天下之豪杰莫能与之争；及其衰也，数十伶人困之，而身死国灭，为天下笑。夫祸患常积于忽微，而智勇多困于所溺，岂独伶人也哉！"欧阳修的这一番话，可谓至理名言，应该引起人们的深思。

唐庄宗还重用贪浊之吏以敛财。早在其建国称帝之前，就已重用孔谦筹措军费；建国后又任命孔谦为租庸使，掌管全国财赋的征收。孔谦为了讨好皇帝与皇后，不断地加重赋税额，尽管皇帝有时发布赦文蠲免一些地区的赋税，孔谦却仍然照征不误，自此每有诏令颁布，人皆不信。按照当时的制度，地方赋税收入分为三份，一份留州，一份送度，一份上贡，可是孔谦却以租庸使的公文直下州县催征赋税，而不经过藩镇。这本是加强中央集权、抑制地方财权的一种措施，然孔谦本意却不是如此，而是一种横征暴敛、多多敛财的措施。实施的结果，一是加重了百姓的负担，破坏了社会生产；二是引起了广大藩镇的不满，使庄宗处于孤家寡人的境地。孔谦还通过地方政府强制放高利贷来敛财，致使不少百姓破产，有人因此而弹劾孔谦，庄宗却置之不理。庄宗的倒行逆施终于激起了事变，最终落了个身败名裂的下场。

同光四年，魏博镇驻守瓦桥关（今河北省雄县西南）的军队期满返乡，到达贝州（治今河北省清河县西北）时却突然接到敕令，不许他们返乡。于是流言四起，兵士皇甫晖趁机发动兵变，推赵在礼为首，攻入邺都。庄宗闻讯，急命元行钦率兵讨伐，结果战败而退。这一时期后唐的宿将或被庄宗杀害，或老病而死，不得已庄宗只好令自己并不信任的李嗣源率侍卫亲军前往讨伐。李嗣源本无异志，但是此时军心已乱，难于驾驭，当其行至邺都城下时，当晚就发生了兵变，乱兵劫持李嗣源入城，与邺都的魏博军联合，共同拥李嗣源为主。李嗣源设法逃出，向庄宗上表表明心迹，然其表章却被元行钦扣下，不能上达天子。李嗣源的女婿石敬瑭趁机劝其起兵，先入汴梁，再下洛阳，利用庄宗人心失尽之机，夺取帝位。李嗣源决计南下之际，河北藩镇纷纷拥戴，因此得以顺利渡过黄河，并且迅速进入汴梁。庄宗闻变，急率军向汴梁进军，途中得知李嗣源已入汴梁，仓皇退回洛阳，行至半途，兵士已逃亡过半。他再三好言抚慰士卒，并许愿给予厚赏，兵士们却回答说："陛下赏赐太晚，大家也不会感谢圣恩！"回到洛阳后，伶人郭从谦率亲军从马直叛乱，庄宗与其激战，中流矢而死，左右逃散，只有五坊伶人聚乐器于其尸之上，焚而烧之。李嗣源入洛后，获得其骨灰，葬于新安，名曰雍陵。随后李嗣源即皇帝位，史称唐明宗。

明宗新局太短暂

李嗣源也是沙陀人，无姓氏，小名邈佶烈。其父曾任雁门都将，因此其年轻时便从军了，在李克用帐下当兵。其厚重寡言、办事谨慎，被李克用收为养子，取名嗣源。李嗣源跟随李克用东征西讨，建立了许多功劳，逐渐升任天平军节度使、蕃汉马步军副都总管。庄宗攻汴梁时，李嗣源率先锋率先进入汴梁，庄宗后至，见到李嗣源后，大喜过望，抓住其衣襟，以头撞之，说："所得天下我与你共同分享。"因此功拜中书令，赐以铁券，后又兼任蕃汉内外马步军总管，移镇成德。由于李嗣源功高望重，宦官伶人经常中伤他，引起了庄宗的猜忌。庄宗巡幸邺都时，他请求朝见皇帝，不许;太后患病,又请求入洛探问,又不许。当魏博军叛乱时,群臣皆请求派李嗣源平叛,庄宗不许;后来元行钦兵败,群臣再三恳请,庄宗这才允许李嗣源统军前往。可见在庄宗时期李嗣源的日子也不好过。

唐明宗即位时,已经年届六旬,虽然不识文字,但却饱经风霜,深知民间疾苦,因此在位期间采取了一些有益措施,致使其统治时期一度出现了小康局面。

他革除了同光时期的弊政,斩杀了民愤极大的孔谦,废除了苛敛之法;对于盗掘唐朝诸帝陵墓的温韬,庄宗在世时,本应严惩,因为其贿赂皇后及内官,得以逃脱惩罚,明宗即位后遂将其诛杀;罢去了诸道监军使,驱逐宦官、伶人;下

后唐天成元宝

诏禁止各地进献鹰犬珍玩,大量遣散宫女,撤销诸司有名无实者;分遣诸军就食于近畿州县,以减少军需运送之劳;惩治贪官污吏,或贬或杀,使贪官有所惧,对改变吏风起到了一定积极作用。

明宗的这些措施在一定程度上起到了减轻农民负担、稳定社会秩序的积极作用,加上其统治期间基本没有大的战争爆发,使得同光时期残破的社会经济有了一定程度的恢复,百姓流离失所的状况得了较大的改善。

明宗直到晚年仍不立太子,大臣们请求立太子,他就以为这是迫使自己让位下台,因而声泪俱下,使得大家再也不敢提起此事。他的嫡子秦王李从荣轻狂昏庸,信任谄佞之人,排挤老臣旧将。其

收揽一些无耻的文人，经常附庸风雅、吟诗弄文。明宗病重，他也不入宫探望。当明宗病危时，数日不见臣下，他误以为其父已经病死，自感素无人望，担心难以继位，遂采取主动，引兵入宫。枢密使朱弘昭、冯赟闻变，以讨逆为名，派兵攻杀了李从荣。此时明宗正在弥留之际，得知这一消息，悲痛过度，很快死去。

闵帝在位仅数月

明宗死后，众臣立其第五子李从厚为帝，史称唐闵帝。闵帝身形肥大，做事优柔寡断，宠信朱弘昭、冯赟二人，任其专断朝政，排斥异己。明宗养子潞王李从珂勇猛善战，时任凤翔节度使，被朱、冯二人视为眼中钉，欲除之而后快。李从珂之子李重吉掌典禁军，任控鹤指挥使，闵帝即位后，遂罢去其禁军军职，外任亳州（今安徽省亳州市）团练使。又调李从珂任北京（今山西省太原市西南）留守，以洋王李从璋代其任凤翔节度使。当年枢密使安重诲被贬为河中帅，就是以李从璋代其为帅的，随后安重诲就被诛杀了。因此，李从珂非常疑虑，不愿受代，聚将商议，决定举兵反抗。得知李从珂起兵的消息，闵帝遂以王思同为帅，率禁军及六镇大军讨伐凤翔，并包围了凤翔城，李从珂登城哭诉，言其无罪，被奸人所害。禁军将领杨思权为了升官发财，遂煽动禁军兵变，率诸军投降了李从珂。李从珂尽出凤翔所有用来赏军，并许诺攻下洛阳后，再给予重赏。潞王大军很快攻下长安、华州、陕州，侍卫亲军纷纷归顺潞王，闵帝无奈，只好仓皇向魏州逃去，途经卫州（治今河南省卫辉市），遇到姐丈石敬瑭，石敬瑭尽杀闵帝亲随，置闵帝于不顾，遂使其被潞王追获而缢杀，一说"遇鸩而崩"。唐闵帝即位不过数月便被推翻，随后潞王即皇帝位，史称唐末帝。

末帝失位石敬瑭

唐末帝，本姓王，镇州平山（今河北省平山县）人，家世微贱。其母魏氏，年轻守寡。李嗣源为骑将时，途经平山，将魏氏掳掠而去。魏氏有子名阿三，年已十余岁，被李嗣源收为养子，取名李从珂。后唐皇室从李存勖始，至李嗣源，再到李从珂，国号未变，但却已经换了三姓。李从珂长大以后，形貌雄伟，谨信寡言，但却骁勇善战，屡立战功，深为明宗所爱。明宗即位后，历任河中、凤翔节度使，封潞王。

唐末帝是依靠兵变而获得帝位的，因此在其统治期间，兵骄将悍，百姓罹祸，生活悲惨。这种节帅通过兵变而夺取帝位的事例，对一些野心家来说等于是一种鼓励，使得后唐的统治更加不稳。这一时期最大的野心家就是唐明宗的女婿、河东节度使石敬瑭，唐末帝对此也有所觉察，于是下诏调石敬瑭为成德节度使。石敬瑭不从，遂勾结契丹举兵反叛。清泰三年（936）五月，末帝任命建雄军节度使张敬达为太原四面都招讨使，杨光远为副使，率大军讨伐石敬瑭。后唐大军包围了太原，筑长围以困城中。但是后唐君臣对契丹的来援却毫无戒备，没有及早截断雁门诸通道，致使契丹主耶律德光所率军队顺利越过险要，进抵太原，大败后唐军队，将后唐五万大军包围于晋安寨（今山西太原市晋祠镇南）。唐末帝派大将范延光、赵德钧分道进援。赵德钧心怀异志，向后唐朝廷讨价还价，要求任命其子赵延寿为镇定节度使，并要求将范延光部划归他统属。他还派人厚贿契丹主，要求立自己为帝。面对这样的将帅，末帝无奈，在群臣的劝说下，决定率军亲征，但又畏敌如虎，精神颓废，形神惨沮，不敢前进。在这一时期内，不少后唐将领纷纷归降石敬瑭，如先锋指挥使安审信、振武守将安重荣、彰圣指挥使张万迪等，后唐统治岌岌可危，处于全面崩溃的前夕。被围于晋安寨的后唐军队内无粮草，外无救兵，军心已乱，副使杨光远、大将安审琦劝主帅张敬达投降，遭到拒绝，索性将他杀害，举全军投降了石敬瑭。末帝闻讯，急忙逃回洛阳，在石敬瑭军逼近洛阳时，自焚而死。至此后唐彻底灭亡，历时十三年，有四帝三姓。

·十年后晋·

儿皇帝难服众

石敬瑭即皇帝位，国号晋，史称后晋，石敬瑭被称为晋高祖。石敬瑭也是沙陀人，家世贫寒，连姓氏也没有，至于石姓，不知来源。石敬瑭的父亲早年跟从李克用征伐，以功授洺州刺史。石敬瑭为人沉默寡言，稳重沉厚，李嗣源爱之，遂将其女嫁给了他，并命他在帐下为将。李嗣源称帝后，历任保义、宣武节度使，侍卫亲军马步军都指挥使，明宗晚年转任河东节度使。为了能够得到契丹的支持，他不惜答应割让燕云十六州给契丹，又与耶律德光约为父子，甘当儿皇帝，简直是无耻之尤，尤其是割让燕云地区的行为，对以后的中国历史造成了极为严重的影响。

石敬瑭依靠契丹而自藩帅夺得帝位，所以每年除了向契丹贡奉大量的财物外，吉凶庆吊，从未遗忘，使者相望于道，奉表称臣，称契丹主为父皇帝，其实他比耶律德光还要大九岁。对契丹太后、太子、诸王、元帅以及重要大臣韩延徽等，也都有贿赂相送。每有契丹使者至，必于别殿拜受诏敕，契丹使者稍不如意便出不逊之语。对于这一切石敬瑭都忍受下来了，但朝野上下咸以为耻，有的大臣因此而拒绝出使契丹，如兵部尚书王权就是如此，石敬瑭派他出使契丹，向其主献徽号，王权耻于跪拜契丹主，宁愿丢官，也不愿充使。

石敬瑭像

后晋的将帅们也多有不服石敬瑭者，他们也想凭借自己的实力，夺取天子之位。如成德节度使安重荣就是这样一个跋扈的武夫，他常对人说："天子兵强马壮者当为之，宁有种耶！"此话虽出自安重荣之口，却反映了当时藩帅们普遍存在的思想。安重荣不服石敬瑭，遂收聚亡命，收市战马，囤积粮草，准备将来起事。此人虽是野心勃勃的赳赳武夫，然比起石敬瑭来，多少还有些民族气节，史书记载说：他每见契丹使者，必指着鼻子大声谩骂。他联合契丹境内的吐谷浑等族以为援，招纳吐谷浑首领白承福等率本族三万余帐内迁，在一定程度上削弱了契丹的实力。他还公然上表，指斥石敬瑭向契丹奉表称臣，贡献中国珍异财宝，并将此书散发给朝中大臣及诸镇藩帅，使得石敬瑭十分恼火。契丹对大批吐谷浑人的内迁也十分不满，接连遣使责备石敬瑭。石敬瑭内外交困，焦虑万分，亲自跑到邺都，连下诏书劝谕安重荣，却毫无效果。天福六年（941）冬，安重荣大集境内军民，众至数万，向后晋的都城汴梁进军，由于石敬瑭收买了其部将，导致战败。安重荣兵败被杀后，石敬瑭为讨好契丹，竟将安重荣的头颅送给了契丹，表示自己的一片顺服之心。

其实早在安重荣起兵之前，后晋的天雄（即魏博的改名）节度使范延光就已经举兵反叛了，时在天福二年（937）。当时义成（治今河南省滑县东南城关）节度使符彦饶、东都（即洛阳）巡检使张从宾等，皆举兵响应。只是由于他们各自为战，相互协调不够，才被石敬瑭各个击破。在安重荣举兵的同时，山南东道节度使安从进利用后晋王朝全力对付安重荣之机，举兵于襄州（治今湖北省襄阳市襄州区），并进攻邓州（治今河南省邓州市），久攻不克，后来也兵败身亡。

后晋诸镇藩帅的这种不稳定状态，使得石敬瑭十分不安，想用武力镇压，然而实力不足，于是只好采取姑息政策，以保住石氏家族的统治地位。因此，在后晋统治时期，各地藩帅中骄恣残暴者有之，残酷克剥者有之，专横跋扈者有之，致使当时百姓生活在水深火热之中。如晋昌（治今陕西省西安市）节度使赵在礼，靠兵变起家，聚敛财富，不遗余力。他先后历任十余镇，所到之处，开设邸店，经营商业，积财巨万。他在宋州（治今河南省商丘市南）任上时，所为不法，百姓苦之，不久有诏移镇永兴（治今陕西省西安市），百姓听到后，欢欣鼓舞，互相庆贺说："此人若去，可谓眼中拔钉子，何快哉！"赵在礼听到后，恼怒异常，特意上表请求再留任一年，昏庸的后晋王朝竟然同意了他的请求。于是他下令境内按户每年增收一千文钱，谓之"拔钉钱"，并且严令各地官吏催督，如不按数交纳，严刑拷打。泾州（治今甘肃省泾川县北）节度使张彦骄横不法，憎恨幕僚张式曾直言相劝，欲加杀害，张式逃走，朝廷为安其心，竟将张式判处流刑。然张彦还不满足，公然威胁说："若不得张式，恐致不测。"言下之意，如不按其意办，将会举兵造反。后晋朝廷姑息藩镇，全然不顾朝廷颜面，竟将张式押回送给张彦，结果导致张式被"决口、割心、断手足"，被以非常残酷的手段杀害了。

石敬瑭外有契丹的不断索取和指责，内有不法藩镇的压力，终日处于紧张惶恐的气氛之中，郁郁寡欢，最终忧病而亡。

出帝不敌契丹

石敬瑭死后，其侄石重贵继位。石重贵的亲生父亲石敬儒是石敬瑭的兄长，早年在唐庄宗部下为将，早死，所以石重贵被石敬瑭收养为子。由于石敬瑭的五个儿子早死，而第七子石重睿年纪尚幼，所以只好立石重贵为帝，史称晋出帝。

石重贵虽为皇帝，朝中大权却由侍卫亲军都指挥使景延广掌控，而景延广既无勇又无谋，却狂妄自大、目空一切、不可一世。他自掌权以来，改变了石敬瑭对契丹的一贯政策，拘禁其使者，杀害辽国商人，抢夺其货物。石重贵继位时，对契丹称孙不称臣，引起契丹的不满，战争一触即发。景延广既不做好战争的准备，又口出狂言，声称："晋朝有十万口横磨剑，翁若要战则早来，他日不禁孙子，则取天下笑，当成后悔矣！"这种空口说大话的行径，只会给中原地区带来无穷的祸患。果然契丹主大怒，连年进兵侵扰中原。后晋王朝内部也有不少野心家想乘乱夺取皇位，唯恐天下不乱，如石敬瑭的儿女亲家杨光远、原后晋大将赵延寿，以及北面都招讨使杜重威、李守贞等，无不是此类人物。在后晋与契丹的战争中，幸赖广大军民的拼死奋战，才使契丹军屡次受挫而退，有时还败得很惨。但是由于后晋内部有这些只图个人权位而不惜出卖民族利益的人存在，最后的失败是不可避免的。

开运三年（946），契丹主耶律德光再次发动对后晋的战争，他指示降将赵延寿与瀛州（治今河北省河间市）刺史诈降于晋，送假情报给后晋，出帝不辨真假，急于成功，遂匆忙命杜重威为统帅，统领大军北上抗击契丹军。杜重威此次出征是有个人打算的，也想仿效石敬瑭，卖国求荣，当儿皇帝，所以借口此次出战深入敌境，必然要有强大的兵力才能保证成功。石重贵只好给他增兵，致使禁军皆归其麾下，京师空虚。杜重威到前线后，每日置酒作乐，不议军事，只知一味地向晋廷要求增兵运粮。晋军兵多将广，实力强于契丹军，却由于主帅没有任何作为，反被契丹军截断粮道，形势极为不利。杜重威正要使晋军处于危险境地，以便受其裹胁投降契丹。他与副帅李守贞商议，派人与契丹联系请降。耶律德光虽然包围了晋军，但晋军毕竟人多势众，且战斗力较强，也没有必胜的把握。当他得知杜重威率军投降的消息后，大喜过望，马上许愿事成后立杜重威为皇帝。于是杜重威招集诸将，伏甲于营中，宣布投降契丹，诸将中虽有不愿意者，但在刀剑的威胁下，也只好连署降表。当杜重威向全军宣布投降的消息后，全军恸哭，震天动地，表明广大士兵是不愿意投降的。

由于耶律德光早已许立赵延寿为皇帝，于是他让赵延寿同样穿上赭黄袍，将两个卖国贼玩弄于股掌之上，而实际上根本无意让他们中的任何人当皇帝，这一回他本人要过当中原皇帝的瘾了。

由于晋军主力已经投降契丹，所以耶律德光很快便进入了汴梁，俘获了石重贵及其全家，将其迁往契丹境内的建州（治今辽宁省朝阳市西南、大凌河南岸）居住。耶律德光于次年，即公元947年，在汴梁后晋宫中即皇帝位。由于契丹军队在中原到处烧杀抢掠，美其名曰"打草谷"，激起了中原人民的反抗，多者数万人，少者不减

契丹大字铜镜

千百，他们到处打击契丹军队，杀戮契丹派来的官吏。在这种情况下，耶律德光无力维持其在中原的统治，只好仓皇退出中原，临走时匆匆立唐明宗之子许王李从益为帝，然后率军北撤，行至途中一病而亡。

后晋共历二帝，统治了十年时间。

·三年后汉·

后汉政权为后晋河东节度使刘知远所建。刘知远也是沙陀人，家世贫寒，冒姓刘氏。早年与石敬瑭均在唐明宗部下为偏将，因为在战争中救过石敬瑭的命，遂被引为亲信。石敬瑭任河东节度使时，任刘知远为节度押衙。石敬瑭勾结契丹密谋造反时，刘知远也参与了密谋。刘知远被石敬瑭视为亲信，后晋建立后，他遂被任命为侍卫亲军马步军都虞候，领保义军（治今陕西省宝鸡市凤翔区）

节度使,后来又很快升任为侍卫亲军马步军都指挥使,成为禁军的最高统帅。天福六年,任河东节度使、北京留守。

刘知远像

石敬瑭死后,刘知远预感到天下将要大乱,所以着意经营太原,为了加强自己的实力,他处死了吐谷浑首领白承福,夺取了大量的财富及良马数千匹。契丹军进犯汴梁时,刘知远既不出兵救援,也不抗击契丹,而是采取了冷眼旁观、等待其变的态度。契丹攻占汴梁,灭亡后晋后,他也曾派人奉表于契丹主,耶律德光呼其为儿,并赐予木拐,相当于中原王朝赐给重要大臣的几杖。在中原人民纷纷起来打击契丹时,诸将劝其发兵攻取汴梁,他却不愿与契丹硬碰,以免削弱自己的实力。待到契丹军队无法在中原立足而北撤时,刘知远看准时机在太原称帝,时在公元947年,为了掩人耳目,他仍用天福年号而不改元,称这一年为天福十二年。当晋帝石重贵一行被押北上时,他假装悲愤,率亲兵以迎晋帝,实际上走到寿阳(今山西省晋中市东)便又转回太原。然后乘中原空虚之际,他亲率大军渡过黄河,进入洛阳之初,便迫不及待地杀死了李从益母子,以绝人望。

刘知远因为冒姓刘氏,故以汉为国号,史称后汉,旧史称其为后汉高祖。后汉的都城仍在汴梁,刘知远的旧日僚佐均成为朝廷重臣,占据了各个要害部门。杨邠、郭威任正副枢密使,苏逢吉、苏禹珪任宰相,王章任三司使,史弘肇任侍卫亲军马步军都指挥使兼平章事。这些人除郭威外,其余均为蛮横无知、贪暴残酷之徒。如

动荡
夜宴的时代

宰相苏逢吉,早在河东为幕僚时,刘知远命其静狱以祈福,实际上是要他释放囚犯,而他却把全部囚徒统统处死,号曰"净狱"。当了宰相以后,他仍不改旧习,曾草诏要将为盗者本家及四邻、保人全族处斩,有人驳斥说:"为盗者族诛,已不合王法,何况邻保,这样做不是太过分了吗?"苏逢吉不得已,才勉强删去"全族"二字。

至于史弘肇更是残暴绝伦,他掌握禁军兵权,警卫都邑,只要稍有违犯法纪,不问罪之轻重,便处以极刑。甚至太白星白昼出现,有人因为仰观而被处以腰斩之刑。有一百姓因酒醉与一军士发生冲突,也被诬以妖言惑众而斩首。至于断舌、决口、抽筋、折足等酷刑,几乎每日不断。

王章任三司使负责理财,唯知暴敛,致使百姓因此而破产者处处可见。旧制,两税征粮时,每一斛加收二升,称之为"鼠雀耗",而王章命令加收二斗,相当于以往的十倍;旧制,官库出纳钱物,每贯只给八百文,百姓交税也是如此,每百文只交八十文,称之为"短陌钱",而王章规定官库给钱每百文只给七十七文,但百姓交税每百文仍交八十文。后汉还规定私贩盐、矾、酒曲者,不论数量多少,统统处以死罪。

中央大员如此,上行下效,地方官员更加残暴。青州节度使刘铢执法残酷,行刑时,双杖齐下,谓之"合欢杖";他还根据

五代汉元通宝

犯人年龄的大小决定杖数，而不问罪之轻重，谓之"随年杖"。卫州刺史叶仁鲁捕盗时，往往将普通平民当成盗贼杀戮，或挑断脚筋，抛弃山谷，致使这些人"宛转号呼，累日而死"。西京（即洛阳）留守王守恩为了聚敛钱财，胡乱收税，税目极多，包括上厕所、上街行乞都要交税，甚至连死人的灵柩也不例外，如不交钱，便不准出城埋葬。有时还放纵部下，强抢或偷盗人家钱财。因此，在五代各朝中以后汉的统治最为残暴，百姓困苦，卖儿贴妇，仍不能度日。

后汉高祖刘知远寿短，称帝仅仅一年便患病死去了。死后，其子刘承祐继位，史称后汉隐帝。隐帝年幼无知，在朝中这些所谓重臣眼中更是无足轻重，这些武夫悍将，个个专横跋扈，议论朝政时吵吵嚷嚷、大呼小叫，根本不把皇帝放在眼里，使隐帝难于忍受。这些人只知舞刀弄枪，根本不懂安邦定国的道理，有时争吵起来，甚至动刀动剑，几乎杀人。这些跋扈行为使隐帝实在忍无可忍，于是与亲信商议，伏兵殿门，趁杨邠、史弘肇、王章三人上朝之时，一举将他们杀死，尽灭其族。又密谋杀死镇守邺都的郭威，郭威闻讯，遂举兵反抗，率领大军杀奔汴梁，击败了后汉禁军。隐帝落荒而逃，途中被杀。

郭威进入汴梁后，请太后临朝称制，并决定迎立刘知远之侄武宁（治今江苏省徐州市）节度使刘赟为帝。在刘赟尚未到达时，郭威指使人假报契丹入寇，自己率大军出京迎敌，行至中途，兵士哗变，将黄袍加于郭威之身，拥立为皇帝，然后转回汴梁。刘赟行至宋州时，被人杀害。公元951年，郭威正式登上皇帝宝座，改元广顺，国号为周，史称后周，郭威即后周太祖皇帝。

后汉仅历二帝，前后三年多时间，为五代诸朝中最为短暂的一个王朝。

·十年后周·

躬俭的太祖

周太祖郭威,邢州尧山(今河北省隆尧县西南)人。也有记载说,其本姓常,幼随其母改嫁郭氏,遂冒其姓。年轻时,郭威不愿从事生产,只好舞枪弄棒,十八岁时应募从军。他曾经负气杀人,被关入监狱,潞州留后李继韬因其有勇力,遂秘密纵其逃走,待事情平息后又召置麾下。郭威

郭威像

年少时,他曾在颈上黥有一飞雀,故人称"郭雀儿"。李继韬被唐庄宗杀死后,其军队被编入从马直,郭威因能书会算而被任为军吏。刘知远任侍卫亲军马步军都虞候时,特别器重郭威,其调任河东节度使时,也将郭威带到了任上。刘知远当了皇帝后,任命郭威为枢密副使,隐帝时升任正使。郭威多次统兵征伐,皆有功勋,在军中穿幅巾短衣,与军士无异,皇帝所赐钱财多分与诸将与军士,故在军中威信很高,士卒乐为其用。正因为郭威具有这样的优越条件,才使其一举成功,夺取了帝位。

周太祖即位之后,躬行节俭,下诏禁止各地进贡珍巧纤奇、山珍海味,又将宫中原有的金银玉器、缕宝床几、饮食之具砸碎于殿庭,以表示自己厉行节俭的决心。面对晋汉以来残破的社会经济,他又下诏奖励耕植,招抚流亡,平均赋役,恢复农业生产,发展经

济，使得北方的社会经济在其统治的数年中有了一定程度的恢复和发展。此外，他还针对当时轻视发展文化、轻视文士的现象，采取了一些积极的措施，力图改变当时的不良风气。比如周太祖曾亲至曲阜拜祭孔子，以表示对儒学的重视；他还重用文士，重视科举选士。尽管周太祖在这方面所做的还非常有限，但已经表现出了与五代诸帝不同的一些风范。面对当时的骄兵悍将和败坏的吏风，周太祖首先从中央做起加以整顿。枢密使王峻专横跋扈，居功骄矜，排斥异己，就连周太祖的养子柴荣请求入觐，他也因担心其会留在朝中而予以拒绝。王峻要求兼任青州节度使，得逞后又要求罢免宰相李谷、范质，另行起用自己推荐的人，周太祖婉言推却，王峻马上出言不逊。周太祖忍无可忍，遂下令拘押王峻，将他贬死。对于敢于反叛的藩镇则采取坚决镇压的措施，限制藩镇对州县的权力，实行民政、军事分工管理。为了改变吏风，周太祖对贪浊的官吏实行严厉惩治的政策，处死了一批贪赃枉法、残酷暴虐的地方官员，在一定程度上扭转了当时的吏风。

周太祖郭威死于显德元年（954）正月，在位三年，死后由其养子柴荣即皇帝位。郭威诸子早在其起兵邺都时即被后汉朝廷杀害于汴梁，所以只能由养子柴荣继位。柴荣是其妻柴氏之兄柴守礼的儿子，幼年即随姑母长于郭威家，遂被收为养子。

郭威与柴氏的结合也是一段佳话，据宋人所撰《东都事略》一书记载：柴氏本为唐庄宗的嫔御，庄宗死后，明宗遂将大批宫人遣散归家，柴氏也在其内。行至黄河岸边，其父母来迎，恰遇大风雨，只好暂住于旅舍。有一天，柴氏见一身躯伟岸的男子从门前经过，衣服破旧，不能蔽体，遂问道："此是何人？"旅店主人回答说："此乃马步军吏郭雀儿也。"柴氏见其形貌不凡，产生了爱怜之心，想要嫁给此人。其父母坚决反对，说："你是皇帝左右之人，归家后当嫁给节度使，为什么却要嫁与此人呢？"柴氏说："此乃贵人，前途不可限量。"遂将所带行李财物分一半给父母，另一半作为嫁资。柴氏父母见其意志坚定，知道不可改变，只好同意了她的想法。于是柴氏在旅舍之中与郭威成亲，并且以金帛资助，使郭威的生活状况得到了很大的改变。他们结合于患难之中，所以感情一直很好，郭威即皇帝位时，柴氏已经死亡，遂追册为皇后，谥号圣穆。此后郭威虽有嫔妃，却再没有册立过皇后，并且立柴氏之侄为嗣君，可见其与柴氏感情之深厚。

乱世辉煌在世宗

柴荣也是邢州尧山人，庙号世宗。柴荣在郭威诸子中年最长，郭威在后汉任枢密使时，他任左监门卫大将军，后历任贵州刺史、天雄军牙内都指挥使等，由于跟在郭威身边，所以才免于被害。郭威即皇帝位后，柴荣任澶州刺史、镇宁节度使，由于王峻作梗，他一直在外任职而不能留在京师。王峻死后，柴荣才得以回京任开封尹，封晋王。

周世宗像

周世宗柴荣即位后，遇到的头等大事，便是抵御北汉的进攻。北汉主刘旻利用周太祖新丧，世宗刚刚即位，人心不稳之机，联合契丹发动对后周的进攻，妄图一举灭亡后周。当时朝中许多人反对用兵，只有宰相王溥一人支持世宗。世宗力排众议，决定亲率禁军出征。双方在高平（今山西省高平市）相遇，刘旻见周军兵少，遂不等契丹军到便发动了进攻。两军交锋，后周禁军大将樊爱能、何徽率右军溃退，一路杀掠百姓，并散布谣言说："官军大败，余众已降。"这一情况的突然出现，使得周军面临的形势变得非常严峻，然而，周世宗屹然不动，率领亲兵，临阵督战。禁军主将张永德等率偏将赵匡胤冲锋陷阵，拼死奋战。双方血战至傍晚，北汉军队支持不住，开始后退，万余人被赶至山涧边，死伤惨重，死尸弃甲填满山涧。刘旻仅率亲骑百余狼狈逃走，夜间迷路，寻找一村民引路，由于北汉统治残暴，百姓恨之入骨，故村民故意给其引错了路，他们走了百余里路，才发现走向了晋州（治今山西临汾市），遂将引路村民杀死，另外找路逃回太原。到达沁州（治今山西省沁源县）时，当地官吏前来献食，尚未举筷，听说周军追到，又仓皇逃窜。此战之后，北汉再也不敢轻言伐周。

　　高平之战周世宗虽然取得了胜利，但也暴露出骄兵悍将难以驾驭的问题。为了解决这一问题，周世宗决意改变五代诸朝对将士纵容姑息的政策，他招集诸将，当众宣布樊爱能等将校七十多人罪状，并立即斩首。此举使骄兵悍将有所畏惧，初步整顿了败坏的军纪。周世宗深知仅靠杀若干个人不能从根本上解决问题，要想改变五代军队的积习，提高战斗力，必须从整顿禁军入手。返回汴梁后，周世宗任用年轻将领，裁汰禁军中的老弱病残，招募天下豪杰，精选骁勇，将藩镇军队中的善战之士选入禁军。周世宗甚至亲自试阅武艺，选拔人才，经过此次整顿后，旧史记载说："诸军士伍，无不精当，由是兵甲之盛，近代无比，且减冗食之费焉。"有了一支精锐的军队，只能说为日后的统一战争奠定了一定的基础，并不等于完全具备了统一的条件。于是周世宗又从平均赋税、发展生产、整顿吏风等方面入手，进行了比较彻底的改革。

　　五代以来，社会生产发展迟缓，除了战争破坏的因素外，赋税沉重、负担不均也是导致农民贫困的重要原因。周世宗在周太祖改革的基础上，进一步减免各种赋税，尤其是各种杂税，能免则免，能减则减。他还颁下了《均田图》，要求各地均定田赋，显贵之家也不能免。如曲阜孔氏，因为是圣人之后，历代从来都不承担赋税，但是周世宗却不允许其家族成为特殊阶层，照样得与普通编户齐民一样承担赋税。对于朝中的权贵之家，也是如此，如窦贞固，在后汉时任宰相，后周时为司徒，致仕居于洛阳，当地官府将其家与普通百姓同样看待，赋税徭役皆未免除。周世宗的这种气概在历代帝王中还是不多见的。

　　五代乱世，佛教的发展却没有受到大的影响。至后周时，全国各地寺院林立，僧尼众多，广占良田，不交赋税，使得政府的财政收入受到了极大的影响。早在后汉乾祐二年（949），当时有一个小官李钦明就上疏指出："精舍辉赫，每县不下二十余处，求化斋粮，不胜饱饫，寺家耕种，又免征税。"认为"聚僧不如聚兵，僧富不如民富"，要求朝廷裁汰僧尼，抑制佛教的发展。后汉朝政混乱，他的这个建议自然无人理睬。周世宗为了发展生产，增加财政收入，就不能不解决这个问题。于是在显德二年（955）颁诏裁减僧尼，拆毁佛寺，严禁私度僧尼，规定除了政府审核确定可以保留的寺院外，其余一律拆毁。根据文献记载，共计废除寺院三万零三百三十六所，保留寺院有二千六百九十四所、僧尼六万一千三百人。文献未载勒令还俗的僧尼人数，估计不下保留僧尼人数的十倍。周世宗把收来的铜佛像及各种铜法器用来铸造钱币，发展商品经济，俗传此钱可以保佑家人平安、治病助产，人们得到后倍感珍惜而不舍得用于流通，所以后世很少有"周元通宝"存世，至今已经非常珍贵了。

由于周世宗在抑制佛教方面雷厉风行、措施得力，对佛教打击很大，佛教史上将此次行动与历史上的魏太武帝、北周武帝、唐武宗等三次打击佛教的行动并称为"三武一宗之祸"。

周元通宝

在整顿吏风方面，也体现了周世宗雷厉风行的作风。他采用严厉的手段打击不法官吏，有时犯轻罪也要处以重刑。如重修永福殿时，主持工程的内供奉官孙延希克扣工食、虐待役夫，周世宗视察时，发现役夫用瓦片吃饭，大怒，立斩孙延希；楚州防御使张顺贪污官钱五十万、丝绵两千两，也被赐死；右拾遗赵守微品行不端、不学无术，为其岳父所讼，被处杖刑一百，流放沙门岛。因此，宋人认为周世宗杀人轻率，用刑严刻。其实周世宗本意是想以严刑峻法纠正败坏的吏风，当吏风有所改变时，他用刑也就减轻了不少。

在发展经济方面，周世宗采取了奖励农桑、兴修水利、疏通漕运、发展商业与手工业的政策，使得后周的社会经济得到了较快的发展，社会平稳，政治清明，百姓安居乐业，经济实力有了很大的提高。在取得了这些成就后，周世宗遂开始了统一全国的行动。

周世宗曾经命近臣各撰一篇《安边策》，实际上就是征询统一全国的方略，其中王朴献"先易后难"之策，也就是先平定南方诸国，积蓄人力财力，然后再北伐契丹，收复燕云失地，从而完成统一全国的大业。这个方略在北宋影响很大，北宋后来统一全国时，就是按照这个方略进行的。但是周世宗并没有采纳这个方略，而是选择首先碰契丹这个硬钉子，收复燕云失地，然后再席卷南方诸国，这可以称为"先难后易"之策。

为达此目的，周世宗首先对后蜀用兵。显德二年，世宗遣凤翔节度使王景、宣徽南院使向训为将，率军伐蜀。仅动用偏师，小试锋芒，便收复了秦、凤、阶、成四州之地，然后答应后蜀的求和，罢兵归朝。此战并不在于灭亡后蜀，而是夺取战略要地，将后蜀封锁在两川的范围内，使其不敢轻动兵端，骚扰后周的西部边境。接着周世宗又策划了征伐南唐的战争，目的在于夺取淮南富庶之地。从显德二年冬开始，至显德五年（958），世宗前后三次亲征，终于击败南唐，完全占据了淮南十四州，饮马长江。此战巩固了后周的南部边境，扩大了疆土，达到了削弱南唐，使其俯首称臣，不敢轻易向北用兵的目的。经过这一系列战争，后周形势更加稳固，可以无后顾之忧地北伐了。

后周修建的苏州虎丘塔

显德六年（959），周世宗正式对契丹用兵。他亲率大军自汴梁出发，直抵沧州（治今河北省沧州市东南），然后统步骑数万直入契丹境内，契丹军非逃即降，大军势如破竹，兵不血刃，连下其莫（治今河北省任丘市北鄚州镇）、瀛、易（治今河北省易县）三州及益津（今河北省霸州市）、瓦桥、淤口（今河北省霸州市东信安镇）三关之地。正当周世宗准备向幽州进军之时，由于身染重病，只得班师回朝。这年夏天，周世宗病逝于汴梁，终年三十九岁。

"出师未捷身先死，长使英雄泪满襟。"周世宗虽然最后没有完成统一大业，但所表现出来的英雄气概和制定的正确策略，却是后人尤其是宋太祖赵匡胤所难以企及的。宋太祖不敢对契丹用兵，采取了"先易后难"的策略，对于燕云失地，他积蓄巨额钱财，只想通过赎买的办法来解决，结果终其世一无所成。其后世子孙两度亡国——北宋亡于金，南宋亡于元，其中一个重要的原因就是燕云

陈桥驿

这一战略要地的丧失，有利于长于骑射的游牧民族铁骑的驰突，使中原以北无险可守，在国防上始终处于被动挨打的地位。反观周世宗把注意力集中在北方，暂不贪图富庶的南方地区，利用这一时期契丹君主昏庸、政治混乱之机，毅然北伐，其决策之英明，令后世史家赞叹不已。同时，他所开创的强盛的局面，为日后北宋统一全国奠定了坚实的政治、经济与军事基础。

周世宗死后，其子柴宗训即位，史称周恭帝。由于其年仅七岁，不能理政，显德七年（960），大将赵匡胤利用手中掌握的兵权，演出一幕"陈桥兵变，黄袍加身"的闹剧，取代了后周的统治，建立了北宋王朝。五代至此结束。后周共历三帝，前后不过十年时间。

毛锥子安足用
武夫任将相

· 士族的衰亡 ·

中国自古以来就是一个重视等级的国度，所谓门阀士族就是这种社会现象在一定历史时期内的集中体现。要想成为门阀士族，除了要求祖先地位显赫、世代高官外，还有一个重要的条件，即在家学与礼法方面亦有特异之处，不同于其他家族，所以书礼传家往往是这类家族的一个非常明显的特征。门阀士族制度形成于魏晋时期，鼎盛于南北朝时期，至隋唐时期已经衰落不堪，旧士族已经丧失了制度所保证的政治、经济特权,然而其崇高的社会地位仍程度不同地保持着,社会影响依然存在。一些旧士族赖其家学渊源和文化修养,或者与皇室联姻,继续保持着较高的政治地位,得以依附并挤入关中勋贵集团之中;还有一些旧士族则利用科举制度作为进身之阶。这些情况的存在,正好说明门阀制度的崩溃,因为在门阀制度下,高门大族获得政治地位的决定因素,主要是门阀世资,这一条件的丧失,就标志着门阀制度的没落。

隋唐两朝的皇室都出身于关陇士族,他们通常也都以门第而自高,而对山东旧士族采取了压抑的政策,唐太宗修《氏族志》就是这个政策的具体体现。隋唐两朝的统治者有意压抑山东旧士族,正好说明他们的社会影响仍然存在。隋唐时期,高门大族凭其门阀世资获取高位的制度虽然不存在了,但人们的门第观念仍然非常强烈,这就是那些旧士族得以继续维持很高社会地位的根本原因。由于门第观念作祟,社会上婚姻尚阀阅的现象仍然非常严重,尽管有唐太宗禁令的存在,但一些朝廷大员,如房玄龄、魏徵等,仍然乐于与山东士族联姻。直到唐朝后期,这种风气仍然不衰,唐文宗曾经针对这种现象说过一句非常经典的话:"民间修婚姻,不计官品而尚阀阅。我家二百年天子,顾不及崔、卢耶?"可见这些旧士族的社会影响是多么的巨大和根深蒂固。

正因为在唐代仍然存在着浓厚的门第观念,所以先有唐太宗修《氏族志》,后有武则天修《姓氏录》,规定"不须论数世以前,止取今日官爵高下作等级",凡收入其中的家族则算是士族,否则就不再是士族。通过官修谱牒的办法,以新士族代替旧士族,从而达到甄别士庶、压抑旧士族的目的。唐朝统治者的这种努力并没有达到预期的目的,士大夫们对其并不承认,甚至讥讽为"勋格"。

从唐朝统治者的这些行为看，他们的思想中仍然存在浓厚的门第观念，并没有放下想成为高门大族的情结，尤其是出身于庶族的武氏家族，在这一点上表现得最为强烈。正因为如此，有的学者将唐代的统治阶层称为士族与庶族合流的势官地主阶层，具有较高的社会与经济地位。

到了五代十国时期，情况发生了很大的变化。经过了唐末农民战争，所谓衣冠缙绅受到了沉重的打击，韦庄诗所说的"天街踏尽公卿骨"，就是这一情况的真实写照。残余的势官地主，在朱全忠篡夺唐朝政权的过程中，也被扫荡殆尽了，自天祐二年（905）以来，对所谓门胄高华，以名检自处者，皆指为浮薄，"贬逐无虚日，缙绅为之一空"。剩下的为数不多的所谓"衣冠宿望"，在白马驿事件中，被屠戮一空。因此，五代十国时期的统治阶层，主要是舞枪弄棒的武夫集团以及听其支配以幕僚为主的文士们，他们是新的一代势官地主，完全不同于唐代的情况，最突出的标志便是这个阶层多出身于社会下层，受传统的儒家思想观念影响较浅，门第观念淡薄。

这个时期的帝王与藩镇完全是一体的，并无根本的差别，全都出身于社会下层。除了后唐庄宗李存勖出身于沙陀贵族外，后梁太祖朱全忠出身农家，本人早年为流氓；后唐明宗李嗣源、后晋高祖石敬瑭、后汉高祖刘知远，全都是地位卑下的沙陀军人，甚至连姓名都没有；后周太祖郭威，早年穷得衣衫不周，作为黥面皇帝为历史所仅见。十国的统治者情况更是五花八门，吴国杨行密是走卒出身；吴越钱镠出身农家，本人为无赖；南唐李昪为流浪孤儿；前蜀王建出身流氓，人称"贼王八"；荆南高季昌家奴出身；闽国王潮兄弟世为农家；南汉刘氏可能是岭南蛮族，也有学者说是波斯商人后裔；楚国的马殷则是木工出身。

至于其部下将相大臣的出身，与这些帝王们大致相同，虽然有少数进士出身的人物，但他们并非凭门第或科举而位居卿相，而是通过投靠藩镇充当幕僚，随着藩帅升为天子，他们也就攀龙而跻身为卿相。无论是中央还是地方，掌握权力的基本上都是这些出身于社会下层的赳赳武夫，而士大夫饱受骄兵悍将的凌辱，动辄罹祸，罗隐的《孟浩然墓》诗云：

> 数步荒榛接旧蹊，寒江漠漠草萋萋。
> 鹿门黄土无多少，恰到书生冢便低。

深刻地描绘了当时文人士大夫社会地位低下、命运悲惨的真实状况。有人根据新、旧《五代史》列传统计，有传的士人有一百九十一人，其中幕僚出身的或有过任幕职经历的一百三十七人，占总人数的71.7%，可见说他们是藩镇的附庸并非虚言。这些文人或科举出身，或通过入幕而入仕，以门荫入仕者仅有六人，占总人数的3%。即使门荫入仕者，也并非全是衣冠缙绅，不少人是以其父祖的战功而得以恩荫入仕的。如果说在唐代士族还多多少少有一些社会影响的话，至五代十国时期则荡然无存了。

学界通常都认为至宋代婚姻不再尚阀阅，其实早在五代十国时期就已经如此了。试举数例，即可见其一斑。

后唐庄宗为皇子李继岌娶定州节度使王都之女为妻。王都本姓刘，不知其父母为何人，幼年时被巫医李应之在村落得到，收养为子。定州节度使王处直患病，被李应之治愈，遂署其为幕职。当时王处直尚未有子，李应之便把其养子送给王处直为养子，并改名王都。就是这样一个不知来历，且出身下层的人物，庄宗非但没有嫌弃，反而主动提出与其结亲。

后晋出帝给皇子石延煦娶晋昌军节度使赵在礼之女为妻，关于后晋石氏的家庭出身前面已经说到了，这里只对赵在礼略述几句。赵在礼，河北涿县（今河北省涿州市）人，其曾祖、祖父皆为农户，其父早年在幽州节度使刘仁恭部下为军士，逐渐升至军使。赵在礼因其父的缘故，先从士卒干起，升至指挥使，通过发动兵变，才至节度使高位。据载，晋出帝之所以愿与赵在礼联姻，是因为赵在礼所到之处聚敛无度，家财巨万，出帝贪其财，才主动与其联姻。后来赵在礼对人说："我为了此婚，花费已达十万缗。"

即使皇帝本人娶妻也不论阀阅，仅据《旧五代史·后妃传》《新五代史·诸家人传》《文献通考·帝系考·后妃》等书统计，中原五朝共有后妃三十余人（包括追册者），除了史料散佚不知家世者，竟无一人出身士族勋贵之家，其中不少甚至出身农家或者其他下层社会之家。如后梁太祖朱全忠的皇后张氏，为砀山县渠亭里的乡间地主之女，算不上高门大族。关于唐庄宗的皇后刘氏的出身，前面已经论及，她早年被李克用部将袁建丰掠得，献到宫中，为李克用之妻曹氏所爱，教以歌舞技艺。成年后，因为色艺俱佳，为李存勖所喜爱，曹氏遂赐其为妻，称帝后遂立为皇后。

后唐明宗之妻魏氏，是明宗早年抢掠得来的，魏氏当时已嫁给平山平民王氏为妻，并生有一子年已十岁。后来魏氏之子当了皇帝，即后唐末帝，这时魏氏早已去世，遂追尊为皇太后。明宗的淑妃王氏，陪伴明宗时间最久，其为邠州（治今陕西省彬州市）饼家女也，也就是说其出身于卖饼的小贩之家，幼年时卖给梁将刘鄩为奴婢，刘鄩死后，因其貌美，经枢密使安重诲建议，明宗遂纳其为妃。王氏贤惠，本可立为皇后，因其谦让，遂封为淑妃。

至于后晋高祖石敬瑭的皇后李氏，为唐明宗之女，也不是什么高门贵族，只不过是沙陀军人之女罢了。晋出帝石重贵的皇后冯氏，其父为定州小吏，因为贿赂枢密使安重诲，得以充任邺都副留守，石敬瑭任邺都留守时，两人关系密切，遂为弟弟石重胤娶其女为妻。石重胤早亡，冯氏守寡，因为貌美，被晋出帝纳为皇后。实际上晋出帝所娶的乃是其叔母，后来契丹进攻后晋揭露晋出帝的罪恶时说："纳叔母于中宫，乱人伦之大典。"

后汉高祖刘知远的皇后李氏，家世为农。刘知远在军中为士卒时，在太原牧马，夜入其家强抢为妻。刘知远即皇帝位，遂立李氏为皇后，生汉隐帝。

后周太祖郭威的皇后柴氏，其出身前已论及，不再重复。郭威共一后三妃，全是再嫁的寡妇。其淑妃杨氏，年轻时以貌美而入选赵王王镕府中，王镕死后，杨氏流落民间，可见其并非出身于高门大族。后来又嫁给了真定（今河北省正定县）平民石光辅，数年后，石光辅又死去了。这时的郭威，妻子柴氏新丧，闻听杨氏美而贤，遂娶为继室。杨氏死后葬于太原，后周建国后，追封为淑妃。

郭威的贵妃张氏，镇州真定人，其父为王镕手下小吏。王镕死后，镇州大乱，晋王李存勖的部将武从谏获得张氏，遂带回太原，作为其儿媳。郭威镇守太原时，张氏之夫已亡，而郭威因杨氏已亡，遂娶张氏为继室。后来郭威起兵邺都，张氏与诸子皆居于汴梁，被后汉所杀，郭威即位后，追封为贵妃。

郭威的德妃董氏，其祖父在唐末当过州录事参军，其父当过县尉，均为小官。其七岁时，因为镇州兵乱走失，被潞州牙将所获，收为养女。后来嫁给了小吏刘进超，刘进超在契丹灭亡后晋的战乱中死亡，董氏寡居于洛阳。郭威率兵路经洛阳时，娶为己妻，即皇帝位后，封为德妃。

后周世宗柴荣的贞惠皇后刘氏，史载"不知其世家，盖微时所娶也"。柴荣早年在民间贩茶为生，可以推知刘氏出身不高，应为普通民家女。柴荣的另外两位皇后是亲姐妹，其祖父符存审封秦王，其父符彦卿封魏王，政治地位均很高。其中宣懿皇后符氏先嫁给后汉河中节度使刘守贞之子刘崇训为妻，刘守贞谋反失败，全家自杀，郭威遂将符氏嫁与柴荣为继室。符存审为李克用养子，行伍出身，从小校干起，逐渐升至大将。符存审也说："予本寒家，少小携一剑而违乡里，四十年间，位极将相。"说明其家亦是寒门小族。

十国统治者的婚姻状况大体上与中原皇室相同，根据《南唐书》《九国志》《南汉书》《十国春秋》等书统计，其后妃共计四十余人，极少有人符合门阀大族的标准，绝大部分出身于社会下层。唯有南汉皇帝刘隐之母韦氏，乃唐左仆射韦宙侄女，出身于京兆韦氏，确为高门士族。韦宙于唐末任岭南东道节度使时，天下大乱，刘隐父刘谦为部下小校，以其状貌非常，为子孙安全计，遂排除异议，自愿将侄女嫁与刘谦。这说明此时的韦宙已经改变了婚姻崇尚阀阅的观念。至于出身为婢女、宫人、宦官养女、陪嫁侍女、僧人私生女的，为数也不少。

由此可见，五代诸朝无论是皇帝还是皇室中的其他人，在婚娶时皆不计门第高低；至于卿相将帅在这方面更是无所要求，他们在考虑婚配时，或出于政治需求，或出于财钱之需，却根本不考虑门第之高下。

如后晋邓州节度使皇甫遇与镇州节度使为儿女姻亲，皇甫遇出身低贱，其父早年流落太原，无法生活，遂投军当兵，后来升至军使。皇甫遇也是行伍出身，以功渐至节度使。其亲家安重荣，也是世代军官出身。

武夫嫁娶时如此，文臣又是如何呢？

冯道是五代时著名的人物，历仕诸朝，数次拜相。他与另一宰相刘昫结为亲家，旧史说其祖先"为农为儒，不恒其业"。也就是说，其家族社会地位不高，充其量也就是所谓耕读之家而已，因此有的史籍干脆记载为"世本田家"。冯道早年生活困苦，"负米奉亲之外，唯以披诵吟讽为事，虽大雪拥户，凝尘满席，湛如也"，可见也是一个穷书生。冯道当了宰相以后，朝臣中看不起他的人仍然不少。有一次，他上早朝，兵部侍郎任赞与吏部侍郎刘岳走在其后，看见冯道数次回顾，任赞问刘岳："冯道回顾所为何事？"刘岳回答说："恐怕遗落了《兔园策》吧！"《兔园策》乃是乡间校塾用来教农村小孩子读的书，故刘岳有意以此讥讽冯道，从而也证明冯道确是来自农村的穷书生，说不定他还真的在乡间教过书。冯道是幕僚出身，后来才官至高位的。其亲家刘昫也是幕僚出身，并非衣冠缙绅，可见即使文臣在婚娶中也没有崇尚阀阅的旧习。

诸如此类的事例还很多，就不一一列举了。上面提到的这个刘岳，《旧五代史》记其为名家之子，为唐初民部尚书刘政会之八代孙。刘政会此人，在隋末只是一个鹰扬府司马，这是一种很小的官职，后来投靠李渊，参与了太原起兵，因此也算是唐朝的开国功臣之一。刘政会是河南滑州人，其祖父倒是在北齐当过中书侍郎，但是滑州刘氏无论是在北齐还是唐代，均属于庶族，与门阀士族无缘。这样的家族到了五代竟然成了"名门"，可见这一时期人们对于名门大族的观念已经与唐代有了很大的差别。

再如杨涉，后梁时任宰相，号称名家。杨涉的祖父是唐懿宗时的宰相杨收,而杨氏家族自杨收的高祖、曾祖、祖父、父亲以来,也只担任过丞尉、参军之类的小官,从未做过高官,杨收之父更是以教书为业。只是到了杨收时,依靠大宦官神策中尉杨玄价之力,才得以升任宰相,后来又因为得罪了杨玄价被罢相,并被赐死。因为这个家族在唐代曾有人当过宰相,于是在五代便被视为名门高族。

类似的例子还有不少。从这些事例可以看出,历史发展到了五代时期,由于门阀士族已经彻底灭亡,加之这一时期活跃于政坛的人物多出身于社会下层,重门第、尚阀阅的思想非常淡薄,遂使得这一时期的社会风气发生了很大的变化。不仅婚姻不尚阀阅,而且崇尚暴力,重武轻文,造成了很不好的历史影响,直到北宋以后才有所改观。

· 武夫的天堂 ·

中国历史上有一个规律,即每逢乱世,必是武夫当道、文人受压,五代十国时期也不例外,只是各国的情况略有不同罢了,其中以中原王朝这种风气最盛。在这一历史时期,南方诸国的统治相对比较稳定,各个政权延续的时间也相对要长一些,而地处北方的中原王朝,统治时间都非常短暂,正所谓"置君犹易吏,变国若传舍"。每一次改朝换代,都要经过一场腥风血雨式的杀戮,加之这一时期军阀混战,契丹内侵,致使武夫势力坐大。

契丹李赞华绘《骑射图》

由于五代各王朝的皇帝均起自藩帅,其当了皇帝以后,无一例外地均重用在藩时的部将、幕僚,而这些人或世代行伍,或杀牛屠狗出身,或投靠藩镇起家,为其主子卖命而获取功名利禄,崇尚武功,大都缺乏治国理政的能力。在这些政权中,上自朝廷权臣,下至节镇、州县的官员,几乎都是武夫,他们掌握着行政、军事、财政、人事诸权,为政残暴不法,擅杀妄为,比唐末强藩武夫骄横跋扈之势有过之而无不及,学术界把五代的这种状况称为"武人政治"。

在武夫控制政权的情况下,他们大都迷信武力,崇尚暴力,认为:"安朝廷,定祸乱,直须长枪大戟,至如毛锥子(指毛笔),焉足用哉!"出于这种思想,这一时期在朝廷任将相者多为武人,他们根本不懂经邦治国的道理,只知一味地实行残酷的剥削和杀戮政策。

杨师厚,早年投靠朱全忠,屡立战功,历任诸镇节度使、同中书门下平章事,即所谓使相。此人虽然战功卓著,但却残暴好杀,行军时所过之处,焚荡闾舍,卷地而空。他奉命攻打枣强时,由于受到坚决的抵抗,克城后将全城人口屠杀殆尽。梁末帝时,官至魏博节度使、检校太傅、中书令，封邺王，骄横跋扈，干预朝政，萌生不轨之意。他为了巩固权势，选拔骁勇之士组成了银枪效节军，作为自己的亲军。杨师厚自以为功勋卓著，遂于黎阳采巨石，作为制造德政碑的材料，用铁车装载，以数百头牛牵引，所过之处，丘墓庐舍皆被摧毁；为了粉饰太平，他还命令在元宵节时，每户皆要张灯结彩，彩画舟舫，布于御河，歌舞欢饮，通宵达旦，给当地百姓造成了极大的负担。

安重诲，在唐明宗时任枢密使，独揽朝政，凡朝中宰相、贵戚、诸将等，无有敢于过问朝政者。他督诸军讨伐东川节度使董璋时，日驰数百里，西方诸镇，闻风惶恐；押送本处粮草，星夜搬运，人马牲畜毙踣于山路者不计其数，给百姓造成了沉重的负担。安重诲出身于代北豪酋之家，世代为将，不知礼仪，不识文字，也不懂韬晦之计，锋芒毕露，刚愎自用，在朝中不仅宰相对其退避三舍、不敢相争，即使对皇帝的态度也非常生硬。如唐明宗对安重诲说："华温琪旧人也，应该选一重镇，让他去当节度使。"安重诲以没有空缺而予以拒绝。他日明宗又说起此事，安重诲遂不耐烦地说："臣数次告知没有缺位，陛下不信，可以替代的只有枢密使而已。"华温琪知道此事后，担心得罪权臣，竟然忧惧成疾，数月称病不出。安重诲还频频干预司法工作。安重荣早年在振武节度使高行周部下任偏将，因为犯罪而下狱，高行周因其罪重，欲将其诛杀，其母赴京求于安重诲，遂被无罪释放。史圭因得到安重诲的赏识，竟然自尚书郎连升为枢密直学士、左谏议大夫、尚书右丞，并且有拜相的希望。安重诲一意孤行，置皇权于不顾，明宗实在忍无可忍，后来遂设法将其处死。

后汉枢密使杨邠，不喜文士，与宰相苏逢吉互相倾轧，矛盾非常激烈。苏逢吉欲罢杨邠的官，遂指使另一宰相李涛出面奏请，结果非但没有成功，反而导致李涛被罢相，而杨邠又被加上了吏部尚书、同中书门下平章事的官衔，既是枢密使，又是宰相，权势更盛。自从杨邠拜相以来，事无大小，必先请示于他，杨邠认为可行，才能上奏汉帝。杨邠不学无术，不识大体，认为国家最重要的事情就是府库充实、甲兵强盛，"礼乐文物皆虚器也"。因此，对文化教育不闻不问，只知聚敛财货。杨邠专权跋扈，就连皇帝也不放在眼中。有一次他与三司使王章在汉隐帝前论事，隐帝说："施行政事，一定要慎重，不要使外人说三道四。"杨邠没等隐帝说完便打断话头说："陛下不要说话，一切有臣在。"在场的官员闻听此言，个个战栗不安，而杨邠却神态自然、若无其事。李太后的弟弟李业要求担任宣徽使，隐帝与太后私下征求杨邠的意见，杨邠认为不可。隐帝打算立其宠爱的耿夫人为皇后，因杨邠认为不可而作罢。耿夫人死后，隐帝想采用皇后之礼安葬，杨邠又一次进行了阻止。后汉皇权与相权的矛盾如此激化，所以血腥屠杀便成了解决这一问题的必要手段，杨邠等人虽然被消灭了，但后汉政权也在这场斗争中覆亡了。

在中原王朝的将相中，有许多人不识文字。如安叔千，沙陀人，后唐时任振武节度使，后晋建立后，加同中书门下平章事，历任四镇节度使，也是所谓使相。安叔千相貌堂堂，却不通文字，时人称其为"安没字"。后来契丹攻入中原，安叔千随同其他臣僚迎接契丹主，契丹主见到安叔千，说："你就是安没字吧，请放心，我到时候一定给你找一个吃饭处。"后来遂任命他为镇国节度使。可见其也"大名远扬"，连契丹人都知晓。

后唐的太常卿崔协也是这样一个人物。唐明宗时，韦说、豆卢

动荡
夜宴的时代

革罢相,枢密使安重诲推荐崔协为宰相,另一宰相任圜不同意,对明宗说:"安重诲不识朝中人物,为他人所卖。天下人皆知崔协不通诗书,虚有其表,人称'没字碑'。陛下误用臣一人,遭人嘲笑尚不要紧,宰相之位能有几个,岂容再添笑端?""没字碑"是说他好比高大的碑石,然上面却没有任何文字,虚有其表。然而安重诲毕竟位高权重,最终崔协还是被任命为宰相。其在相位数年,无所作为,遭到人们的耻笑。

安叔千不识文字,因为其毕竟是少数民族,尚不足为奇;然而崔协据载是清河崔氏后裔,而清河崔氏是北朝以来的著名大士族,家学深厚,崔协竟然如此浅薄,实在令人费解。据载,崔协还是进士出身,早年任御史中丞时,因为章奏中文字错讹颇多,屡次受到责罚,后来竟然升任太常卿。太常卿是主管国家礼乐、祭祀的大臣,通常均由饱学之士充任,崔协不通文理,竟能充任此职,可见五代时期用人混乱到何种程度。

在这一历史时期,即使文士中也有不少人感染了武夫行事的风格,变得暴虐残酷。如李振为朱全忠谋主,建国后曾任崇政院使,崇政院乃枢密院的改名,掌握朝中大权。此人虽为文士,可是也感染了嗜杀的恶习,一手导演了白马驿之祸的悲剧,被当时的士人们视为"鸱枭"。

后汉宰相苏逢吉也是这样一个人物。后汉高祖刘知远即位后,曾将后晋宰相李崧的宅第赐给了苏逢吉,宅中所有财物皆归其所有。李崧不敢违抗,主动把房契献给了苏逢吉,苏逢吉认为其轻己,反而不悦。李崧的两个弟弟对此愤愤不平,有一次与苏逢吉、杨邠的子弟一同饮酒,席间言及苏氏夺占其家宅第。苏逢吉知道此事后更加不悦,遂借故陷害李崧,将其全家老小全部处死,并且曝尸于街市。苏逢吉还利用掌握的权力，违反制度，胡乱用人，甚至有人自白身而任以官职，从小吏辄升令录等职，如此之类，不可胜数，舆论纷然，而苏逢吉全不在意。他还非常贪财，凡求官之士，只要家中稍有积蓄的，他都会派人暗示其送钱，并许以美官。直到杨邠拜相后，这种行径才暂时告一段落。苏逢吉虽是文人，但生性残暴。后汉统治残暴，因此盗贼横行，社会秩序混乱，后汉朝廷不知安抚百姓，反而派军四处镇压。苏逢吉草诏规定凡有贼盗，其亲属、四邻皆受连坐，后来郓州捕贼使臣张令柔杀死了平阴县十七个村子的全部村民，就是按照他所草拟并颁布的这道诏书干的。

在这一历史时期，地方藩帅与刺史同样残酷贪浊，使百姓遭受了极大的苦难。如后唐宁江军（治今重庆市奉节县）节度使西方邺，出身行伍，在任期间不遵守法度、胡作非为，判官谭善达屡次劝谏，西方邺非但不听，反而心生怨恨，派人诬告谭善达接受贿赂，然后将其逮捕下狱，竟使其冤死于狱中。

后晋末年，白再荣任恒州（治今河北省正定县）节度留后，贪财枉法，曾派兵逼迫宰相李崧、和凝出钱赏军，两人无奈，各出家财以给。恒州曾被契丹大将满达勒占据过，白再荣遂将汉人中曾被契丹驱使者尽数拘禁，强行夺取了他们的家财。后汉建立后，白再荣任镇州节度留后，为政贪暴，当地人称其为"白满达勒"。不久，又调任滑州节度使，仍旧贪浊不法，大肆盘剥百姓，致使民不聊生。后汉末年，白再荣被调回京师任职，郭威率军攻入汴梁时，乱兵知其财产丰厚，遂攻入其家，强夺其财，并将其杀死，携首级而去。人们不但不同情他，反而拍手称快。

像这样贪图钱财、草菅人命的事例还很多。如襄州节度使刘训与副使胡装不和，为了泄私愤，竟然杀死了胡装；相州（治今河南省安阳市）节度使王继弘所为不法，判官张易屡次劝谏，王继弘恼怒，遂将其杀死；安远（治今湖北省安陆市）节度使高行珪因节度副使范延策对其不法行为多有劝谏，遂诬告范延策谋反，将他连同其子一并杀害。

最为荒唐残暴的是刘仁恭父子，他们先后在唐末五代任幽州节度使，残酷贪浊，令人发指。刘仁恭为了对付朱全忠的进攻，将境内十五岁以上、七十岁以下的男子强行征入军中，而且要求自备兵器粮饷，致使乡里为之一空。为了防止士卒逃亡，他还下令军中将士，不分贵贱，一律在脸上刺"定霸都"的字样，又在文士的臂上刺了"一心事主"的字样，搞得境内怨声载道。刘仁恭好色无度，在山中大兴土木，修筑了豪华的楼台亭阁，广聚美女于其中。他还招聘僧道，炼制长生丹药。他将境内铜钱尽数聚敛，凿窟于山中埋藏，为了防止泄密，又把施工的石匠全部杀死，另以瑾泥制钱，行使于境内。他见江淮茶商获利颇厚，遂下令禁止南方茶商入境，由于当地不产茶叶，他下令采山中草叶晒干为茶，强令售卖，以聚钱财。刘仁恭之子刘守光更是有过之而无不及，他与其父之妾通奸，事发后被贬谪，后乘其父不备，率兵囚禁了其父。其兄刘守文闻讯来救，击败了刘守光的军队，但刘守文不忍对其弟痛下杀手，反被刘守光所乘。刘守光乘胜进军，将其兄之子刘延祚包围在沧州城中，城中缺食，一斗米卖三万钱，人头一级售价一万钱，军士公然杀人而食。刘守光攻下沧州后，为了杜绝后患，遂将其兄及侄子全部杀死。这时的刘守光得意忘形，自以为强大，遂自称大燕皇帝。刘守光愚蠢无知，自我孤立，后梁乾化二年，被晋王李存勖攻破，连同刘仁恭一块被俘，押回太原向李克用庙告捷献俘后，父子双双被斩于街市，留下了千古骂名。

由于武夫控制了朝廷与地方的大权,文士受到排挤和压制,许多皇帝和大臣、藩帅公开表示不喜文人。如后汉高祖刘知远就说:"朝廷大事不可与书生商议,这些人胆小怯懦,往往误事!"凤翔节度使、岐王李茂贞不喜文士,其境内武夫充斥,以狗马驰射博弈为乐。燕帅刘守光也是一个不喜儒生的人,其境内习武之气甚盛,文人动辄被杀。后汉三司使王章更是歧视文臣,他说:"此等之人若给一把算盘,连倒顺都不知道,养他们何益于事!"他主管财政,好钱好物用来供军,对文臣的月俸则百般克扣,甚至以不堪供军的朽烂之物充其俸料。后唐明宗之子秦王李从荣喜爱结交文士,引起了武夫们的极大不满,史载:"时干戈之后,武夫用事,睹从荣所为,皆不悦。"大将康知训等人私下议论说:"秦王好文,交游者多为文人词客,此人一旦即位当了皇帝,则我等必然转死沟壑,不如早图之。"后来秦王果然被害。至于藩帅们随意屠杀文士的事更是举不胜举。朱全忠任宣武节度使时,随口戏称柳木可以制作车毂,随从的几个文人宾客急忙随口逢迎。朱全忠大骂道:"书生辈好顺口玩人,车毂须用榆木,柳木岂可使用!"下令将左右数十宾客全部杀死。他当了皇帝后,更是任情乱杀,散骑常侍孙鹭、谏议大夫张衍、兵部侍郎张僔因为迟到,竟被当场扑杀。后晋平卢节度使房知温,性格粗犷,行止无礼,经常纵容左右排斥羞辱宾僚。有的节度使还随意虐待甚至处死幕僚,亲身经历过五代暴政的宋太祖赵匡胤对此深有体会,他说:"五代诸侯跋扈,有枉法杀人者,朝廷置而不问。"

总之,在这一历史时期,中原王朝的统治区域基本上是武夫的天堂、文士的地狱。文士们饱受骄兵悍将的凌辱,命运十分悲惨。为了躲避灾祸,包括韩熙载在内的大批士人只好背井离乡,南下另谋生路。

四分五裂的割据政权
诸国君主相

·闭门称帝的吴越钱氏·

吴越是钱镠创建的割据于今浙江地区的一个小国。关于钱镠其人，颇有些传奇色彩。他是杭州临安县（今浙江省杭州市临安区高虹镇）人，世代以种田打鱼为生。他从小就不是一个安分守己的孩子，与邻居的孩子们一同砍柴时，凭借自己身强力大，强迫别的孩子为自己砍柴，多交者赏，少交者罚。长到十几岁时，为人无赖，不愿从事生产，遂走上了贩盐谋生的道路。

唐朝后期实行严厉的食盐专卖政策，对走私食盐打击颇严，但是由于有厚利可图，私盐贩卖活动非常猖獗。为了对付官军的打击与查禁，私盐贩子常组成武装团伙，进行武装对抗，钱镠往往被推举为首领。据说钱镠贩盐时，每担盐重二百余斤，他却可以行走如飞，可见其气力确实不小。

钱镠像

旧史又说他"少拳勇，喜任侠，以解仇报怨为事"，说明其有一身好武艺，由于喜爱打抱不平，故颇具号召力。钱镠早年的这种生活经历，对增长其见识、结识各方人士有很大的益处。二十余岁时，由于唐末社会大乱，百姓流离失所，于是钱镠便散尽贩盐所得的财产，拉起了一支队伍。后来他投奔石镜镇将董昌，由于战功逐渐升为都知兵马使、刺史。以后他剪除了刘汉宏、薛朗、董昌，占据了两浙十三州地区，成为江浙一带颇有实力的割据者。

钱镠据有两浙后，身兼镇海、镇东节度使，并把镇海军的治所从润州（治今江苏省镇江市）移到杭州（治今浙江省杭州市），从此杭州便成为其统治中心。唐天复二年，唐廷封他为越王；天祐元年（904），改封吴王；后梁开平元年（907），封吴越王。学术界通常将钱镠担任镇海军节度使的这一年，即公元893年，视为吴越国建立之年；北宋太平兴国三年（978），其孙钱弘俶归顺宋朝，国亡，历时八十五年。

钱镠在创建吴越前后，与吴国的杨行密争夺江南诸州，双方斗争十分激烈，互有胜负。南唐建立以后，双方虽然在政治上仍然对峙，但在军事上却比较缓和，除了援闽一役规模较大外，大规模的军事冲突基本不存在了。钱镠因为国小力弱，自知实力不足，为了能在群雄割据中生存下去，遂采用了向中原王朝称臣的策略，以牵制周围的邻国，尤其是吴和南唐，从唐末历五代直到北宋，这种政策始终没有改变过。中原王朝为了拉拢钱镠，也前后授予其很高的官衔，如后梁授他尚父、吴越国王、诸道兵马都元帅等官衔；后唐除了授他天下兵马都元帅、尚父、尚书令，封吴越国王外，还赐给玉册金印，以示宠渥。

但是钱镠并不是一个安分守己的人，他也想和其他割据小国一样称王称帝，只是自知自己的实力还不强大，所在的两浙地区周围潜伏着强大的军事威胁，所以只好关起门来过皇帝的瘾了。他将自己所住之处称为宫殿，将办公的府署称为朝廷，令其部下称

动荡
夜宴的时代

臣。从公元908年起,他三次改元,其中"天宝"年号共用了十六年(908—923),"宝大"年号用了二年(924—925),"宝正"年号用了六年(926—931)。直到其子钱元瓘继位时,方改用中原王朝年号。钱镠虽然未公然称帝,但以上这些行为却与称帝无异。

因为钱镠的这种作为是严重的"非臣"行为,是不"恪守臣节"的表现,所以其子孙都对此极力否认。但无论文献记载,还是考古发现,都证明钱镠的确改过元。不仅如此,他还利用吴越濒海的便利,与新罗、渤海以及居于海岛的部落建立了臣属关系,派遣使者对其"行制册""加封爵"。这些都是钱镠"僭越"不臣的表现。在唐末、后梁时期,中原王朝无力制约吴越,只好隐忍不发。后唐统一了中国北方后,实力强大,遂对吴越采取了制约措施。后唐明宗时,在枢密使安重诲的坚决主张下,下诏削去了钱镠的尚父、元帅、国王之号,勒令他以太师致仕,也就是退休。后来由于其子钱元瓘上表请罪,言辞恳切,明宗遂又恢复了他的官爵。

钱镠富贵以后,将其故乡改为衣锦里,并兴造第舍,穷极壮丽。他还经常回归故里,车马雄壮,万夫罗列,场面十分宏大。大会故老宾客,山林树木全都以锦幄覆盖,以示衣锦归乡之荣。他受封吴越国王后,"悉起台榭",扩建杭州城,周长达三十余里。其晚年更加奢侈,《五代史补》说他:"大兴府署,版筑斤斧之声,昼夜不绝,士卒怨嗟。"但是也有不同的记载,说钱镠生活节俭,衣服被褥皆用细布,未尝用锦缎;非公宴,所用器皿唯瓷樽漆器而已。他所用旧寝帐已经破旧不堪,其子媳要用青绢帐换下,他执意不肯,说:"虽然我提倡节俭,仍担心后世子孙生活奢侈。此帐虽旧,还可以挡风,为什么要换下呢?"他还用小圆木为枕,上面缀有小铃,熟睡后枕动则铃响,由是而醒,取名曰"警枕"。他还担心夜晚守卫者睡着，常用弹弓射弹丸于城外，使守卫者不能入睡，时人称他为"南方不睡龙"。这种记载也不能说不真实，只是多是其早年所为；至于自制"警枕"，夜晚不敢深睡，则是其总结了多年内部争权夺利斗争经验的结果，深恐有人暗算于他。

钱镠统治两浙期间，赋税徭役非常繁重，其税额比唐朝统治时期增加了数倍。南唐曾派遣汤悦、徐铉出使过吴越，亲眼看到其盘剥百姓的情况：两浙之民，只要欠斗升之税，便要受到严刑拷打，乃至于处以徒刑。他们曾在夜晚闻听有人号叫，惨痛之声若獐麂悲鸣，等天明询问，才知是官吏吊打欠税之民。由于负担过重，下民贫困，这里的百姓多穿不起衣服而裸行，或者以篾竹系于腰间以遮羞。

自从唐朝于公元780年实行两税法以来，五代十国多沿袭此制。两税法规定将一切杂税包括身丁钱并入其中，不再另行征收，而吴越却规定每丁交三百六十文钱，这种现象就是一税两征，而且在当时诸国中税额最重。由于百姓负担过重，所以有些人便通过隐瞒年龄的办法来逃税，以致"民有至老死而不冠者"。通常男子满二十岁为成丁，便要负担赋税，这个年龄也是举行冠礼的年龄，所谓"不冠者"就是不举行冠礼，以免承担赋税。

吴越的杂税也很繁重，所谓"凡薪粒、蔬果、箕帚之属悉收算"。收算，就是收税。甚至连西湖捕鱼也要收税，规定必须每日交纳数斤，称为"使宅鱼"。有些渔民终日劳作，也打不够应交之数，只好花钱到市场买鱼交纳。五代时期，中原王朝只对酒曲实行专卖，而吴越则对酒也实行专卖，与民争利。此外，吴越百姓的徭役也很沉重。有人曾利用夜暗之机，在钱镠府门上大书曰："没了期，侵早起，抵暮归。"意思是说吴越的徭役没完没了，每天清晨出去服役，直到夜幕降临才能回家，以表示对繁重徭役的不满怨愤情绪。

在这些重负之下，百姓纷纷破产。贫乏之家，生子不能赡养，或弃于襁褓之时，或卖为奴婢，也有寄养于佛寺道观的。著名史学家马端临的《文献通考》记载说："吴越统治期间，米粟谷帛之价比旧日上涨了三倍，鸡豚菜茹薪炭之价上涨了五倍，田宅价格上涨了十倍，肥沃良田及其他珍稀之物的价格上涨了岂止数十倍。"在这种重负的压榨下，百姓中最贫困的人家甚至负债累计千金。

令人感到奇怪的是，千百年来，古今不少学者却对吴越钱氏的统治多有溢美之词，说钱镠"自奉节俭"，钱氏子孙能"轻徭薄赋，奖励垦殖"云云。造成这种情况的原因是钱氏归宋后，世代高官，声誉颇佳，因此宋人自然不便揭其祖上之短。另外，有些钱姓之人写书撰文竭力美化钱氏在吴越的统治，也掩盖了不少事实。当然也有正直学者敢于站出来说真话，可是却引来了一些诽谤之词。

首先敢于站出来批评钱氏重敛的是宋代大文豪欧阳修，他在《新五代史·吴越世家》中谴责了钱氏在吴越的严刑酷法、重税盘剥的政策。于是有一个名叫钱世昭的人在其所撰的《钱氏私志》一书中毁谤说：早年在钱镠的子孙钱惟演任洛阳留守时，欧阳修在其手下任推官，曾经对一妓女非常亲昵，然此女却被其上司钱惟演占有，欧阳修因为不能染指，心怀怨恨，后来撰《新五代史》时，便对其祖上进行诽谤，诬其重税盘剥。后来清人吴任臣撰《十国春秋》一书时便采录了钱世昭的这种说法，遂使这一问题更加复杂化了。

其实这个问题并不难搞清，只要查一下宋人的相关记载，就会发现欧阳修在洛阳任推官时与钱惟演相处甚欢，两人关系亲密，时常聚会，赋诗游乐，并无交恶之事。欧阳修后来写了一部名曰《归田录》的书，其中涉及钱惟演的共有三件事，均为宣扬其美德之事，反倒对他书批评钱惟演之事只字未提。如同是宋人所撰的《东坡志林》《清波杂志》等书，记有钱惟演依附丁谓、毁谤寇准、进贡洛阳之花以求宠等事，《归田录》虽然多记当年洛阳之事，但却对这些事只字未提，并且还对钱氏归宋之举多有褒奖。可见挟私毁谤的是钱氏子孙，而非欧阳修。

其实记载钱氏重税的典籍还有很多，只是撰者没有欧阳修声誉高、名气大，加之《新五代史》又是所谓正史，此说一提出来影响很大，所以钱氏子孙自然将攻击的矛头对准了欧阳修。

需要说明的是，钱氏统治两浙期间，在修筑捍海石塘、兴修水利、发展商业等方面，还是做出了很大的贡献的，这些方面是应该肯定的。

钱镠死于后唐明宗长兴三年（932）三月，其子钱元瓘继位。数年后，钱氏家族内部发生了兄弟阋墙之事，钱元瓘杀死了其兄弟钱元球、钱元珦。

杭州钱王祠

之所以会发生钱氏骨肉相残的悲剧，还得从吴越国的政治格局说起。钱镠生前鉴于国内曾发生过部下将领主导的军事政变，因而对这些人很不放心，所以命诸子分任各地军政长官，其中元球、元珦二人因为数次立有军功，所以钱镠遂授予其兵权，让其掌握一定数量的军队。钱镠死后，元球任土客马步军都指挥使、静江节度使兼中书令，恃恩骄横，私增兵仗数千。面对这种情况，钱元瓘当然不能听之任之，派人劝其上缴兵仗，并出任温州（治今浙江省温州市）地方长官。元球不从。这时有人告元球派亲信向神祷告，求为吴越国王，又派人携带蜡丸与元珦谋议。天福二年三月，钱元瓘命使者召二人宴于宫中，其左右称元球有利刃藏在袖内，将元球、元珦同时杀死。这次事变未酿成大的动乱，也未造成重大损失。

此后吴越政局再未发生大的变故。钱元瓘死后，子钱弘佐继立；弘佐死后，弟弘倧继任王位。钱弘倧后来被统军使胡进思所废，改立钱弘佐的另一弟弟钱弘俶即位。北宋先后灭亡南方割据诸国后，吴越迫于形势，自请归顺。在北宋统一全国的进程中，吴越是唯一的没有经过干戈而归于一统的政权，从而使两浙地区避免了战火的破坏，有利于这一地区社会经济、文化的发展。

吴越从公元893年钱镠任镇海军节度使时算起，至公元978年钱弘俶归宋，共历五主，历时八十五年。

·兄弟阋墙的福建王氏·

闽国割据今福建地区，为光州固始（今河南省固始县）人王潮所建。王潮出身农家，唐朝末年时，在本县当了一个小吏。固始地处豫南，这一地区在唐末为军阀秦宗权所据。秦宗权部将王绪占据固始时，署王潮为军正，主管军需供给。黄巢义军将入河南，秦宗权召王绪击黄巢，王绪畏惧不行。秦宗权大怒，发兵攻讨，王绪不敌，只好率众南渡长江，企图在南方寻找安身之地。唐光启元年（885），王绪之军经江、洪、虔诸州，又折入福建，攻陷汀（治今福建省长汀县）、漳（治今福建省漳州市）二州，所到之处，并不久留，往往将当地洗劫一空而去。到达漳州后，王绪因为路险粮少，令军中不得携带家属，违者斩。王潮兄弟三人共奉一母，不肯抛弃，苦求王绪，王绪大怒，欲立斩其母，赖将士苦求方免。王绪此举使军中人人自危，激起了军中怨怼，将士们密谋擒杀了王绪，拥立王潮为首领。

王潮与王绪不同，军纪严明，秋毫无犯，得到了漳州百姓的拥戴，遂留而不返。后王潮攻下泉州（治今福建省泉州市）、福州（治今福建省福州市），汀、建（治今福建省建瓯市）等州闻风而降，遂占据了全闽五州之地。福建位置偏远，唐廷鞭长莫及，只好任命王潮为福建观察使。唐乾宁三年（896），唐朝升福建为威武军（治今福建省福州市），任命王潮为节度使。次年，王潮病死，其弟王审知继任节度使，后加同中书门下平章事，封琅琊郡王。学术界遂将这一年视为闽国建立之始。后梁开平三年（909），梁授王审知为中书令，晋封闽王。

王氏兄弟生活节俭，重视农业生产的恢复和发展，赋税均平，福建之人得以安居乐业。当时北方衣冠之士南下避居于福建者甚多，王审知礼贤下士，多方延纳，又兴建学校，教授当地子弟。此后，福建人才辈出，文化发展较快，至宋代成为全国藏书丰富之地，其基础便是在这一时期奠定的。

福建濒临大海，水上交通方便，王审知开辟商港，招徕商贾，宋元时期著名的外贸商港——泉州港便是这一时期开辟的。这一政策不仅使闽国坐收商利，而且还促进了中外经济文化的交流。王潮、王审知兄弟统治福建三十余年，能够做到省刑惜费、轻徭薄赋、与民休息，故当地社会稳定、经济发展、百姓乐业。有人劝王审知称帝，他回答说："我宁可开门做节度使，不做闭门天子。"从而避免了给人攻击的口实，保证了福建社会的稳定。

　　王审知死于后唐同光三年十二月，其长子王延翰继位。从此以后，王氏家族内讧迭起，争权夺利，互相攻伐，全境大乱，以致灭亡。

　　王延翰继位后，不甘心向中原王朝称臣，自称大闽国王，建宫殿，置百官，礼仪制度皆仿天子之制。王延翰一改其父旧习，骄淫奢侈，兴修宫室，游宴无度。又对兄弟采取了猜忌排斥的态度，即位仅月余，就将其弟王延钧排斥到泉州任刺史。他还广纳民间女子入后宫，其弟建州刺史王延禀屡次上书劝告，他非但不听，反而大怒。王延禀与王延钧商议，合兵袭击福州。王延禀率军先到福州，破城而入，捕获王延翰并斩之。

　　王延翰死后，王延禀认为自己是王审知的养子，担心继位后诸将不服，于是便推举王延钧为王。王延钧遂继续向中原王朝称臣，于是后唐明宗任其为威武军节度使、中书令，封琅琊王。天成三年（928），后唐又进封其为闽王。王延钧也是一个昏庸之人，他继位之后，加重了赋税徭役，又度僧二万余人，将大量的肥沃土地划拨给寺院，引起了社会的不稳。长兴二年（931）四月，王延禀得知王延钧患病，率军袭击福州，战败被擒杀，王延钧遂令其弟王延政为建州刺史。王延钧自认为实力强大，向后唐请求授以尚书令之职，遭到拒绝，于是便断绝了与中原王朝的朝贡关系。长兴四年，

王审知建定光塔

王延钧改元龙启（933），即皇帝位，改名王鏻，国号大闽。

永和元年（935），王鏻患风疾，皇后陈氏与其臣归守明、李可殷私通。李可殷恃宠欺压王鏻之子福王王继鹏，王继鹏遂乘其父病重之机，指使人打死了李可殷。皇后陈氏告于王鏻，王鏻扶病视事，追查李可殷死因。王继鹏见事情败露，遂率卫士攻入宫中，将王鏻杀死，皇后及归守明等皆被处死。

王继鹏继位后，改名王昶。为了稳定局势，遂又向后唐称臣。王昶生活奢侈，建紫微宫，用水晶装饰，穷极豪奢。他弑父自立，担心别人议论，遂派人秘密监视臣下及民众，搞得国内人心惶惶。他还崇信道教，建三清殿于宫中，铸宝皇大帝、元始天尊、太上老君像，用去黄金数千斤。王昶喜作长夜之饮，强令群臣陪侍，酒醉者则派人查其过失。其堂弟王继隆酒醉失礼，被斩首。其叔父王延羲为了避祸，佯作癫狂，被安置于武夷山，后又召回幽禁于家中。

动荡
夜宴的时代

通文四年（939），福州发生大火，王昶命控鹤军使连重遇率军灭火，追捕纵火之贼。由于一时无法捕获，王昶遂怀疑连重遇参与了纵火阴谋，打算将其诛杀。有人将这个消息告知了连重遇，连重遇遂利用率军当值的机会，乘夜纵火焚烧了长春宫，并进入宫中。王昶无法抵御，只好仓皇逃出福州，被追兵捕获后缢杀。

王昶死后，诸将拥立王延羲为主，自称威武军节度使、闽国王，改名王曦。王曦是王审知的第二十八子，为人骄淫暴虐，猜忌宗室，其弟建州刺史王延政屡次上书劝谏，王曦不听，反而复信谩骂，由此兄弟之间忌恨益深。王曦为了控制其弟，于是派亲信邺翘任王延政的监军。王延政不堪忍受，欲斩邺翘，邺翘逃回福州。王曦派大军进攻建州，四面攻打，王延政只好向吴越求救。在吴越军队到达前，王延政已经击败了王曦的军队。吴越军队到达后，却不愿退去，于是王延政又结好于南唐，击败了吴越之军。此后，王曦与王延政各自为政，王延政改建州为镇安军，自为节度使，封富沙王。两人互相攻杀，福、建二州之间白骨累累，当地社会经济遭到了极大的破坏。

王曦自称大闽皇帝，王延政不甘落后，也称皇帝，国号殷。天德元年（943），弑杀王昶的连重遇与朱文进二人，担心被追究以往之事，终日惶惶不安，遂密谋杀死了王曦，并杀王氏宗族五十余人。朱文进弑君后，自立为闽王。王延政当然不甘心，遂又发兵讨伐朱文进，朱文进势寡，求救于吴越。就在闽国内部互相残杀之际，南唐大军已经出动，并很快就兵临城下了。不久，朱文进部下杀死朱文进，准备迎接王延政入福州。王延政因南唐军已经逼近，遂以福州为南都，而暂不迁入。南唐军进攻建州，大败王延政军。王延政部将李仁达见其势穷，潜入福州，说服守将杀死了王延政的侄子王继昌，立僧人卓岩明为天子，随后又刺杀了卓岩明，李仁达自立为主。天德三年（945），南唐军攻下建州，活捉了王延政，并围攻福州。李仁达与吴越援军配合，击败南唐军，福州遂入吴越之手。从公元897年算起，至945年止，闽国前后传七主，共四十八年时间。

·残暴的南汉诸帝·

南汉割据于今两广及湖南南部一带，为刘隐所创建。关于刘氏家族的族属问题，学术界颇有争议，一说其为大食（阿拉伯）商人后裔，一说其本为岭南蛮族，也有说其祖籍在豫州上蔡（今河南省上蔡县），后来移居福建泉州之马铺，唐末刘谦为广州（治今广东省广州市）牙校，遂居于岭南。唐懿宗咸通中，宰相韦宙出任岭南节度使，因为赏识刘谦，遂欲将侄女嫁与刘谦为妻，其妻坚决反对，说："刘谦非我族类，如果与其通婚，恐招人议论。"但是韦宙却说："此人非常人可比，也许将来我们的子孙还得依靠于他。"从这些话来看，刘谦肯定不会是上蔡的汉人，至于是岭南蛮族还是大食人的后裔，现在还不好论定。

唐末黄巢义军曾经南下攻陷过广州，因为不服水土，又弃之北上。当时岭南一带小股义军仍然很多，刘谦因为镇压义军有功，被唐廷授予封州（治今广东省封川市）刺史。其间刘谦有兵万人、战舰百余艘，在岭南诸将中实力最为强大，这股力量遂成为其子以后创建政权的基础力量。刘谦死后，其子刘隐继任封州刺史。这时唐廷任命李知柔为岭南节度使，行至途中，得知发生兵变，遂不敢前

动荡夜宴的时代
III

进。刘隐率封州兵平定了叛乱，迎接李知柔入广州，以功被提升为行军司马，掌握岭南兵马财赋事务。此后换了数任节度使，无一不倚重刘隐。后来宰相崔远任岭南节度使时，因为路途遥远而不愿赴任，唐廷遂任命刘隐为岭南节度留后。为了能够正式被任命为节度使，他以厚礼重金收买朱全忠，在朱全忠的支持下，刘隐终于获得了节度使的任命。后梁建立后，刘隐继续称臣纳贡，后梁授其为中书令、检校太尉、侍中，封大彭郡王，后又改封南海王，从此刘氏便割据于岭南地区。

学术界将刘隐获得岭南节度使的这一年，即公元905年，视为南汉政权建立之年。刘隐死后，其弟刘岩继位。他对南海王这个封号非常不满，遂于后梁贞明三年在广州称帝，因其姓刘，故以汉为国号，史称南汉。刘岩改名为刘䶮，取《易·乾》的"飞龙在天"之意。后唐庄宗灭梁之后，刘䶮大为震恐，急忙派使者前往洛阳探听虚实，声言将贡献大批财宝。后唐庄宗见南汉远道来贺，又可得到许多珍宝，非常高兴，遂不以南汉为意。南汉使者返回广州后，详述了庄宗荒淫昏庸之状，刘䶮知其无所作为，自身尚难以保全，不可能远涉岭南吞并南汉，不觉胆气更壮，从此断绝与中原王朝的往来。

刘䶮死后，其第三子刘弘度继位，改名刘玢。刘玢在位仅一年时间，便遭人暗杀而死，究其原因却与他本人有关。刘玢继位以来，生活奢侈，荒淫无度，其父在殡期间，召伶人饮酒作乐，喜在宫中裸男女以观。有时也与妓女夜行，甚至出入民家。由于刘玢不理政务，国事日乱，盗贼蜂起，左右稍有触犯，便招来杀身之祸，所以无人敢谏。其弟刘弘昌与内常侍吴怀恩屡次进谏，刘玢不听，反而怀疑诸弟谋害自己，于是命宦官把守宫门，凡入宫者皆露身而搜。由于刘玢动辄杀人，搞得左右人人自危，他又酷好手搏，其弟

广州南汉二陵博物馆

刘弘熙选拔了一批壮士,练习角抵(即相扑)之术,然后献给了刘玢。光天二年三月丙戌,即公历943年4月15日夜,刘玢在长春宫与诸王宴饮,观看角抵表演。刘玢大醉,刘弘熙指使人乘机害死了他,并且将其左右之人全部杀死以灭口。

刘玢死后,刘弘熙继位,改名刘晟。由于是弑兄而篡位,担心众人不服,所以采取了严刑峻法,以树立自己的威势。他先后杀死了其弟循王刘弘杲、越王刘弘昌、镇王刘弘泽、韶王刘弘雅、齐王刘弘弼、贵王刘弘道、定王刘弘益、辨王刘弘济、同王刘弘简、益王刘弘建、恩王刘弘暐、宜王刘弘照等,为了斩草除根,又尽杀诸王之子。旧史说:"帝恐诸弟与其子争国,故同日见杀。"他宠信宦官与宫人,以宫人卢琼仙、黄琼芝为女侍中,朝服冠带,参决政事,而宗室勋旧,几乎被诛杀殆尽。他还大力兴建宫室,数量之多,不可胜数。经常通宵酣饮,一次大醉,将瓜置于伶人尚玉楼的脖子上,拔剑砍之以试剑是否锋利,第二天酒醒,召尚玉楼陪饮,左右说他已经被杀了。后周攻取南唐的淮南诸州后,刘晟担心周兵会继续南下,忧形于色,遣使入贡中原,又被湖南的割据势力所阻隔,无法抵达。刘晟既忧心江山不保,又为酒色所误,身体每况愈下,于乾和十六年(958)八月病死,终年三十九岁。

南汉后主刘𬬮,为刘晟长子。其继位时年仅十六岁,不知理政,唯知游乐,国政由宦官龚澄枢、陈延寿及宫嫔卢琼仙等人掌管。刘𬬮的奢侈程度超过了其父、祖,新建的万政殿仅装饰一根柱子就花费了白金三千铤,又用白银及云母作为地面,奢华程度令人咋舌。刘𬬮认为群臣各有家室,故不能为国尽忠,只有宦官最可亲近,凡是其所欲重用之人,往往先阉而后用。南汉在诸国中宦官人数最多,至刘𬬮时又急剧膨胀,总数达七千多人,一说达两万余人,其中加三公、三师等名号者不计其数。他还宠爱一波斯女子,号曰"媚猪",日夜淫乐。又宠信女巫樊胡子,此人自称玉皇大帝,呼刘𬬮为"太子皇帝",又宣称卢琼仙、龚澄枢、陈延寿等人都是上天派来辅佐刘𬬮的,不可轻加其罪,国事完全由这一帮佞人所控制。

刘𬬮还随意屠杀大臣及宗室,搞得国内人心惶恐,政事混乱。北宋建立后开始了统一全国的军事行动,有人劝其加强兵备,也不被理睬。由于开支浩繁,国库空虚,遂发行乾亨铅钱,百官俸钱非特恩不给铜钱,致使国内币制紊乱,物价飞涨。为了维持奢靡的生活,加重了对百姓的剥削,凡百姓入城者交税一文,琼州(治今海南省海口市琼山区南)每斗米征税五文。刘𬬮还强迫临海百姓入海采珍珠,其所居宫殿多以珍珠、玳瑁装饰。这一时期南汉的刑罚也非常残酷,制定了"烧煮剥剔、刀山剑树"等刑,用来对付百姓及政敌。他还迫使罪犯与虎、象等猛兽相斗,自己从旁观看,场面血腥,却谈笑自若。

就在刘铱胡作非为之际，北宋大军开始向南汉发起进攻了。宋太祖开宝三年，北宋以潘美为统帅率大军南下，连续攻克了郴（治今湖南省郴州市）、贺、昭、桂、连、韶等州，于次年进抵广州城下。刘铱见状，不敢抵抗，以大船十数艘装载金宝，打算入海逃亡，却被宦官将这些船悉数盗走。刘铱无奈，烧毁府库宫殿后，开城投降，被押往汴梁。南汉自公元905年刘隐取得岭南节度使位算起，至公元971年灭亡，历时六十六年。

有趣的是，刘铱作为皇帝，竟不知自己的国土有多大。他被解送汴梁的途中，越过骑田岭（五岭之一，在今广东省连山壮族瑶族自治县通往湖南省郴州市的骑田岭上），进入郴州境内，原南汉旧吏前来迎接，他竟惊讶地说："你怎么在这么近的地方呢？"回答说："陛下之国，边境至此已极，并非万里之遥。"原来刘铱还以为郴州距离广州遥远得很呢，可见其昏庸到何种程度！

·老骥伏枥与群驹争槽·

楚国割据于今湖南及广西北部一带，是马殷创建的。马殷，许州鄢陵（今河南省鄢陵县）人，少年时当过木工。他自认为是东汉伏波将军马援后裔，实际上是胡乱攀附，并没有什么依据。唐末黄巢起义时，马殷在龙骧指挥使刘建锋部下当兵，戍守在蔡州（治今河南省汝南县），由于作战勇敢，逐渐升为军官。刘建锋随孙儒南下江淮与杨行密争衡失败，率残部七千余人逃向今江西省，沿途招收逃散的士卒，竟达十万之众。在江西又被当地割据者钟传挫败，无法存身，只好折向湖南。攻下潭州（治今湖南省长沙市）后，刘建锋得意忘形，酗酒作乐，不理政事，因奸污亲兵陈瞻之妻，被陈瞻打死。诸将遂推举行军司马张佶为帅，张佶坚拒不受，于是便推举马殷为这支军队的首领。

马殷率领诸将逐渐攻下了岭北诸州，接着又陆续攻下桂、宜、严、柳、象等州，基本奠定了楚国的规模。唐天复三年，又乘吴军进攻鄂州（治今湖北省武汉市武昌区），他奉朝命出兵援救之机，袭击江陵，将全城财宝掠夺一空而去。接着又乘机攻下了岳州（治今湖南省岳阳市），使得其北方有了屏障。然后再攻取澧（治今湖南省澧县）、朗（治今湖南省常德市）等州，遂占据了整个湖南地区。

马殷占据湖南后，唐廷遂任其为武安军（治今湖南省长沙市）节度使。后梁开平元年受封为楚王。马殷还不满意，请以唐太宗为秦王时授天策上将之例，加授自己天策上将名号，后梁这时正值与晋交战激烈之际，不便开罪马殷，遂同意了他的要求。于是马殷开府署，置官吏，总辖二十余州，虽然向中原王朝称臣，但却不输赋税。后唐明宗天成二年（927），封马殷为楚国王，他又建宫殿，置百官，制度仪仗皆如天子。

马殷创建楚国后，与邻国和睦相处，采取了保境息兵的政策。比如楚虽与吴发生过数次战争，但规模都不大，后来吴国主动请求和好，马殷也就随水推舟，与对方互通商旅，开展经济交流。与南平、南汉虽都发生过战争，然不久皆讲和

马楚"天策府宝"铁钱

罢兵，甚至还结成婚姻，保持了相安无事的局面。马殷统治时期，注意发展生产，奖励农桑，发展茶业和纺织业，与中原长期通商。他听从谋士高郁的建议，利用境内多铅锡的特点，铸造铅锡之钱。外国商人入楚经商，因为当时各国禁止铅锡钱等劣质货币进入，故所获钱不能带出境外，只能再采购楚国货物运出境外，使得楚国物流畅通，国家富庶。

马殷晚年多内宠，生活开始奢侈起来。其诸子骄奢无度，他本人也猜忌诸将，搞得人心不稳。马殷七十九岁时死去，遗命其子马希声继位。马希声是其次子，长子马希振为人散淡而不愿参与政治，马希声与马希范本同日而生，因为其母袁德妃有宠，故得以立为嗣。

马希声为人骄横而愚蠢，马殷在世之时，他竟然假传马殷的命令，将楚国的功臣高郁处死，此事使马殷伤感不已，但又无可奈何。此事的起因颇有戏剧性。早在后唐庄宗灭梁之初，马殷遣其子马希范入洛阳朝贡，庄宗为了离间马氏君臣的关系，故意说："我早就听说高郁将来要篡夺马氏之位，马殷有子如此，看来高郁是不可能得逞了。"南平王高季昌也屡次编造谣言进行离间，他见马殷年老，马希声将来一定会继位，于是便写信给马希声，声称高郁功高多谋，表示愿意与其结为兄弟。又派人散布流言，说高季昌听到楚国重用高郁非常高兴，认为将来亡马氏者非高郁不可。马希声愚蠢，竟信以为真。马希范又将唐庄宗的话告诉了他，马希声遂多次在马殷面前说高郁图谋不轨，不如早除之。马殷虽然拒绝了他的要求，但经不住再三请求，只好罢去了高郁的兵权，然后马希声诬称高郁谋叛，将其处死，并诛灭其宗族。马氏自剪羽翼，国亡无日了。

马希声曾经听说后梁太祖喜食鸡肉羹，心中十分羡慕，即位之后，命每日烹五十只鸡以供膳。他还非常喜欢宝货，一商人有犀带售卖，价值数百万钱，马希声遂派人杀死商人，强夺了犀带。这位"吃鸡专家"虽然生活奢侈，但寿命却不长，在位不到一年，便一命呜呼了。

马希声死后，其弟马希范继位。马希范是马殷的第四子，其兄死后，诸将遂拥立其为主。他即位之后，怨恨马希声在位时不将帝位让予自己，便将马希声的同母弟马希旺幽禁起来，并且排除在兄弟之数外。其弟马希杲镇守桂州（治今广西壮族自治区桂林市），颇得军民拥戴，引起马希范的怀疑，便将其调到朗州镇守，后又处死。马希范即位之初，因其妻彭氏治家颇严，马希范畏惧，尚不敢过分奢靡；待其妻死后，便肆无忌惮起来，纵情于声色，为长夜之饮。他还建造了九龙殿，用沉香木雕刻了八条龙，以金宝装饰，各长百余尺，绕柱而上，自己居其中，自称也是一龙。又兴建了会春园、嘉宴堂、金华殿，花费了巨额的费用，每日引子弟于诸园游乐。国用不足，便增加赋税，从而加重了劳动人民的负担，逃亡者相继。面对这种状况，马希范不但不担忧，反而说："只要田地仍在，何必担忧无谷！"为了更多地敛财，以满足其奢侈生活的需要，他还下令卖官鬻爵，以交钱多少确定所授官职的高低，致使国中富商大贾布列其位。百姓犯罪，有钱者交钱，身体强壮者当兵，而实际受刑者只剩下了贫穷老弱之人。地方官员的迁转，以贡献多少为标准，多者升，少者黜。

对于马希范的这些倒行逆施的行为，也有人曾经进行过劝谏，如天策学士拓跋恒，结果反倒惹怒了马希范，终身不再召见拓跋恒；天策副都军使丁思瑾进谏，被罢了官；湘阴人戴偃作诗讽刺过他的这些行为，被抓了起来。马希范非常好色，对其父媵妾多有非礼，又令僧尼潜入民家搜索士庶家有姿色的女子，前后强令数百女子入宫，仍不满足。见一商人之妻美貌，遂杀其夫而夺其妻，导致这名女子自杀身亡。马希范还好大喜功，向中原王朝请求加封自己为天下都元帅，为达此目的，前后多次向后晋进贡了大批财宝，最后才换来了这个空名号。楚国在马殷时期取得的经济发展成就，至马希范时已经破坏殆尽，府库空虚，社会混乱，极大地动摇了马氏家族的统治基础。

马希范死后，其同母弟马希广继位。马希广之兄马希萼当时镇守朗州，也是一位野心勃勃的人物，不久就起兵进攻潭州，谋图夺取王位。马希萼为达目的，遂向南唐称臣，求得其出兵支援；又联系境内蛮族之人，向马希广进攻。经过数年激烈的战斗，马希萼终于攻入长沙，处死了马希广，取得了王位。但长沙经此战火，宫室府库已经残破不堪了。马希萼自知实力不济，遂采取了向中原王朝与南唐同时称臣的策略，以图苟安。当时马希萼派掌书记刘光辅为使向南唐进贡，刘光辅遂密劝南唐中主李璟出兵灭楚。早在马殷统治时期，楚国老将许德勋在送别吴国被俘将领时，曾对其说过这么一段话："楚国虽小，但旧臣宿将尚在，希望吴国不要打什么主意；待到他日群驹争槽之时，再图之也不晚。"许德勋正是看到马殷诸子骄奢不法，预见到将来必然会发生内争，才说出了这么一番话。而刘光辅提议南唐出兵灭楚，正是因为出现了许德勋所说的群驹争槽的大好时机。

南唐听取了刘光辅的建议，出兵顺利地灭亡了楚国。南唐的胜利不是因其军事力量强大，很大程度上却是沾了楚国内乱的光。楚国从马殷公元896年取得武安军节度使算起，至公元951年，马氏兄弟争位，被南唐所灭，前后延续了五十五年时间。

人称无赖的南平高氏

南平是十国中最小的政权,为高季昌所创。高季昌,陕州硖石(治今河南省三门峡市东南硖石乡)人,避后唐庄宗祖父李国昌之讳,改名高季兴。他幼年在汴州商人李七郎家为奴,朱温收李七郎为养子,改名朱友让,又喜爱高季兴,命朱友让收为养子,也改姓朱。高季兴最初在军中为亲兵,逐渐提升为牙将,因为立有军功,后来当上了颍州(治今安徽省阜阳市)防御使。

高季兴割据的荆南地区,原辖有七个州,唐朝末年为成汭所据,经过多年的战乱,非常残破。成汭任荆南节度使后,大力恢复社会经济,招纳流亡,通商劝农,获得了成功,使这一带成为富庶之地。但成汭急于扩张地盘,先后与朗州雷氏、长沙马殷、江淮杨行密交战,在君山一战中兵败而死。朱温不愿荆南为他人所有,派军攻伐。公元906年,汴军攻取了荆南,遂任命高季兴为荆南节度留后,公元907年正式任命为节度使。这时的荆南仅有一州,后来辖有三州之地,即荆(治今湖北省荆州市荆州区)、归(治今湖北省秭归县)、峡(治今湖北省宜昌市)等州,治所在荆州。高季兴在朱温在世时还不敢跋扈,后梁末帝在位期间,国势日衰,高季兴便不那么驯服了。梁末帝封他为渤海郡王,他仍不满足,袭取襄州不成,索性断绝了对后梁的贡赋。后唐建立后,畏其强大,他亲至洛阳朝见庄宗,险遭囚禁,返回时行至许州(治今河南省许昌市),他对左右说:"此行有二失,来洛阳朝见,一失;主上纵我而去,二失。"于是倍道兼行,甚至连行李都丢弃不顾了,等他过了襄州之境,唐庄宗果然后悔纵其归去,命襄州节度使刘训拦阻,但是已经来不及了。

不久，后唐封其为南平王，这便是人称其国为南平的原因。荆南地处四战之地，国小力弱，所以他曾一方面向中原王朝、吴、蜀称臣，一方面又伺机而动，抢夺地盘财物。比如后唐灭前蜀，获得珍宝金帛四十万，顺长江而下，行至峡口，被高季兴派军截杀，尽夺其珍宝。后唐明宗派使责问，高季昌回答说："船行三峡，水道险阻，长途运送，也许是船覆人亡，欲想得知详情，只好去问水神了。"再比如楚国派使向中原王朝进贡归来，唐明宗回赐骏马十匹、美女两名，路过江陵时又被高季兴抢夺。担心中原王朝或楚国讨伐，于是他便向吴国称臣，希望能得到援救。高季兴纵横捭阖，谁给他好处，便向谁称臣，至其子孙时甚至向南汉、闽、后蜀、南唐等皆称过臣，目的就在于获得赏赐。

在五代十国前期，除了吴国、前蜀称帝外，其余诸国皆奉中原王朝为正朔，岁时贡奉，由于吴国与中原为敌，诸国北上，走陆路只能经过荆南地界，无论是高季兴还是其子高从诲，都干过阻拦使者、抢夺贡物的勾当。如果诸国以书信责问，或者发兵讨伐，荆南便发还其人与财物，从无愧色；如果由于种种原因而一时不能顾及此事，高氏便坦然自若，受之无愧。当时各国之人称抢夺苟得而从不知愧者为赖子，"犹言无赖也，故诸国皆目为'高赖子'"。

南平虽然国小力弱，仍能割据一方，传之四世，主要是因为荆南地区狭小，且为四战之地，处在南北陆路交通的中枢位置，得之不足以扩充财赋，反而招致诸方攻夺，保留下来则可以作为各国之间的缓冲之地。比如楚国在马殷统治时曾大败荆南军，并进逼江陵，高季兴急忙派人求和，楚军答应了其请求，罢兵退去。马殷谴责统兵主将为何不取荆南，回答说："荆南在中原、吴、蜀之间，四战之地也，应该让它保存下来，以为楚之捍蔽。"马殷点头称是。这就是中原王朝、吴、南唐、楚与两蜀等国皆有吞并南平的实力，而不愿将其吞并的根本原因。后来北宋统一全国时，对南平兵不血刃，很顺利地攻占了这一地区，表明一旦形势发生了变化，它便无法生存下去了。当然南平能够生存数十年之久，也与其注意发展生产，推行保境息兵的政策密切相关。

南平高氏的世系情况如下：高季兴死后，其长子高从诲继位；高从诲死后，其第三子高保融继位；高保融死后，其弟高保勖继立；高保勖死后，命其兄高保融之子高继冲继位。北宋太祖乾德元年（963），北宋借道荆南进攻湖南张文表，高继冲见北宋大军毕集，惶恐出迎，宋军乘机入城，灭了南平。南平高氏自公元907年高季兴任荆南节度使始，至此而亡，历时五十六年。

以上均为与南唐相邻的政权，除此之外，还有前后蜀、北汉等疆界不相接的政权，其兴亡情况亦有必要做一简要介绍。

·其余诸国君主·

前蜀兴亡

前蜀为舞阳（今河南省舞阳县）人王建所建。此人出身于世代卖饼的饼师家庭，少年时无赖，屠牛盗驴，贩卖私盐，因为排行第八，人称"贼王八"。唐末，他投身军中，隶忠武军，忠武监军使杨复光组建忠武八都时，他与鹿晏宏、韩建等八人皆为都将，每都有兵千人。黄巢攻克长安时，唐僖宗逃奔西川，王建率兵三千人随入成都，报效唐廷。当时大宦官田令孜专权，为了扩充自己的实力,遂收王建为义子,并将其部并入神策禁军,号"扈驾五都",王建仍为都将。田令孜失势后,王建被排挤出朝,任利州(治今四川省广元市)刺史。后来西川大乱,东、西川相互之间攻伐不已,王建遂乘乱攻取了成都,被唐廷任命为西川节度使。此后,他又攻取了东川、汉中以及秦、凤、阶、成等州,形成了前蜀全盛的基本格局。

王建于唐天复三年受封为蜀王,天祐三年(906),在成都建立行台,次年唐朝灭亡,遂自立为帝,国号蜀,史称前蜀。王建在称帝前后采取收揽蜀中人心、保境息民的政策,得到了蜀中土豪的支持,势力发展很快。他还能留心政事,任用贤能,重视发展文化事业,唐末动乱中流落入蜀的士大夫甚多,王建都能予以妥善的安置,故蜀中文物制度颇具中原风貌。蜀中古称天府之国,经过唐末战乱,社会经济受到一定程度的破坏,但在前蜀建立后三十余年间保持了和平稳定的局面,使得两川的农业、手工业、商业等都得到了较大程度的恢复和发展。在文化方面,文学、史学、绘画、书法、音乐、教育等都有相当程度的发展,拥有一大批人才,从而使蜀中成为五代十国时期的文化中心之一。

成都永陵(王建墓)博物馆

动荡夜宴的时代

王建一生征战,六十岁时才称皇帝,已经进入人生的暮年,选立何人为太子便成为一件极重要的大事。王建的长子王宗仁,幼年患病成为废人,自然不可能成为太子的人选。次子王宗懿被立为太子,却在宫廷斗争中被杀。王建本来打算立雅王王宗辂或者信王王宗杰,由于二人各有长处,一时难以确定,这就为第十一子郑王王宗衍争当太子留下了活动的空间。

王宗衍之母徐妃,蜀中美女,在王建进入成都后与其姐均被纳为妃。徐妃由于貌美,得到王建的专宠,于是她便结交宦官,干预朝政。她除了勾结宦官外,还拉拢宰相及诸将,众人联合上表,称王宗衍"才器英武,实堪社稷之托"。在宫内外的合力煽惑下,王建遂正式册立王宗衍为太子。王建虽然立了太子,却总是不放心,有一次他见王宗衍与诸王斗鸡、击球,遂自叹说:"我百战而立此基业,此辈难道能守之乎!"他见信王王宗杰颇有才干,又有改立太子的意向,然而信王却突然死了,他颇疑是徐妃下毒致死的,但却不愿深究。王建临终时,在遗诏中说:"如果太子确实不堪当皇帝,应置于别宫,另行选立贤者,而不要害其性命。"这样就把问题留给了大臣们,而自己不负责任,不能不说是一个糊涂的决断。

王宗衍即位后,取掉了名字中的"宗"字,单名衍。他即位时年仅十七岁,浑然不知治国为何事,军国大事交给宦官们办理,自己每日寻欢作乐。不仅宦官们弄权,两位徐妃(此时分别为太后、太妃)也不甘寂寞,公开卖官鬻爵,按官职高低估价出售。太后、太妃如此,权臣们也不甘落后,礼部尚书韩昭主持考试,选拔人才,也公然收贿舞弊。他还向后主王衍要求把蓬、渠、巴、集数州刺史交给他,由他售卖,所得钱用以营建他的宅第,竟然得到了王

王建墓伎乐石雕

衍的批准。王衍本人也卖官，如阆中（今四川省阆中市）人何奎，通数术，能预言未来，与许多公卿贵族都有密切往来。其暮年时忽然想当官，便通过行贿的手段获得了兴元府（治今陕西省汉中市东）少尹的高官。王衍还以个人好恶随意授官。宦官严凝月善于唱歌，颇得王衍的宠信，他深知后主好色，便多方为其搜求美女，博得王衍的欢心，得到了蓬州刺史的官职。至于营私卖狱、贪赃枉法，更是常见之事。

  王衍母子生活十分奢侈，经常游宴于贵臣之家，成都近郡的名山无不遍游，所费不知其极。他还兴建了一座皇家御苑——宣华苑，其中有湖曰龙跃池、宣华池，周围楼台亭阁无数，奇树异花遍植苑中，怪石修竹随处可见。王衍与徐氏姐妹及宫嫔时常游乐于苑中，歌舞宴饮，长年不断。即使如此，王衍还不满足，曾以彩缯数万段，结为彩楼山，上建宫殿亭阁，王衍宴乐于其中，逾旬不下。

又在彩楼山下掘一水渠，通到宫中，王衍乘醉夜下彩楼山，泛小舟于渠中，命宫女乘画船执蜡烛千余条，照映水面，以迎其舟，喧闹至晓。他还在宫内兴造村坊，立市肆，令宫女们穿青衣衫裙，扮成普通百姓，售卖一些日常生活用品，王衍与后妃游于其中，男女相杂，叫噪相打，以为笑乐。

在成都游乐王衍还不满足，又外出游乐，谓之巡狩。乾德二年（920）七月，他下诏北巡。次月，从成都出发，经汉、利、阆数州，历时五个月，沿途旌旗招展，百里不绝。王衍披金甲，珠帽锦袖，执弓挟矢，百姓望之，谓之"灌口二郎神"。所到之处，官员盛宴款待，所费财物不计其数，百姓不胜其扰。后来他还游过青城山、秦州等处，其中秦州之游是其最后一次远游。时在咸康元年（925）十月，他下诏以巡边的名义出游，其实全是假话，真实原因是听了镇守秦州的王承休的谎话。王承休曾报告说秦州美女甚多，使王衍垂涎不已，加之王承休之妻严氏貌美，所有这些因素促成了秦州之行。当王衍率数万军队从成都北上之时，后唐大军已经开始进攻前蜀了。王衍听到这个消息后，不以为意，认为只不过是臣下伪造军情，阻止自己前往秦州而已。一路上前蜀君臣吟诗唱和，兴致勃勃，自以为蜀道险阻，万无一失。当王衍一行走到利州时，听到后唐大军已经逼近，前蜀军队纷纷败退的消息，吓得掩面哭泣，仓皇逃回成都。后唐军队逼近成都，王衍遂开城投降。王建历尽千辛万苦创建的基业，仅仅传了两世便覆亡了。

前蜀自公元891年王建任剑南西川节度使算起，至公元925年为后唐所灭，历时共三十四年。

宋亡后蜀

后蜀为邢州龙冈（今河北省邢台市）人孟知祥所建。唐朝末年他在晋王李克用手下做事，得其赏识，遂娶其弟李克让之女为妻。李存勖继晋王位后，任他为掌管机要的中门使之职，后又任太原留守。后唐灭前蜀后，枢密使郭崇韬推荐孟知祥为西川节度使，唐庄宗遂命他充任此职，并加同中书门下平章事衔。此次攻灭前蜀，庄宗之子魏王李继岌为名义上的统帅，实际兵权却掌握在枢密使郭崇韬手中。灭蜀之后，因郭崇韬功大，庄宗心生怀疑，遂遣使杀了郭崇韬。郭崇韬死后，灭蜀军队群龙无首，魏王李继岌无力控御局面，蜀中大乱。孟知祥见此，急驰入蜀，承制宣抚，稳定人心。

魏王引军北归途中，适逢洛阳发生兵变，庄宗被杀，魏王随即自杀身亡，明宗李嗣源即皇帝位。孟知祥见中原混乱，遂产生了割据蜀中之意，遂加紧训练军队，整顿军备。明宗派人催促其将蜀中所余钱物上缴朝廷，孟知祥拒不输送。不久，他处死了明宗派来的监军使李严，又拒绝了后唐朝廷要其输送助礼钱一百万贯的要求，与东川节度使董璋联合，公然对抗朝廷。明宗派军征讨，由于道路险阻，战而无功，只好退还。在中原王朝的威胁消除后，他又与原来的同盟者董璋发生冲突，经过激烈的战斗，孟知祥消灭了董璋的军队，占据了东川。后唐长兴四年（933），唐明宗授孟知祥为剑南东西川节度使、成都尹，封蜀王。公元934年，明宗病死，孟知祥遂在成都称帝，国号仍为蜀，史称后蜀。半年后，孟知祥病死，其子孟昶继位。

孟昶与前蜀王衍不同，并不是宋人所说的昏庸之主。他幼年即位，不能亲政，将相大臣多为孟知祥的故人，骄横不法，夺人田宅，穷奢极欲，视他如无物。孟昶要想整顿政治，必须首先铲除这些元老勋臣。经过激烈的斗争，孟昶终于如愿以偿，铲除了这些旧臣，开始亲政。

孟昶亲政后，留心政事，放归了宫中大批宫女，让其自由归家。他还向地方州县颁布了"戒石铭"，要求地方官员爱护百姓、抚恤流亡、节约开支，其中说道："尔俸尔禄，民膏民脂。为民父母，莫不仁慈。"这些话对后世都有一定的影响。孟昶即位之初，生活比较节俭，寝殿卧具不用锦绣，盥洗用具除了用一点银外，多为黑漆木器。在刑法方面，推行轻刑，尤其在死刑方面，更加谨慎。为了节约开支，三十年不举行南郊大典，也不放灯火。所有这一切都对减轻百姓负担、恢复和发展生产起到了一定的积极作用，与前蜀王衍形成了鲜明的对照。

但是孟昶的作为是有限的，尤其是其统治后期，生活逐渐奢侈起来，以至于所用溺器（夜壶）皆以七宝装饰。由于身体逐渐发胖，他外出时不能骑马，而是乘坐步辇，垂以重帘，环结香囊，香闻数里，人不能识其面。由于蜀中久安，宗室贵戚、达官子弟宴乐成风，以至于有人长到三十岁，竟不识米麦之苗。每年春季，成都浣花溪一带歌乐喧天，珠翠填咽；贵门公子，华轩彩舫，共游于百花潭上；楼阁亭台、异果名花，流溢其中。官员徇私枉法、贪赃受贿之事，层出不穷；甚至在科举考试之中，也不能免除贿赂，贿重者登高第，主考官以贿赂多少确定是否中选，而面无愧色。有的司法官员竟然指着狱门说："这就是我家的钱炉。"对于这种种现象，孟昶皆不能纠正，故宋人批评他说："节俭仅限于自己一人，仁厚却容忍了奸恶，这些只不过是匹夫小节而已。"

孟昶不能力纠弊端，整顿官场歪风，致使后蜀政治逐渐腐败，这种情况与同时期的南唐颇有相似之处。

后晋末年，契丹攻入汴梁，四处烧杀抢掠，引起了中原人民的反抗，中原陷入一片混乱。此时南唐由于在伐闽战争中实力受到极大削弱，无力北伐；而后蜀虽然实力未损，却丝毫也没有夺取中原的雄心，只贪图眼前一些小利。

后蜀广政十七年（954）十月，原后晋晋昌节度使赵匡赞向后蜀请降，并请求出兵终南山以接应。后蜀根本没有进图关中的思想准备，所以没有及时反应。两个月后，形势已经发生了变化，后蜀才有所行动，派兵接应赵匡赞。这时刘知远已经称帝，建立了后汉王朝，岂能允许关中落入他人之手？在后汉军队的打击下，后蜀军队败退大散关，损兵折将，而未获尺寸土地。此后，后汉镇守关中的大将李守贞、赵思绾相继叛乱，并请求归降后蜀，由于蜀将畏缩不前，丧失战机，这些叛乱相继被平定，后蜀一事无成，仍旧龟缩于两川之地。待到北宋建立之后，全国统一的形势更加成熟，后蜀的灭亡遂不可避免了。

后蜀黄筌《写生珍禽图》

后蜀广政二十八年（965），北宋大将王全斌率大军攻入蜀中，孟昶率众投降。宋军从出兵到灭亡后蜀，前后不过六十六天时间，可见后蜀是如何的不堪一击。

后蜀从公元925年孟知祥任西川节度使算起，至此灭亡，共历二主，四十年时间；如从其称帝算起，则三十一年时间。

贫弱的北汉

北汉为刘旻所建。刘旻本为后汉高祖刘知远之弟，一说是堂弟，最初叫刘崇，称帝后改为刘旻。此人少年时为人无赖，喜饮酒，好赌博，曾经当过黥面军卒。刘知远在后晋任河东节度使时，提拔他为马步军都指挥使。刘知远创建后汉政权后，任命其为太原尹、北京留守、同中书门下平章事。汉隐帝时，又任河东节度使、兼中书令。

后汉政权被后周取代以后，刘旻遂在太原称帝，国号仍为汉，史称北汉，时在乾祐四年（951）。

北汉在诸国中疆土较小，仅辖有并、忻、代、岚、宪、隆、沁、辽、麟、石等十州之地，即今山西省北部及中部。北汉土地贫瘠，物产不丰，由于设置了朝廷机构，官员众多，财赋不足以供给，宰相月俸仅仅百缗，节度使不过三十缗，其余官员俸禄就更少了，故北汉国内很少有廉洁官吏。由于北汉与后周是世仇，双方时有冲突发生，北汉国小力弱，只好投靠契丹，依赖契丹的支持勉强与后周对峙。北汉军费开支浩大，每年向契丹贡奉不断，更进一步加重了北汉的财政负担。为了维持统治，除了加重赋税外，甚至向僧侣地主伸手，以求得资助。如五台山僧继颙，多智数，善经商，被北汉任命为鸿胪卿。他利用五台山靠近契丹的便利，通过贸易获得其马，每年可达数百匹，献给北汉小朝廷。又于柏谷置银冶，募民开矿，冶银以输，北汉国用仰以为足。

刘旻为了取得契丹的支持，除了每年贡奉外，还向契丹主称侄，与其呼应，骚扰后周边境，焚杀劫掠，严重影响了边地社会生产的正常进行。与南方诸国不同，北汉赋税自始至终都很沉重，影响了本国经济的恢复与发展。从整个五代十国的发展趋势看，各国均结束了唐末以来大小军阀混战的局面，实现了局部的统一，而北汉则是从中原王朝中分裂出去的一个地方性政权，从而破坏了中原地区的完整性，这是对五代后期统一趋势的一种反动。

刘旻虽然勾结契丹，多次谋图颠覆中原王朝，但都没有得逞。后周显德元年，周太祖死，其养子柴荣即位。刘旻认为推翻后周的时机终于到了，于是勾结契丹率大军南下。周世宗柴荣亲率大军抵御，结果北汉军大败，刘旻狼狈逃窜，乘舆、服御皆为周军所获，仅率百余骑昼夜不息，逃回了太原。周军大至，四面围攻，由于太原城坚，一时无法攻克；加上天降大雨，士卒患病者众，只好退军而去。此战败后，刘旻忧愤成疾，不久便一命呜呼了。

刘旻死后，其次子刘承钧继位，改名刘钧。刘钧在位期间，继续奉行依附契丹的政策，与后周为敌。北宋取代后周以来，北汉多次与宋朝叛将勾结，均被北宋挫败。宋太祖赵匡胤本来打算先灭北汉，再取南方诸国，宰相赵普认为北汉与契丹相接，不如留之以为屏障，待统一南方后，再进攻北汉不迟，遂使北汉得以苟延残喘。

刘钧死后，其子刘继恩继位。此人本姓薛，其父薛钊为刘旻女婿，生刘继恩，由于其父早死，刘钧无子，遂将刘继恩收为养子。刘继恩在位仅六十余日，就被其供奉官侯霸刺杀。群臣立其弟刘继元为皇帝。

刘继元也不是刘氏亲子。刘继恩之父死后，其母再嫁何氏，生刘继元，故其与刘继恩为同母异父兄弟，一姓薛，一姓何。刘继元出生不久，其亲生父死，不久其母亦亡，刘钧怜其孤，遂收为养子，冒姓刘氏。

刘继元性格残忍，因为自己非刘氏嫡亲，故对刘氏宗室多有猜疑，即位之后，先后将刘旻的十个儿子全部幽禁至死，至于宫中的先朝妃嫔遭到逼辱的更是不计其数。宋太宗即位以来，南方诸国先后灭亡，十国中只有北汉尚存，于是在公元979年，宋廷决定扫平这最后一个割据势力。为了一战成功，宋太宗亲率大军，击败了契丹援军，连破北汉州县，并包围太原，四面攻打。太原外无援兵，内无粮谷，无奈之下，只好投降。至此，除了燕云十六州仍为契丹所占据，以及今云南地区尚有大理国外，北宋基本完成了统一大业。

北汉自公元951年刘旻称帝始，至979年刘继元亡于宋，传三世四帝，历时二十八年。

·十国之外的诸国君主·

李茂贞政权

李茂贞，深州博野（今河北省蠡县蠡吾镇）人。本名宋文通，唐僖宗赐李姓，改名茂贞。早年在本州为军卒，逐渐升为队长。唐僖宗时调其军入京师宿卫，黄巢占据长安时，其军参与了围攻义军的战斗，以功升为神策军指挥使。唐僖宗避难兴元时，李茂贞护驾有功，升任洋、蓬、壁等州节度使，同中书门下平章事。光启三年（887），唐僖宗任其为凤翔节度使，封陇西郡王，从此李茂贞便以凤翔为基地向四周扩展势力范围。

唐昭宗大顺二年（891），大宦官杨复恭与山南西道节度使杨守亮叛乱，李茂贞乘机请求率军讨伐，取胜后遂将山南西道诸州据为己有。以后又陆续攻占泾原（治今甘肃省泾川县北）、洋州（治今陕西省洋县）等镇以及凤州（治今陕西省凤县东北凤州镇）等州，接着兼任东川（治梓州，今四川省三台县）节度使。李茂贞势力最大时，共占据了天雄、彰义、感义、武定、兴元、静难、保大、保塞、义胜、匡国、龙剑等十四个方镇，共计四十余州，涉及今陕西大部、宁夏南部、甘肃西部、四川北部等广大地区，在北方地区一度成为与朱全忠、李克用三足鼎立的强大军事集团。

大唐秦王（李茂贞）陵

由于李茂贞的凤翔镇靠近长安，在地理上有着较大的优势，所以其频频干预朝政，挟天子以令诸侯，甚至进攻长安，逼杀宰相，逼走唐昭宗。李茂贞的这些行径与朱全忠的政治利益发生了矛盾，于是朱全忠率大军攻入关中，李茂贞勾结宦官索性将唐昭宗劫往凤翔。由于军事实力不敌朱全忠，凤翔城被包围一年多时间，在外无援军、内无粮草的情况下，李茂贞只好与朱全忠讲和，并送出了昭宗皇帝。

其间，李茂贞控制的地盘遭到极大的侵削。今陕西南部、四川北部以及甘肃东部的州郡相继被前蜀攻占，其在关中诸州或陆续被朱全忠攻取，或主动投降朱全忠，李茂贞仅据有凤翔孤城一座，势力遭到极大的削弱。朱全忠撤出关中后，因忙于篡唐称帝，加之又与河东的晋王李克用争战不休，一时无法顾及关中，李茂贞又陆续恢复了一些州郡，大约有七州之地，其实力已经不可与往昔同日而语，相当于普通藩镇了。

李茂贞早在唐昭宗天复元年时就被封为岐王，后唐庄宗同光二年（924）又加封秦王，故有学者将其政权称为秦岐政权。其势力膨胀时，曾大量收养节度使、刺史为假子，并统统改姓李，名则以"继"字相连，以拉拢人心，巩固内部关系。当其受到朱全忠的军事打击时，这些养子大都背叛了他，投靠了新主子。朱全忠篡唐建梁，李茂贞虽然也联合了一些藩镇，以复兴唐朝为号召，实际只是虚张声势。由于唐朝已灭亡，相邻的王建谋划称帝，李茂贞因地盘狭小、实力不足，不敢称帝，只是开了王府，仍称岐王，但却称其妻为皇后，将吏上书称笺表，同时设置了一些皇帝的仪物，搞得不伦不类。

唐庄宗灭亡后梁时，李茂贞自以为曾与李克用同为藩帅，又都

李茂贞墓入口端门上部

李茂贞墓室

接受了唐朝的赐姓，应是同宗，故以季父自居，上书时"辞礼甚倨"。当庄宗进入洛阳，并在此建都后，李茂贞恐惧，遂上表称臣，但仍保持着事实上的自立状态。同光二年四月，李茂贞死，终年六十九岁。其子李从曮继任凤翔节度使,此后虽多次朝贡,但仍保持着自治状态。后唐明宗长兴元年(930)二月,调李从曮任宣武节度使,标志着李茂贞父子割据政权的终结。

从光启三年李茂贞任凤翔节度使始,至长兴元年终,其割据时间长达四十三年。此后,李从曮曾于后唐末帝清泰元年(934)重任凤翔节度使,至后晋开运三年死,共计十二年时间,但是性质发生了改变,已经完全成为普通的地方藩镇了。

党项定难军

拓跋思恭,党项族平夏部人。唐末为宥州(治今内蒙古自治区鄂托克前旗东南城川古城)刺史,黄巢攻入长安,唐廷号召诸道进兵围剿,拓跋思恭亦奉命进军关中。唐僖宗中和元年(881)升任其为夏州(治今陕西省靖边县东北白城子)节度使,同年赐予定难军的军号。

定难军最初辖夏、银(治今陕西省榆林市横山区东)、绥(治今陕西省绥德县)、宥等四州之地,后一度扩展到鄜(治今陕西省富县)、坊(治今陕西省黄陵县东南)、丹(治今陕西省宜川县)、延(治今陕西省延安市城东延河东岸)、翟(治今陕西洛川东南鄜城)等州,共九州之地,分属于三个方镇,即定难军(治夏州)、保大军(治鄜州)、宁塞军(治延州)。唐末关中地区藩镇之间时有战争,拓跋家族占据如此之大的地盘,必然引起他人的争夺,其主要对手是凤翔李茂贞。仅仅十余年时间,鄜、坊、丹、延、翟等五州就陆续落入李茂贞之手,直到唐朝灭亡为止,定难军只领有夏、银、绥、宥四州之地。五代乾祐二年正月,后汉朝廷下令将静州（治今宁夏回族自治区永宁县东北）隶属于定难军，故至北宋初年，定难军一直领有这五州之地。

早在唐太宗时期，拓跋部首领拓跋赤辞就受赐姓李。唐僖宗时，因拓跋思恭参与围剿黄巢义军有功，又一次赐姓李，并封为夏国公，这就是这一家族改姓李氏的缘由。

关于其世系及替代情况：李思恭卒于乾宁二年（895），其弟李思谏继任节度使，这是李氏政权世袭的开始。后梁开平二年，李思谏卒，其子李彝昌继立。次年，夏州守将高宗益作乱杀李彝昌，诸将又杀高宗益，拥立李仁福为节度使。李仁福为李思恭的子侄辈，是李彝昌之族父。后唐长兴四年，李仁福卒，其子李彝超被诸将拥立为节度使。清泰二年（935），李彝超卒，其兄李彝殷继立，后改为彝兴，避宋太祖父赵弘殷讳。北宋乾德五年（967），李彝兴卒，其子李光叡继立，后改名克叡，避宋太宗赵光义讳。太平兴国三年，李克叡卒，其子李继筠继立。两年后李继筠卒，其弟李继捧继位。据此可知定难军节度使传位八人，共五代。

太平兴国七年（982），李继捧以五州之地归于北宋，后赐以赵姓，改名保忠，其弟李继迁叛宋而去。继迁死后，其子德明继立。德明死后，子元昊继位，并建立了西夏王朝。这些都是后话，就不多说了。

定难军自建立以来，对唐朝忠心耿耿，先后参与过围攻黄巢，讨伐河中王重荣、邠宁朱玫、河东李克用、邠州王行瑜等战争，虽未取得大的战绩，但其对唐廷的恭顺态度却受到了史家的褒扬。天祐三年，李茂贞遣养子杨崇本率大军进攻夏州，李思谏求救于朱全忠，梁军连败杨崇本军，并攻下鄜、延等五州，解了夏州之危。自此定难军向后梁称臣。开平四年，李茂贞联合李克用，大举进攻夏

动荡
夜宴的时代

州，李仁福再次向后梁求救，又一次解除了夏州的危局。梁晋夹河大战时，李仁福贡马五百匹以助战，梁遂封其为陇西郡王，这是李氏封王之始。后梁灭亡后，李仁福大惧，急遣宥州刺史李仁裕奉表入贺，唐封其为朔方王。

后唐明宗即位后，连续数年风调雨顺，有余力外顾，遂于长兴四年初，利用李仁福病故之机，强令继位的李彝超移镇延州，又命延州的安从进转任定难节度使。为了孤立夏州，诏令赦免夏、银、绥、宥等州罪犯，放免公私债务及欠税，刺史以下官员犯罪一概不问，并出动五万大军护送安从进赴任。李彝超不愿移镇，后唐大军遂包围了夏州，四面攻打。夏州城为十六国时赫连勃勃所筑，十分坚固，一时攻打不下。李彝超出动骑兵万余，动员境内诸胡，四处游击，抄掠官军粮道，给供给前线的关中人民造成了极大的困扰。李彝超又表示愿意自新，如果国家有征伐之事，"愿为众先"。在这种情况下，明宗只好召回军队，并正式任命李彝超为定难节度使，等于承认了李氏在夏州的世袭特权。这是定难军与中央关系的一个转折点，此前是一种比较紧密的臣属关系，不敢有丝毫跋扈之态，此后虽然保持着名义上的臣属关系，但实际上已处于半独立状态，所谓"自是夏州轻朝廷，每有叛臣，必阴与之连以邀赂遗"。如后汉乾祐元年（948），河中李守贞叛，派人向夏州求救，李彝殷发兵屯延、丹境上，得知官军已包围河中，乃退。后汉朝廷知此事，"亦以恩泽羁縻之"。甚至在后周太祖广顺元年（951）五月，李彝殷遣使奉表于北汉，公然与后周脱离了关系。次年，见后周政权巩固，又重新归顺了后周。显德二年，因朝廷任命折德扆为府州（治今陕西省府谷县）节度使，耻与同列，故又一次断绝了与后周的关系，企图胁迫朝廷免去折氏之职。面对这种局面，朝中宰相认为朝廷借重定难军之处甚多，而府州小镇可以舍去，然周世宗却认为府州折氏对朝廷忠心耿耿，夏州唯产羊马，其余百货皆依赖与中原贸易，我若断绝，其还有何能为。于是世宗派使者携带诏书严厉地斥责了李彝殷，彝殷惶恐，急忙遣使谢罪。

总的来看，自唐末五代八十多年来，夏州李氏与朝廷除了长兴四年这一次兵戎之争外，基本上保持了互有往来的和平关系，其间虽有跋扈行为，但与其他藩镇相比则温和得多，也没有对朝廷造成严重的政治和军事威胁。在防御边疆、抵御外来侵扰方面，夏州反倒发挥了比较重要的作用。如后晋开运元年（944），契丹大举进攻中原，李彝殷率蕃汉兵四万，从麟州（治今陕西省神木市北）渡河攻击契丹西境，以牵制契丹主力，挫败了契丹的这次进攻。北宋初年，李彝殷出兵援救麟州，与诸镇兵一起击败了进攻的北汉军队。定难军最大的历史贡献并不在此，而是保障了西北这一地区的和平安宁。在唐末五代时期，大半个中国都陷于战乱之中，生产荒废，民不聊生，"独银、夏、绥、宥、静五州，兵不事征战，民不睹金革，休养生息几及百年"。应该说《西夏书事》的这则评论是客观的、真实的。

大理国始末

大理国为段思平所建，其为云南土著人，一说其祖先是武威姑臧（治今甘肃省武威市）人，自汉代以来子孙散处四方，其中一支流落到云南，段思平就是武威段氏的后裔。通常认为大理国是白蛮（即今白族）建立的政权，是继南诏之后，在云南建立的又一个少数民族政权。后晋天福二年，南诏通海节度使段思平兴兵灭亡了义宁国，建立了大理国，都城仍在羊苴咩城（今云南省大理市北大理镇），并改元文德。

大理国前期在境内设首府、二都督、六节度；后期设八府、四郡、四镇，此外还有三十七部统领着今云南东部的三十七个部落。疆域范围大体相当于今中国云南、贵州西南部、四川西南部，以及今缅甸、老挝、越南北部一些地区。

在南诏之后，云南还先后出现过长和、天兴、义宁等三个政权，政治动荡、生产衰退，所以段思平建立大理国后，吸取了这些政权的教训，联合了各方面的实力派，封官裂土，充分地照顾到其利益，从而稳定了国内的局势。然后大力发展生产、减轻赋税，废除严刑峻法，从而缓和了社会矛盾，巩固了统治地位。

段思平死后，其子段思英继位。段氏家族共出现了二十二个皇帝，最后一位皇帝是段兴智，其在位仅仅一年，于公元1253年被元世祖忽必烈所灭。

大理国的政治与军事制度基本沿袭于南诏，受汉文化影响很深，兴办学校，学习儒家经典，并且举行科举考试，在宗教方面主要信仰佛教。其农业经济发展较好，部分地区与同时期的四川东部地区相差无几。畜牧业尤为发达，每年都有几千匹马用来贸易。手工业与商业比较发达，与周边各国都有贸易往来。

大理国与五代时的中原王朝以及南方诸国均无外交往来。据《五代会要》记载，南诏统治后期曾与后唐有使者往来，长和国时也与中原王朝有零星的往来。大理国与中原王朝往来较多的是两宋时期，双方除了有商旅往来外，边境贸易也比较繁荣，其中宋朝向大理国输出的主要有丝织品、瓷器、书籍等，大理国用来贸易的主要有药材、冶金制品、毛织品、铠甲等，最大宗的还是马匹贸易，仅黎州（治今四川省汉源县北清溪镇）一地，每年马的贸易即达五千匹之多。不过，大理国所产马匹不如西北地区的马体格高大，不能用于战场冲锋驰骋，主要用于运送军事辎重。大理国的使者也频频出使于宋朝，几乎每年都向宋朝进贡珍贵药材和其他物品。

尽管双方经济贸易频繁，但政治关系却较为平淡，宋廷甚至一度拒绝了大理国臣属及册封的请求，直到宋徽宗政和七年（1117），宋廷才授其皇帝段正严为金紫光禄大夫、检校司空、云南节度使、上柱国、大理国王，确立彼此之间宗主与藩属关系。

总之，在长达三百多年的时间内，大理国与中原王朝始终保持着和平的关系，没有发生过大的军事冲突。除了经济、文化关系比较密切外，政治关系始终是若即若离，究其原因，主要出在中原王朝一边，其错误地汲取了南诏与唐朝之间的历史教训，始终对大理国保持着高度的戒备心理。

无为 夜宴的君主

治国理念的变化
从先主李昪到中主李璟

·吴国杨氏失权·

韩熙载避祸南下之时,正是吴国统治末期,大权尽归南唐先主李昪掌控。南唐的这位开国之君,确是一位值得称道的历史人物。

李昪即位前,名徐知诰,是吴国权臣徐温的养子。

吴国是杨行密创建的割据于今江苏、安徽、江西一带的一个政权。吴国创建于公元892年,这时唐朝还没有灭亡,因此杨行密并没有称帝建国号,当时他只是唐朝的淮南节度使。由于这时的唐王朝已经无力控制江淮地区,这一地区实际上已经走上了独立发展的道路,所以学术界将这一年视为吴国的创建之年。

杨行密死后,其子杨渥接替了他的职位。杨渥性格残暴,昏庸好杀,在其父丧期内,掘地为室,奏乐欢宴。他还夜燃巨烛击球,一支烛就花费数万钱。有时他单骑出游,左右不知其所往,四处奔走找寻。这一时期与杨行密一同创业的老将旧臣多已亡故,只有张颢与徐温分任左右牙指挥使,居中用权。他们多次进谏,杨渥非但不听,反而口出恶言,并有诛杀两人之意。于是两人合谋杀死杨渥,对外声言其暴卒。杨渥死后,张颢欲自立为王,由于众人反对,只好改立杨行密次子杨渭为主。张颢想独揽大权,将徐温排挤到外州任职,反被徐温设计杀死,从此吴国大权尽归徐温掌控。

徐温,海州朐山(今江苏省连云港市西南)人,少时以贩盐为业，后跟随杨行密创业，是包括杨行密在内的所谓"三十六英雄"之一。此人见识与众不同，杨行密攻取宣州时，诸将争取金帛，唯有徐温开仓放粮，救济饥民。他虽然没有建立过赫赫战功，但由于足智多谋，深受杨行密的重用。他执掌吴国大权后，由于吴国尚未正式建国，吴王与诸将均为节度使，只是以都统的名义节制诸将，诸将分据州郡，虽尊奉吴王为盟主，而政令征伐多各行其是，吴国实际上只是一个松散的军事、行政联合体。这种现状是极不利于加强中央集权的。要改变这种状况，只有加强中央集权，实际上是徐温想加强自己的权势，于是他在公元918年与诸将联合，拥立杨渭为大吴国王，建元武义，建宗庙、社稷，置百官，徐温自称大丞相、都督中外诸军事、诸道都统。这样徐温便可以名正言顺地向诸将发号施令了，逐渐牢牢地将吴国大权控制在自己手中。

徐温控制吴国大权时，并没有重用徐知诰，而是着意培养自己的亲子，他令徐知训居于广陵辅政，自己则统军居外，欲将吴国的军政大权控制在徐氏家族手中。徐知训骄横贪暴，愚蠢无知，为所欲为。他凌辱诸将，对吴王杨渭尤为无礼，经常加以侮弄。有一次他与吴王反串戏中角色，自扮参军，让吴王身着破衣扮演奴仆，执帽相随。吴国君臣泛舟于河上，吴王先起，徐知训以为欺己，大怒，以弹弓射之。还有一次，君臣赏花于禅智寺，徐知训借酒侮辱吴王，四座股栗，吴王又惊又怕，哭泣着登舟离去。徐知训追之不及，一怒之下，用铁挝击杀了吴王随行的亲吏，以发泄心头的闷气。徐知训的这些行为激起了一些将领的不满，终于酿成了大祸。吴将李球、马谦挟持吴王杨渭登楼，以吴王的名义调发军队诛杀徐知训，经过一场激战，李、马二人战败被杀，事件总算平息下去了。然徐知训不以此事为鉴戒，反而更加横暴。

吴国有一重臣朱瑾，他本是唐朝的兖州节度使，与梁太祖朱全忠争斗失败，不得已投奔了杨行密，成为其手下著名的大将，屡立奇功，备受礼遇，威望甚高。即使在徐温当政时，对他也是非常敬重的。徐知训畏忌朱瑾功高望重，曾夜遣壮士刺杀朱瑾，反被朱瑾杀死。朱瑾自知徐氏势大，不愿张扬，遂悄悄将刺杀他的刺客埋于府第之后。徐知训见此计不行，又任命朱瑾为静淮军节度使，欲将其赶出朝中。此事引得朱瑾愤恨，于是他设宴款待徐知训，事先埋伏勇士于庭内，又在廊下系良马两匹。席间，朱瑾令宠伎献歌敬酒，又献所爱良马。徐知训大喜，放松了警惕。朱瑾命妻子向徐知训敬酒，乘其回礼答拜之机，从背后猛击，将徐知训击倒，遂命壮士拖出斩首。朱瑾杀死徐知训后，提头入宫，请杨渭趁机亲政，吴王懦弱怕事，不敢有所作为。朱瑾见其无用，愤然出宫，被徐知训亲军包围，向外冲杀不出，遂自刎而死。

这时徐知诰在润州任刺史，闻知朝中生变，急忙率军从蒜山渡江赶到广陵，安宁秩序，稳定朝政，并代替徐知训在朝中辅政。这一地位的取得，对李昪后来取代吴国建立南唐具有决定性的意义。

我国古代伟大的哲学家老子说："祸兮福所倚，福兮祸所伏。"这句话对此时的徐知诰来说，真是太恰当不过了。

当初徐温在朝辅政时，因徐知诰非自己亲子，对他并不十分看重。起初，徐知诰被任命为升州（治今江苏省南京市）刺史，他勤于政事，治绩斐然，把升州治理得井井有条。徐温得知后遂到升州视察，看到城池坚固、秩序井然，于是便把徐知诰调往润州，自己移居于升州。徐知诰不愿前往润州，请求改任相对富庶的宣州，徐温不允。徐知诰的幕僚宋齐丘密劝说："知训昏庸暴虐，老臣宿将，不甘其辱，早晚会发生变故。润州与广陵隔江相望，一旦有变，一夜之间就可赶回广陵。为何舍此利而赴宣州呢？"徐知诰顿悟，立刻奔赴润州。后来事情果然如宋齐丘所料的那样，徐知诰得以抢先进入广陵。

尽管徐知诰以平定内乱之功而得以辅政，然毕竟不是徐温的亲生子，很难得到其信任。徐温的部下如严可求、徐玠等屡次劝其以次子徐知询取代徐知诰的辅政地位，徐温因徐知诰自幼由其抚养长大，一时难以下定决心，不忍动手。吴乾贞二年（928）十月，徐温终于下决心换掉徐知诰。他打算率诸藩镇入朝，以劝吴王称帝为名，乘机换去徐知诰。临行前，徐温突然患病，只好派徐知询奉表劝进，并留在朝中取代徐知诰的地位。徐知诰得知这个消息后，心中不安，打算请求外任洪州节度使。就在这时，幸运之神又一次降临了。徐知诰已经写好了请求外任的表章，徐温却突然病死了。徐知询得知其父暴卒的消息后，匆忙返回升州，被任命为副都统，接替了徐温的地位，徐知诰也保住了辅政的地位。

徐知询虽然控制了兵权，但徐知诰却控制了中枢决策之权，处于比较有利的地位。不过当时徐知询却不这样认为，他自以为手握强兵，占据金陵形胜之地，徐知诰虽管大政，却无兵权，"制之甚易"。由于徐知询过高地估计了自己的实力，益加骄横，肆无忌惮地与徐知诰争权夺利，对其几个弟弟也非常刻薄，引起了他们的极大不满。其弟徐知谏、徐知诲转而支持徐知诰，共同对付徐知询。徐温的谋士徐玠曾多次劝告徐温以徐知询代替徐知诰辅政，这时见徐知询不可辅，也反过来支持徐知诰。就连徐知询的谋士周廷望表面上为其出谋划策，暗中却也勾结徐知诰，将其密谋一一告知。徐知询实际上已处于众叛亲离的境地，但他却毫无觉察，生活穷极豪奢，所用的鞍勒、器皿皆饰以龙凤图案，将攻击的把柄授之于政敌。

徐知诰在做好了一切准备后，于吴大和元年（929），派人以吴主的名义召徐知询入朝辅政，以取代徐知诰。权力欲极强的徐知询竟信以为真，自投罗网，不但来到广陵，而且还住在徐知诰家中，遭到了软禁。然后徐知诰又派亲信将领赴升州接掌徐知询的兵权，这样吴国的军政大权就完全落到了徐知诰的手中。

顺便交代一下，吴王杨渭病死后，由杨行密四子杨溥继位，并且在徐氏家族的操纵下，登上了皇帝的宝座，史称吴睿帝。

徐知诰扫清了篡吴的全部障碍后，剩下的只是时间问题了。由于吴主勤勉谨慎，并无大过，骤然禅代，人心不服，所以徐知诰只好耐住性子，逐步创造条件，等待时机。这就是徐知诰掌握大权后，吴国仍然能够名存实亡地延续六年之久的原因。

首先，徐知诰也学徐温的样子，以长子李璟为司徒、同中书门下平章事、知中外左右诸军事，留广陵辅政，自己则出镇金陵，总揽全部军国重务。接着，他又学三国曹操的样子，派人指使吴王加其为尚父、太师、大丞相、大元帅、齐王，赐九锡，备殊礼；然后

大齐通宝

他又假意不愿接受，再三推辞后，除尚父、太师、殊礼外，其余照单全收。不久，他又建天子旗号，并于吴天祚元年（935）建立了齐国，将吴国境内的升、润、宣、池、歙、常、江、饶、信、海等

十州作为齐国辖地，由他直接统治。此举将一个吴国分割得支离破碎，无论将来国内发生什么情况，徐知诰都可立于不败之地。为了防止吴国宗室的反抗，他又设计铲除了素有才能的临江王杨濛。为了安抚人心，他对吴国老臣旧将关怀备至、谦恭有加，对下礼贤下士、抚慰百姓，获得了许多人的好感，人们无不称颂其德。

经过长期的经营，徐知诰认为时机成熟了，于是指使吴国德高望重的老臣、镇南节度使、太尉兼中书令李德诚，德胜军节度使兼中书令周本出面劝进；此外，南方的一些小国如南平、闽国等，也遣使劝进。于是在吴天祚三年（937）十月，徐知诰接受吴禅，登上了皇帝宝座。由于他自称是唐朝后裔，所以国号仍称唐，史称南唐，建元昇元，都城改在金陵（即升州）。将吴睿帝迁于润州丹阳宫软禁起来，后来又派人将他杀死。杨氏家族的其他人被迁到泰州（治今江苏省泰州市），囚禁于永宁宫，严加看管，也不许与外人通婚，以致时间久了，同族男女自为匹偶，"吴人多哀怜之"。

·先主李昪身世之谜·

南唐建立后的第三年，即公元939年，徐知诰正式更名为李昪。

关于这件事的发生，也很有戏剧性。这年正月，徐知证、徐知谔兄弟上表请求他恢复李姓，李昪没有同意。不久，宰相宋齐丘、张居咏、李建勋与枢密使周宗等人纷纷上表请复李姓，李昪表示不敢忘徐氏养育之恩，也没有马上答应。这一时期据说江南一带流传童谣说："东海鲤鱼飞上天。"东海，徐氏家族的郡望——海州

（治今江苏省连云港市西南海州镇）；鲤，指李氏，意思是说李氏出自徐氏而成为皇帝。这件事也成为李氏应该恢复姓氏的征兆，于是李昪下令命百官讨论复姓之事，朝臣自然深知皇帝的心思，于是纷纷表示应当顺应民心，马上恢复李姓。在朝野上下一致的呼吁下，李昪只好顺应民意，同意恢复李姓了。这个问题集中地体现了李昪行事谨慎的一贯作风。其实利用民间谶纬做自己想做的事，在我国历史上可以说比比皆是，李昪只不过是沿用成规而已。当年他取代杨氏统治，建立南唐政权，就已经这样做了。

在其即将取代吴国杨氏统治前夕，就有一首民谣在乡野水泽、城中坊市四处流传：

江北杨花作雪飞，江南李花玉团枝。
李花结子可怜生，不似杨花无了期。

所谓"杨花""李花"，自然是指杨氏家族与李氏家族。所谓"江北""江南"，当时吴国都城在广陵，地处长江以北；李昪居住在金陵，位于长江南岸。李花盛开，可以结子坐果，不似杨花纷纷扬扬，四处飘散，没有结果。这种意在说明李氏兴、杨氏衰的民谣，到底是怎么产生的？谁也说不清楚，也难保有人故意散播，为政治服务。

李昪处心积虑地恢复其唐朝宗室后裔的身份，到底有何依据？其实这也是一个历史之谜，连李昪本人也说不清楚。据载，李昪小名叫彭奴，家住彭城（今江苏省徐州市）。六岁时就已失去了父亲，与母亲随其伯父流落到濠州。不久，其母也死去了，李昪遂成为流浪孤儿，被寄养在濠州开元寺。杨行密攻下濠州，遇见了李

无为夜宴的君主

昇，见其生得伶俐可爱，便收其为养子。但是杨行密的儿子们却看不起这个来历不明的流浪儿，欺侮自然是难以避免的。在这种情况下，杨行密只好找来徐温，说："此儿相貌非凡，我看杨渥兄弟终不能容他，只好请求您收养他了。"于是李昇遂成为徐氏之子，改名徐知诰。

关于其生父是谁，也是一个很难搞清楚的问题。文献记载也是五花八门，有的记其父为李荣，这一时期有两个李荣，一个无所事事，不知所终；另一个则英雄任侠，被杨行密攻杀。这两人都自称是唐朝后裔，到底哪一个为李昇生父，就搞不清楚了。关于李昇生父，还有三种说法：其一说李昇的生父是徐州判官李志，此人为唐朝宗室远支；其二说其父为唐朝的嗣薛王李知柔之子，换句话说，李昇为李知柔的孙子；其三说李昇本姓潘，湖州安吉县（今浙江省安吉县安城镇）人，其父为安吉砦将。现在看来，这些记载皆不可靠，倒是正史对此比较谨慎，如《旧五代史》说："李昇，本海州人，伪吴大丞相徐温之养子也。"而不提其生父到底是谁，因为以上说法皆缺乏可靠的根据，不如不用。宋代大文豪欧阳修所撰的《新五代史》则说：李昇"世本微贱"，也不采用他出自唐朝宗室苗裔的说法。北宋时还流行一部现已亡佚的史书，即《十国纪年》，著名史学家司马光修撰《资治通鉴》时曾采用过它的资料，因此还有一些片段保留至今。该书在记载李昇家世时说：其少孤而遭遇世乱，"莫知其祖系"。应该说这种记载是值得肯定的，事实是连李昇本人及其养父徐温皆搞不清其家世情况，后人又如何得知呢？

在李昇世系问题上出现的这些现象，在五代十国时期的统治者身上或多或少地都存在过，有的是家世低微，发迹以后遂胡乱冒充前代名族之后裔；有的则是因为家世微贱，史失记载。如南汉皇帝刘氏的家世，有说其为波斯商人的后裔，有说其出自岭南少数民族，有说其为汉高祖刘邦的后世子孙。再如吴越钱氏，本来出身于农家，钱镠本人为无赖，封王后需要找一个阔祖先，可惜历史上姓钱的名族甚少，找来找去，找到了唐初功臣钱九陇，殊不知钱九陇乃是家奴出身。因此，当钱镠的儿子文穆王钱元瓘听到李昪以唐为国号后，吃惊地说："金陵冒充巨唐后裔，这也太吓人了吧！"他的谋士沈韬文回答说："这就好比乡间学舍中有人姓孔，人则谓云孔夫子，又有什么可奇怪的？"钱元瓘大笑，赏以酒。

李昪既然自认是唐朝宗室苗裔，当然需要排定世系，关于这个问题，《资治通鉴》有一段记载，颇能发人深思，其大意说：李昪打算认吴王李恪为祖先。有人说李恪被诛而死，不如以郑王李元懿为祖。于是李昪命令有关部门考证二王苗裔，认为吴王的孙子李祎有功，李祎之子李岘在唐朝当过宰相，于是便确定吴王为其祖先。其世系从李岘开始算起五世至李荣。"其名率皆有司所撰"。李岘在唐肃宗时为宰相，其子李孝孙以下之人史失其载。故这里所谓"其名率皆有司所撰"，当是指李孝孙与李荣之间的数代人名。

关于吴王李恪之死，这里需要稍做介绍。李恪为唐太宗第三子，其长兄李承乾被废去太子位后，晋王李治被立为太子，但李治性格懦弱，深为太宗所不满。由于李恪的二兄楚王李宽被过继给别人，李恪在兄弟中排行最前，其母杨妃为隋炀帝之女，出身帝室，血统高贵，加之李恪英武又有文武才，唐太宗认为他很像自己，所以曾打算立其为太子。宰相长孙无忌为了能使自己的亲外甥李治保住太子之位，坚决反对改立太子，遂使此事作罢。李治即皇帝位后，史称唐高宗，长孙无忌为了根除后患，便利用驸马房遗爱谋反之案，诬陷吴王李恪也参与其事，致使李恪含冤而死。

被认为有功的李恪之孙李祎，确是一位战功卓著的人物。在唐中宗、睿宗时期，李祎历任诸州刺史，政令严明，人甚敬畏。唐玄宗开元时，李祎历任左金吾大将军、礼部尚书、朔方节度使。曾率军攻取了吐蕃设防严密的军事要地石堡城（今青海省湟源县西南哈城东石城山大方台），在河、陇一带拓地千余里，迫使吐蕃收缩防线。又曾率大军大破契丹、奚两族，俘获甚众，以功迁兵部尚书。李祎的爵位是信安郡王，天宝时病死于长安家中，终年八十余岁。

除了这些原因外，吴王李恪身具隋唐两朝皇室的血统，大概也是李昪最终确定其为祖先的一个重要原因。

·雄心勃勃的统一之梦·

李昪虽然当了南唐的皇帝，但是他并不满足仅仅割据于江淮地区，而是胸怀大志，希望能够重新统一全国，重振大唐威势。在这方面李昪做出了很大的努力。

他深知欲成大事，首先在于得人，因此把招纳人才作为首要大事来抓。早在李昪任职于升州时，就非常注重收揽人才，不论出身门第如何，都能以礼相待。南唐著名大臣宋齐丘就是此时慕名投奔而来的。此人少习儒学，又学纵横之术，善机变，多谋略，但家境贫寒。李昪与其交谈后，一见如故，非常欣赏其才干。他们经常交谈到夜晚，有时在亭间无人处，有时在高堂之内，撤去屏障，中间置一大炉，相对而坐，不言，而是用铁筷子划灰为字，随后抹去。因此其所谋之事，众人莫得而知。可见李昪对宋齐丘的倚重程度。但是宋齐丘其人，性格狂狷不羁，往往一言不合便提上衣箱拂袖出秦淮门而去，每到这时李昪都礼让谢罪，才使其留了下来。故南唐人将他们的关系比之为"刘穆之之佐宋高祖"。他在辅佐李昪取代吴国、建立南唐方面，做出了很大的贡献。

李昪在广陵辅政期间，在府内置延宾亭，以招纳四方之士。他还在吴国的边境地区设司守使者，当时中原大乱，士人们南下避乱的很多，司守使者凡见到形状奇伟者，便引见给李昪。不论是慕名而自来者还是被物色来者，李昪都亲自接见，"语有可采，随即升用"，授之以官；不太中意者，也能以礼相待，赠物遣送。李昪的这套招贤方针获得了很大的成功。旧史记载说："是时中原多故，名贤耆旧皆拔身南来。……即至，縻之爵禄，故北土士人闻风至者无虚日。"不少北方有学问、有才干的人士都是这一时期来到江淮的，除了韩熙载外，还有史虚白、孙晟、常梦锡等一批人。这批人中有不少人在后来篡吴建唐中发挥了极大的作用，建国后又成为李昪及其子孙的重要僚佐。

徐温死后，李昪出镇金陵，又将招贤机构迁到这里，并扩大为招贤院，在其中备置了各种琴棋游弈之具和大量的典籍、文物，以便这些贤士们能够讲古论今，评议时事，研究学问。这一时期陆续前来投奔的人有江文蔚、卢文进、李金全等文武干才，今福建境内的闽国人士吴光也率部众万人来投。吴国境内的所谓隐逸之士也坐不住了，纷纷出山应召，进呈治国治民之策。南唐建立以后，继续执行这个政策，终其世而不衰。当然这一政策也存在一些不足，就是所选用的多为经义法律方面的人才，对文学辞章之士则关注不够，后来南唐开科举取士，才弥补了这方面的不足。

其次，节俭惜用，发展生产。先主李昇来自民间，深知百姓困苦，故其当政以来，颇能念惜物力之艰辛，不轻易动用一金一木。他建都金陵之后，并未大兴土木营建宫室，只是在原府第的基础上稍加修缮，至于女伎、音乐、园苑、器玩之类，一无所增。不仅住处如此，就是平时穿用也非常俭朴，常穿草鞋布衣，盥洗之具皆为铁制，就寝之处挂青葛帷帐，所用宫女皆是老丑妇人。不仅自己如此，就是对子女也要求颇严，力戒生活奢侈。有一次，其长子李璟欲用杉木做板障，有关部门上奏先主，李昇在奏章上批道："杉木不乏，只是应该用来制造战舰，板障以竹代之可也。"这种节俭的作风直到其晚年仍坚持不变，尽管财物山积，也不许滥用。

在发展生产方面，采取了轻徭薄赋的政策，希望通过减轻农民负担，来促进农业生产的发展。他早在吴国辅政之时，就已经开始推行这种政策。以当时最主要的税种两税法为例，唐朝自实行两税法以来，地税交实物，户税收钱帛，而吴国则统统征收现钱。这样就迫使农民必须把收获物拿到市场去交易，从而换得现钱完税。而物价是在变化的，容易造成农民负担的加重。吴顺义二年（922），宋齐丘建议准许农民户税以谷帛折现钱，并且还要虚抬物价，比如当时每匹绢市价五百文，抬为一千七百文；每两棉市价十五文，抬为四十文。这样既方便了农民缴税，又等于减轻了农民的负担。此议一经提出，朝议哗然，认为将亏损税收亿万钱。但李昇却认定这是"劝农上策"，力排众议，立即施行了。与此同时，他还免除了农民的丁口之税。这种政策实行的结果是，不到十年，江淮地区出现了"野无闲田，桑无隙地"的大好局面。

南唐建国后，于昇元五年（941）实行丈量土地面积，以耕地的肥沃程度确定税额的办法，以解决赋税负担不均的问题。具体实行的结果，"民间称为平允"，可见也获得了农民的拥护。他还改革盐法，解决百姓吃盐困难的问题。对于商税也进行了改革，主要是免去过往商贾的关口之税，未交易者不缴税，从而减轻了商税税额，促进了江淮地区商业的繁荣发展。徭役历来都是百姓的一项沉重负担，尤其是农忙时节让农民承担力役，极不利于农业生产的正常进行。李昪采取了尽量不征或者少征力役的政策，尤其是在农忙时节禁止征发力役，对保障农时起到了有效的作用。至于灾年赈济百姓，更是其经常性的政策，甚至对邻国百姓因灾荒逃亡到南唐境内的，也进行赈济安置。

再次，整肃吏治，严明法律。自唐末以来，由于战乱频频，故武人跋扈，把持政权，欺侮文人。在这一历史时期，无论是中原王朝还是南方各国多实行重武轻文的政策，而李昪却反其道而行之，重用文士，开始逐渐扭转这种风气。

他从打击武人的跋扈气焰入手。吴国元老柴再用，功勋卓著，资历很老，甚至超过了徐温。李昪辅吴期间，发生了两件事：一件是柴再用戎服入见吴主；另一件则是其养父徐温以兵仗相随，入朝觐见。这些都是武人跋扈的表现，也是国家制度所不允许的。柴再用曾是李昪的上司，徐温则是其养父，因此这是两件非常棘手的事情。尤其是柴再用，在遭到御史弹劾的情况下，不仅不服，还大吵大闹。李昪决定采用自劾的办法来警诫柴再用。他故意违犯朝仪，然后上表自劾，罚俸一月，使柴氏及朝野上下大受震动，从而打击了武人的傲气。对徐温之事，他上奏吴主说："徐温虽然是臣的父亲，且素怀忠义，但节帅入朝，无有以兵仗自随之例，整顿此风，请从臣父开始。"于是吴主下令徐温入朝不得再自带兵仗。由于这两件事处理得体，在一定程度上打击了吴国其他将领的专横气焰。

此后他逐步起用文人担任从中央到地方的各级官吏，对武人的权力进行诸多的限制，使得江淮地区逐渐形成了重文轻武的新风尚。据载，宋太祖灭亡后蜀，其主孟昶入见，太祖问曰："卿在蜀有人跋扈吗？"答曰："虽有不忠之人，只是无因可动。"宋太祖又问："这是为何？"回答说："武臣统兵在外，不能过问地方政务，藩镇节帅，全用儒士充任，武臣不能掌管钱谷。"南唐后主李煜降宋后，宋太祖又问道："卿在故国，采用何种办法管理钱谷？"李煜回答说："州郡政务由地方官专掌，武臣不能过问，并不能亲理钱谷。"可见直到后主末期，仍坚持此法。北宋实行重文轻武，所采取的一些措施，不同程度地借鉴了后蜀、南唐经验。正因为如此，终南唐之世，未再发生过武人跋扈之事。宋军包围金陵之时，洪州节度使朱令赟统领十五万大军据长江上流，就是在此种危急的情况下，后主一纸诏令颁下，朱令赟不敢违背，明知危险重重，也不得不率军东下救援金陵。可见南唐控御武人的方针是非常成功的。

整肃吏治的另一个方面，就是吸取历史教训，防止宦官与外戚专权。李昪规定不用外戚辅政，不许宦官参与政事，也不准后宫参政。他对这些规定执行得颇严，由其妃种氏之事可知。种氏深得先主恩宠，服饰乘御仅亚于皇后，专宠于后宫，其他妃嫔很少能接近皇帝。自从她生了江王以后，先主更加宠爱。有一天，先主偶去长子李璟宫，见他正在调理乐器，李昪大怒，一连数日斥责不休。种氏见有机可乘，遂向李昪进言说江王李景邃的才干超过李璟，欲使自己的儿子取代李璟元子的地位。李璟听后严厉地说："子有过，父戒之，这是常理。国家大事，女子如何可以参与！"当时就令内臣将种氏拉至廷下，脱去簪珥，囚禁于别宫。数月后，令其削发为尼。李昇不以私爱而废法，确属难能可贵。李昇皇后宋氏之侄宋谔，官不过参军而已，这在历代外戚中是极为罕见的事情。

李昇的这些行为得到了历代史家的赞赏，宋代著名史学家司马光曾称赞说："不以外戚辅政，宦官不得预事，皆他国所不及也。"

李昇还十分重视完善法律，曾颁布过《升元条》三十卷。对于官吏则要求严格执法，废除酷刑暴政。鄂州节度使张萱，因一卖炭者所卖炭不够斤数，竟然将卖炭者处死。李昇闻知后，认为这是轻罪重判，遂将张萱贬官调任。并规定凡决死刑，用三覆奏之法。不仅如此，他还在金陵设置了清讼院这一机构，专门负责复核已审理过的案件，尽量减少冤案的产生。有一豪民丢失了值数十贯钱的衣物，诬陷邻居盗去，当地县令严刑拷掠，屈打成招，将处以死刑。李昇得知后，急命萧俨复审，终于辩冤昭雪。有时他还亲自参与审案。他在巡幸广陵时，曾亲自复核狱囚，逾月而归。他的这种做法直到其中主、后主时，仍然继续执行。历史上将皇帝亲自审案称为亲录制度。这一制度虽非南唐独有，但像南唐这样长期执行的却比较少见。

李昇推行这些政策的目的，就是要使南唐迅速富强，为将来的统一大业奠定坚实的基础。为了达到这一目的，李昇制订了一个详细的战略计划，概括地说，就是先北后南，将战略重点放在北方，一旦中原有变，则不失时机地出兵北上，夺取中原后再回头平定南方诸国，进而完成统一大业。他的战略部署是建立在这样的分析基础之上的：当中原有变，南唐大军北伐时，南方诸国必不敢轻举妄动,最起码闽、楚、南汉、南平等国不敢也无力妄动,至于吴越,虽投靠中原王朝,但在中原大乱、靠山动摇的情况下,继续与南唐为敌的可能性不大,即使其出兵袭击南唐,也比较容易对付。后来后周南征江淮,南唐在北线连吃败仗,尚能击败吴越来犯之军,足以证明李昪的这种分析是可靠的。反过来,如果南唐先吞并南方诸国,则中原王朝必然发兵进攻,扸南唐之背脊,将会形成两面夹击的态势。在整个五代十国时期,除了周世宗外,极难见到如此高明的战略家,即使后来的宋太祖也未必能超过李昪。

为了执行这个战略计划,李昪制定了息兵安境的睦邻方针,即与南方邻国保持良好的关系,不轻动兵端,以免消耗自己的实力,影响统一大局;把注意力放在发展经济、增强国力上,"俟时而动"。

南唐经过多年的发展,经济实力有所增强,兵食有余。于是有许多大臣争先恐后地进言,主张出兵北上,恢复旧疆。李昪认为时机还不成熟,轻动兵端,害民误国。南汉国曾经遣使南唐,商议两国共同出兵攻楚,事成后平分其地。李昪予以拒绝。昪元六年(942),杭州发生大火,吴越的宫室器械焚烧殆尽,吴越国王钱

南唐先主钦陵墓室入口

李昪墓出土的男俑

元瓘受惊吓而死，国力大受削弱。在这种情况下，就连老谋深算的宋齐丘也沉不住气了，力请出兵吴越，诸将也摩拳擦掌，奋勇争先。李昪不但不乘机出兵进攻，反而派遣使者吊问，并厚赠金帛钱物。对此很多人都表示不能理解，李昪解释说："钱氏父子长期以来尊奉中原王朝为正朔，如果轻易出兵攻伐，定会引起中原的反对，必然使战争连年不断，百姓受害，国力受损，得不偿失。不如与吴越、闽、楚三国和睦相处，将其作为我国屏障。"

经过李昪精心治理，南唐在经济、政治、文化、教育等方面都取了很大的发展，成为南方诸国中最为强盛的国家。南唐进可以攻，退可以守，财力丰厚，仅德昌宫就贮藏了金帛器械七百余万件。如果李昪之子李璟能够严格执行既定方针，那么日后统一中国的就不一定是中原王朝了。可惜的是，李昪也迷信长生之术，服食丹药，毒发身亡。继位的中主李璟改变了他的施政及战略方针，进攻邻国，穷兵黩武，不但失去了北伐中原、统一天下的最好时机，而且还导致了南唐国力的衰落。这些都是后话了。

·复杂的宫廷斗争·

李昪死于昪元七年（943）二月二十二日，临死前他对儿子李璟再三叮咛说："千万不可自恃富强，穷兵黩武，自取覆亡。你能按我说的话办，就是孝子，百姓也会认为你是贤君！"当时他咬住了李璟的手指，以至于出了血，再三强调说："他日北方有事，勿忘吾言！"就是要李璟一定执行自己制定的战略方针，完成统一大业。当然李昪也没有忘记告诫儿子，汲取自己的教训，说道："吾服金石，欲求延年，反以速死，你应当引以为戒！"

李昪终年五十六岁，谥号"光文肃武孝高皇帝"，庙号烈祖，葬于永陵。

李璟是李昪的长子，字伯玉，最初名景通，后改为瑶，又改为璟。其生母宋氏，即所谓元敬皇后。即位的当年三月，改元保大。李璟与他父亲不同，自幼生活优裕，受到良好的教育，加上其天资

南唐先主钦陵中室后壁石雕

聪慧，风度优雅，颇具文学之才。从文献记载看，李璟应该是一个美男子，性格温和，待人宽厚。由于其父的原因，李璟十岁时就被授予驾部郎中的官职，以后又升为诸卫大将军。不过，这些都是虚衔，并不理事，在更多时间内他只是和一些文人墨客谈文游乐而已，还没有在政治舞台露面。

这种优裕的日子一直过了六年，在李璟十六岁时，他终于在政治舞台亮相了。吴大和三年（931），其父李昪出镇升州，任命李璟为司徒、同中书门下平章事、知中外左右诸军事，留在广陵辅政。这担子对于一个十六岁少年来说，似乎有些太重了，不过不用担心，老谋深算的李昪并不想给自己年少的儿子太多的负担，决策大权仍然操控在自己手中，具体政务的处理则留下宋齐丘来负责。因此，李璟这一时期在政治上并无什么建树，但也不是一个可有可无的角色。由于李璟性情恭顺、温和，易于相处，所以上对吴睿帝，下对群臣，他都是一个大家乐意接近的人。这种状况有利于政治局面的稳定，从这个意义上看，李璟倒是辅政的最合适的人选。

李璟的妻子钟氏后来被立为皇后，即光穆皇后。李璟八岁时成婚，之所以如此早地结婚，完全是出于政治交易的需要。其岳父是徐温部将钟泰章，当年徐温与张颢发生冲突时，曾指示钟泰章刺杀了张颢。但事后徐温对待钟泰章极为刻薄，引起了其极大不满，经常借酒发疯，大发牢骚。徐温自知有负于钟泰章，遂命李昪为李璟娶钟泰章女为妻。这桩婚事虽有浓厚的政治色彩，然钟氏性情贤淑，与李璟倒也情投意合、相得益彰。

南唐建国以后，李璟被任命为诸道副元帅、判六军诸卫事，封吴王，后又改封齐王。尽管李璟贵为皇长子，但却一直没有被立为太子。李昪曾数次要立其为太子，然李璟却执意推辞，不愿接受。李璟的这种态度一方面是因其性情谦和，与世无争，不愿与诸弟因此事而发生矛盾；更深层次的原因，则是与宫廷内部的斗争有关。

李昪一共五个儿子，长子李璟，次子景迁，三子景遂，四子景达，五子景逿。前四子均为皇后宋氏所生，只有第五子景逿为前面已经提到的种氏所生。在这些儿子中，李昪最宠爱是四子李景达。

李景达的得宠颇有点戏剧性。他出生于吴顺义四年（924），这年吴国境内大旱，辅政的李昪心中十分焦急。直到七月，仍不见降雨。这月中旬，李昪祷神祈雨，居然成功了，下雨的这一天，李景达正好降生。李昪非常高兴，遂给他取了个小名"雨师"，也就是雨神的意思。说来也巧，李景达成人之后，果然与其喜爱文学的兄弟们颇不相同，气宇轩昂，办事果断，颇有魄力。这种才干与性格也深获李昪的赏识，因为五代十国时期，干戈攘扰，治国之君多以武略见长。李昪虽然推行招揽文士、发展文化的政策，但这不过是稳定政局的需要，他心里十分清楚，当前还不是偃武修文的时候。他之所以不喜欢李璟，就是因为他生性懦弱，书生气太足，且易受人蛊惑。太平时期需要仁爱宽厚之君，乱世则需要英武果敢之主。担心自己毕生经营的事业毁于一旦，是李昪最不放心李璟之处，从其临终前再三强调的那些话，也可以看出他的这种担心。

李昪虽然希望有一个铁腕人物来继承自己的事业，但是"立嫡以长"的传统又使他难下决断，万一立李景达为嗣君而引起诸子争位，致使国内从此不宁，这种局面也是他所不愿看到的。这种国无储君状况的长期延续，使得局面越来越复杂，并且使一些大臣也卷入到这场矛盾中来了。

卷入此事的主要是南唐的元老重臣宋齐丘。此人虽与李昪关系亲密，但却是一个事事为自己打算的人，因此两人之间很难建立真正的友谊，不过是互相利用而已。

宋齐丘看出李昪绝非是任人摆布之人，为了自己的长远利益，他早在李昪谋图篡吴之时，考虑到李昪年近五旬，不能持久，就已开始物色李昪的接班人了。李景达为人刚直，看不惯宋齐丘及其党羽的作为，宋齐丘自然也不会支持他为嗣君，加之晚年的李昪也改变了主意，册立李景达为太子的事遂无疾而终了。

宋齐丘看好的人选是李昪的次子李景迁。此人美姿仪，风度潇洒，甚得李昪的钟爱。宋齐丘指使其同党陈觉为景迁教授，到处为景迁美言。李璟在广陵辅政期间，宋齐丘为其副手，有功则归于自己，有过则归于李璟，并且盛称景迁美德。他甚至反对李昪急于篡吴，因为吴睿帝年轻而李昪年老，若推迟禅代，至李景迁时再代吴，他就是国之元老，可以获得无上的权威。此事引起了李昪对他的极大不满，同时也对李璟失去了好感，于是便把李景迁派往广陵辅政，代替了李璟的地位。同时宋齐丘也被召回金陵，作为李昪的副手，实际上是闲置起来了。李昪重用李景迁，正中宋齐丘的下怀，说明李昪并未完全看透宋齐丘的用心。但是好景不长，李景迁十九岁时因病亡故，使宋齐丘的努力付之东流，于是他只好另外物色人选了。

宋齐丘这次物色的人选便是李景遂，此人轻财好客，敬贤礼士，交往很广，宴集无虚日，因此很得人心。此外，李昪也对李景遂产生了浓厚的兴趣，在这一点上他与宋齐丘倒是完全一致，只是两人的目的不同罢了。

为了使事情能够成功，宋齐丘格外小心，尽量不露声色，往往指使同党在暗中活动，自己并不出面。但是由于李昪在立嗣问题上还未下最后的决心，加之他一心求长生之术，自以为还有时间解决这个问题，所以直到病危也没有采取行动。宋齐丘之辈也只好耐住性子，等待事情的变化。

天有不测风云，人有旦夕祸福，李昪的突然病危，将他本人及宋齐丘辈都搞了个措手不及。当李昪发现自己病危时，秘而不宣，急忙派人前往扬州召回镇守在那里的李景遂。当时宫中的医官吴廷绍为李昪诊病，知其将不久于人世，又见其命人去召李景遂，于是密告李璟，李璟派人一直追到金陵城的秦淮门外，才将诏书追回。然后又抢先入宫探视父亲，李昪见来人不是李景遂，知道事情有变，但也无可奈何，只好将后事托付给李璟。这位通风报信的医官，后来突然升任内职，便是李璟对他的回报。

有记载说李昪临终希望召见的人不是李景遂，而是李景达，这种说法是不可靠的。因为其诸子中只有李景遂在扬州镇守，李景达当时就在金陵，根本用不着出秦淮门到扬州送信。

李璟虽然先赢了一着，但是宋齐丘及其同党支持的李景遂势力颇强，不容他轻视。因此遗诏迟迟不能宣布，一直拖到二月二十八日，即李昪死后第七日才宣布。直到三月一日，李璟还没有即皇帝位，而是哭泣着要让给诸弟。这就说明当时斗争非常激烈，有人坚决反对，有人支持，双方相持不下，以至于老皇帝死了将近一旬，新皇帝还迟迟不能即位。这种情况与古人所说的"国不可一日无君"大相径庭。支持李璟的大臣见情况紧急，只好采取了坚决的措施，徐玠与周宗二人来到李昪柩前，取来衮冕，不由分说，为李璟穿戴完毕，然后当廷大声说："大行皇帝把江山托付给殿下，而殿下固守小节，这不是遵守遗旨、力尽孝道的行为！"李景遂与宋齐丘等见事已至此，大势已去，只好暂时作罢。

不过李璟一方为了使事情顺利进行，还是做了一些让步，答应立李景遂为皇太弟，也就是说他可以在李璟死后再即帝位。为了使对方放心，李璟与兄弟们在其父灵前盟誓，约定兄弟世世继立。南唐周文矩所绘的《重屏会棋图》描绘的正是李璟与其弟景遂等兄弟四人会棋的情景。

围绕着皇位的争夺战终于告一段落。为了掩盖兄弟争位的真相，李璟当时并没有立即册立李景遂为皇太弟，而是在保大元年七月，先封李景遂为齐王，拜诸道兵马元帅、太尉、中书令，居住在东宫。这实际上就等于向全国公开了兄终弟继的决定，以稳定李景遂之心。到了保大五年（947），才正式册立李景遂为皇太弟。

李景遂与宋齐丘的这些作为，为以后死于非命埋下了隐患。李璟即位以后，便找借口罢去了宋齐丘的相位，并将其赶出了朝廷，以发泄胸中的怨气。但是宋齐丘在朝中经营多年，党羽甚多，势力很大。后来陈觉与李景遂合谋，要求召回宋齐丘。李景遂甚至亲自出面说项，李璟无奈，遂命李景遂前往青阳（今安徽省池州市青阳

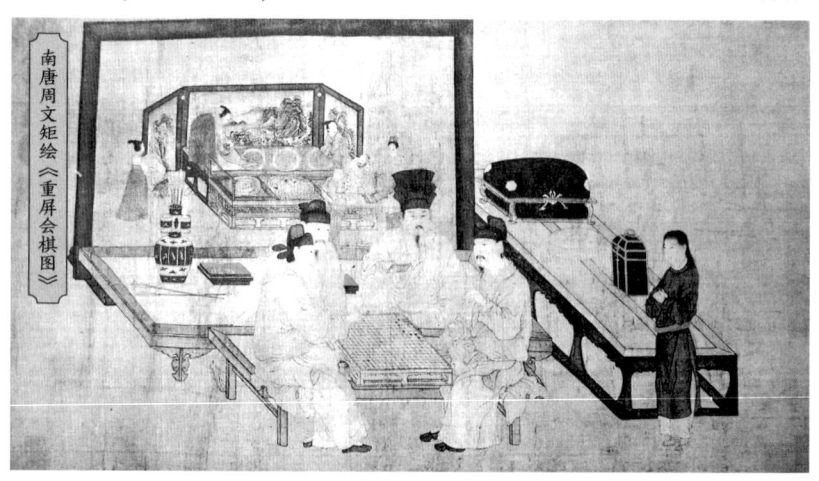

县），召回宋齐丘，拜为太傅，但不给他实权。保大末年，后周进攻淮南地区，南唐朝野上下人心惶恐。陈觉等人认为机会来临，乘机发难，要求李璟让位给李景遂，并把国政交由宋齐丘掌管。当然这种企图没能实现，却使李璟更加痛恨李景遂与宋齐丘。宋齐丘后来被囚禁，并且饿死于家中，陈觉等人遭到了清算，其实矛盾的形成由来已久。

宋齐丘党失势后，李景遂失去依靠，无奈之下，只好主动请求归藩，也就是让出皇太弟之位。李景遂在这个位子上前后十二年时间，放弃也是不得已的选择。此时李璟的地位已经巩固，用不着再故作姿态，于是便坦然地立自己的儿子李弘冀为皇太子，原来发过的兄弟世世相继的誓言不作数了。

李景遂在此时归藩已经太迟了。不久，李弘冀便设法毒死了他。对此，李璟根本不予追究，反而相信李弘冀指使人散布的其升仙而去的鬼话，不过是顺水推舟而已，对于真实情况是心知肚明的。

·混乱的南唐政局·

在先主李昪统治时期围绕着皇位继承而展开的这场争斗中，韩熙载的态度如何？史籍中未见记载。不过在南唐建立之初，先主授其秘书郎之职，长期在李璟手下供职，应该算是李璟藩邸旧僚，两人关系应不同寻常。陆游的《南唐书·韩熙载传》说：他"在东宫谈笑而已，不婴世务"，可见这一时期他基本上是不问政事的。韩熙载不问政事，是由于这一时期他官职低微，无法参与政事，并非不关心朝政，因此在这场争位的斗争中，他基本上发挥不了什么大的作用。但是，这并不等于他没有倾向性，从李璟刚即皇帝位就授他为虞部员外郎、史馆修撰、兼太常博士等职看，对他还是非常器重的，如果韩熙载完全超然于事外，丝毫没有倾向性，李璟也不会如此善待他。因此，韩熙载知恩图报，积极地参与朝政，"所当施行者，展尽无所回隐"。但是这样一来，便使自己卷入政治斗争的旋涡中去了。

在叙述韩熙载如何陷入政治斗争的旋涡之前，有必要将保大初期南唐的军事、外交大势稍加回顾。

李璟即位初期，南唐的周边局势比较稳定。当时割据于今福建的闽国，由于与中原王朝、南汉、吴越等邻国交恶，国内政治斗争不息，一片混乱，所以对南唐这个邻国有意结好。当年李昇代吴建唐时，闽国也曾遣使劝进，此时其国内乱成一团，自然对南唐构不成什么威胁。割据于今两广的南汉，长期以来对割据于今湖南的楚国虎视眈眈，总想夺取其疆土。在这种情况下，当然也不愿与南唐交恶。至于南唐的另一个邻国吴越，曾经是吴国的宿敌，双方之间一度战争频频。李昇辅吴期间，多次对吴越示好，并且归还了在历次战争中俘获的吴越将士，吴越投桃报李，也送回了擒获的吴军将士。李璟即位之时，双方的关系虽不十分亲密，但仍维持着原来的局面。楚国自其创建者马殷死后，诸子争位，内乱不息，也对南唐构不成任何威胁。至于后蜀、南平等国，皆与南唐长期以来相安无事，且后蜀与南唐并不接壤，不存在任何利益冲突。如果李璟能始终遵守其父制定的政策方针，练兵聚粮，等待时机，南唐的国势也不至于迅速衰落。

在南唐国内的政坛上，这一时期基本是宋齐丘一党独大，气焰十分嚣张。韩熙载为了报答中主李璟的知遇之恩，评议朝政，无所隐讳，这样就得罪了执政的宋齐丘及其党羽，除了宋齐丘外，冯延巳、陈觉等人对其尤为痛恨。不过李璟却对韩熙载非常赏识，命其权知制诰，就是负责诏书的起草工作。旧史记载说：韩熙载所撰诏令，文字典雅，"有元和之风"。元和是唐宪宗的年号，是唐朝后期文学比较繁荣的一个时期。韩熙载的才华得以展露，应该说是从这个时期开始的，从此其文名大振，在江南一带颇具影响。

南唐国力的衰落，应该是从伐闽战争开始的。对于这场战争的发动，韩熙载持什么态度？史无明载。不过从南唐战败后，他上表要求追究战争的发动者陈觉和冯延鲁的责任、严惩不贷的态度来看，韩熙载是反对发动这场战争的。对于这场得不偿失的战争，其责任并不完全在宋党，中主李璟应负主要责任。

李璟即位之初，尚能留心政事，文献记载说："元宗（李璟的庙号）天性谦谨，每接待臣下，恭慎威仪，动循礼法，即使对待地位低下的官员，也是如此。夏季天气炎热，欲穿便服接见诸学士，一定先派遣宦官事先宣谕，然后再接见。对宋齐丘、李建勋等老臣，从不称呼其名。"还有记载说："中主虽然洞晓音律，但是却不沉迷其中。生活奢俭适中，搜访贤良，训练士卒。政无大小，咸必亲躬。"在听政之闲暇，经常召见公卿，议论或咨询政事。当时人皆欢欣鼓舞，以为国家将会得到更好的治理。但是李璟性情懦弱，向无主见，缺乏驾驭全局的能力。用南唐重臣李建勋的话来说："上宽仁大度，优于先帝，但性习未定，宜得方正之士，朝夕献替，不然恐怕未必能守先朝基业也。"可惜的是，李璟恰恰缺少这样的股肱之臣辅佐。他虽有韩熙载这样的人在身边，但其地位尚低，发挥的作用自然有限，而宋党势力又很大，且多处于中枢决策的地位，因此南唐政局的混乱不可避免了。

伐闽战争实际上是宋党倡议发动的。这时闽国富沙王王延政拥兵占据建州，称帝，国号殷，并派兵进攻闽的国都福州。不久，朱文进与连重遇合谋杀死其主王曦，朱文进占据福州，自立为闽王（后被李仁达取代），与王延政的军队互相攻击。在这种情况下，宋党认为建功立业的时机到了，枢密使查文徽首倡出兵，李璟遂任他为江西安抚使，于保大二年（944）十二月，率诸将出兵攻闽。南唐军队先败后胜，俘获了占据建州的王延政，汀、泉、漳等州相继归降，福州的李仁达也送款来附，这样就基本灭亡了闽国。但是由于李璟性格懦弱，不能严格地控御将士，最终导致了惨败。

南唐进兵之初，闽人苦于战乱，伐木开道，争相欢迎唐军。查文徽不知安抚百姓，反而纵兵大掠，焚烧宫室，闽人大失所望。保大四年（946），李璟打算就此罢兵，而查文徽、陈觉等却主张乘胜进击福州，陈觉更是自告奋勇，表示不用一兵一卒，就可劝说李仁达至金陵。可是李仁达并不听命，陈觉感到有失颜面，遂擅自调发周围数州军队进攻福州。李璟见事已至此，便增调军队，以王崇文为统帅，冯延鲁等为监军，包围了福州。李仁达无力抵御，遂向吴越求救，两面夹击，南唐军大败，死伤数万，丧失军资器械数十万。泉州降将留从效见南唐兵败，知其无力再战，遂占据了泉州，其兄杀死漳州守将，据有此州。李璟无奈，只好在这两州置清源军（治今福建省泉州市），任命留从效为节度使。留从效名义上仍归属南唐，实际上却处于独立状态，并不听南唐的调遣。保大八年（950），镇守建州的查文徽又擅自发兵进攻福州，中埋伏，本人被俘，南唐军又一次大败。

此战南唐仅得建、汀二州，却将先主李昪积蓄的巨额财富消耗殆尽，国力受到很大的削弱，得不偿失。陈觉擅自调发军队，冯延鲁轻敌浪战，本应严惩，宋齐丘等出面解救，仅贬官迁居外州而已。韩熙载上奏主张严惩不赦，反被宋齐丘等人诬陷，李璟没有主见，竟将韩熙载贬为和州司士参军，又调任宣州节度推官。如此是非颠倒，李璟作为皇帝难道不应负主要责任吗？

由于李璟的懦弱，其虽然贵为皇帝，不少人却对他不甚礼遇，尤其以宋党中人为甚，毫无君臣之礼。其即位之初，冯延巳公然在李璟面前谩骂先主李昪，将其战略方针贬得一钱不值。他说："先帝龊龊无大略，安陆之役，损兵不过数千，而痛惜旬日，甚至吃不下饭。此乃田舍翁也，如何能成大事！"有一次，李璟在宫中举行宴会，命宫伎以歌舞助兴，宋齐丘当着李璟的面，竟对宫伎动手动脚，视这位皇帝如无物。王建封居然公开向李璟提出要当宰相，弄得李璟无可奈何，对他说："你不要再惹闹了。"事情传开后，从此王建封便得了一个"王惹闹"的绰号。保大末年，南唐国势愈加衰弱，李璟常常叹息，甚至落泪。李徵古见状，大加嘲讽，说："陛下应当训练军队，打击敌人，为何只知哭泣！难道是饮酒过量了？还是想吃奶而乳母不至？"李璟闻言，气得面色惨白，而李徵古却神色自若，全然不当回事。

正因为李璟软弱，不能控御臣下，所以陈觉、查文徽等才敢擅自调发军队，穷兵黩武，从而导致了南唐兵败国弱。从这个角度看，南唐国势的每况愈下，完全是李璟治国无能的结果。

如果事情至此而止，南唐的颓势还可以挽救，然而后来局势的发展却更加糟糕。

保大九年（951）二月，楚国派掌书记刘光辅至金陵进贡，李璟待其甚厚，刘光辅密告曰："湖南百姓困于盘剥，将骄主昏，可以夺而取之。"三月，李璟派大将边镐屯兵袁州（治今江西省宜春市），准备进取楚国。十月，南唐正式进兵。楚王马希崇本来打算抵抗，当时有一首童谣曰："鞭打马，马急走。"有人便以此劝告他不要抵抗，昏庸的马希崇遂放弃了原来的主张，派人迎接唐军进入长沙。占据衡山的马希萼也投降了南唐。南唐虽然灭亡了楚国，但并没有占据全境，楚国的岭南诸州为南汉所攻占，朗州为刘言、周行逢等部所据。于是，南唐又陷入与南汉争夺原楚国岭南诸州，以及对付刘言等势力的战争之中。在与南汉的战争中，南唐军连战连败，损兵折将，伤亡惨重。而南唐在楚地的最高统帅武安节度使边镐，也是一个优柔寡断的人，由于他崇信佛教，人称"边和尚"。保大十年（952）十月，刘言派十将分路进攻长沙，边镐没有防备，仓促应战，连吃败仗，只好放弃长沙而逃。其他诸州的唐将见长沙失守，纷纷弃城逃走。此次战争的结果是：楚国岭南诸州及郴、连（治今广东省连州市）二州尽为南汉所取，其余岭北诸州全为刘言所获。

南唐此次攻楚的结果，比灭闽更糟糕。灭闽尽管得不偿失，至少还得了数州之地；而攻楚的结果，非但未获尺寸之地，反而损兵折将，劳民伤财，使国势更加衰弱。

伐楚战争的失败，与李璟的治国无能有着直接的关系。当初边镐攻入长沙之时，李璟曾打算与南汉罢兵言和，授刘言为节度使，从而结束这场战争。宰相孙晟也支持这一决策。可是，另一宰相冯延巳却坚决主张继续用兵，李璟耳朵软，遂又改变了主意，任用边镐为统帅。国内对此是有不同声音的，起居郎高远就认为："乘楚乱，取之甚易，观诸君之才，守之实难。"老臣李建勋也认为："祸事将就此始矣。"值得注意的是，当时有一布衣欧阳广也上书李璟，指出："节度使边镐并非将才，御下无方，政出多门，又与监军使昌延恭关系不睦，互相掣肘，号令朝出夕改，民心丧尽。如不及时采取措施，失败将不可避免。"然而，此时的李璟正陶醉在胜利的喜悦之中，对这一切意见均充耳不闻，不予理睬。

国无明君，是南唐最大的不幸，对于如此不肖之子，不知李昪在九泉之下做何感想！

在军事、外交上如此，在国内政事方面，李璟同样搞得混乱不堪。两次战争搞得南唐国库空虚，为了支付战争费用，只好加重赋税征收，几乎到了无物不税的程度。除了两税之外，什么曲引钱、盐米钱、鞋钱、勾栏地钱、水场钱、供军税茶，至于橘园、水磨、莲藕、鹅鸭、螺蚌、薪柴、水利、地铺等，无不征钱。南唐税重，李璟也是非常清楚的。有一次，弄臣李家明跟随李璟游后苑，李璟登高，遥望钟山，说："大雨将要来了。"李家明说："雨虽来，必然不敢入城。"李璟怪而问之，回答说："惧怕陛下征税。"

这一时期的徭役也很繁重。伐楚时以洪（治今江西省南昌市）、饶（治今江西省鄱阳县）、抚（治今江西抚州市临川区）、信（治今江西上饶市）等州力役最重，攻闽时以虔（治今江西省赣州市）、吉（治今江西省吉安市）、汀等州百姓负担最重。以上只是力役最重的州郡，其他诸州力役也都比过去增加很多。保大十一年（953），诏各州县修葺湮废的陂塘，楚（治今江苏省淮安市楚州区）、常（治今江苏省常州市）、洪、饶、吉、筠（治今江西省高安市）诸州之民又一次大受骚扰，致使整个江淮地区动荡不安。总而言之，南唐赋税徭役的不断加重，莫不与统治者穷兵黩武，盲目开拓疆土有关，从而导致了社会矛盾的激化，先主昪元时期百姓安居乐业的美好时光一去不复返了。

与此同时，南唐社会经济的发展也出现许多问题。由于战争的消耗，兵食缺乏，为了解决这个问题，在保大十一年，李璟决定在淮南一带兴置屯田。我国历代均有屯田的设置，通常是设在人烟稀少、荒地较多的地区，而淮南一带人口密度高，荒地极少，并不适合兴置屯田。李璟派近臣车延规主持此事，此人把许多民田强夺为屯田，又征发楚、常二州百姓兴修白水塘，以供屯田的灌溉，同时还调发洪、饶、吉、筠等州百姓之牛助役。结果搞得江淮百姓怨声载道，社会动荡，盗贼蜂起。徐铉上奏李璟，陈述利害，李璟遂命其前往巡视处理。徐铉到楚州后，重责车延规，把所夺百姓之田悉数退还。此举又引起了朝中宋党的不满，他们攻击徐铉擅作威福。结果徐铉被召回朝，差一点被扔到长江活活淹死。为了缓和社会矛盾，李璟不得不罢去了白水塘之役，但屯田还是硬性推行下去了。直到保大十四年（956），后周大军进攻淮南，为了缓和百姓的怨恨情绪，才罢去了争田矛盾最激化之处的屯田，未罢者"尚处处有之"。

　　南唐除了土地兼并问题严重外，其货币经济这时也出现了问题。在先主李昪统治时期，币值稳定，所铸"大齐国宝"及中主所铸的"保大元宝""开元通宝"等钱币，轻重适宜，钱法甚好，因此货币流通正常，国用充足。由于李璟大兴兵端，国用困竭，于是改铸"唐国通宝""大唐通宝"等钱币。数年后，流弊频生，百姓盗铸，每贯仅重一斤，将这种钱放在水面上竟然不沉，虽然屡次查禁，但却无法禁绝。于是钟谟建议改铸大钱，以一当十，称为"永通泉货"，每枚重十八铢。这种钱的推行并没有达到改善币制紊乱的效果，行用仅数月，只好又废去。劣钱流行，致使物价上升，民不聊生。在李璟统治时期，南唐货币紊乱的问题始终没有得到妥善的解决。

南唐币制紊乱对整个社会经济影响极大。首先，导致了商业、手工业的衰退。物价上涨，必然使社会购买力下降，商品滞销，从而引起商业衰退；而商业衰退又使一些手工业直接受到冲击，致使生产萎缩。其次，币制紊乱影响了南唐境外贸易的发展。中原王朝及一些小国采取了禁止南唐劣质钱入境的政策，实际上等于限制了南唐的境外贸易，从而影响了各地间的经济交流。再次，严重影响了农民的生产与生活。物价上涨，使农民生产成本倍增，从而导致农业生产的萎缩，致使大批农民破产，进一步激化了社会矛盾。

在李璟统治时期，南唐内部的矛盾并不仅限于以上所述，实际上朝廷内部的矛盾斗争还要激烈得多。南唐对外发动的所有战争基本上都是由宋齐丘及其同党主导的，从倡议出兵到具体主持军事，无一不是宋党中人。宋齐丘既然树党，就不免要激起一些正直人士的反对，于是双方围绕着立嫡、拓疆、争权等许多问题展开了激烈的斗争。宋党既然要实行自己的主张，就要对政敌进行打击，南唐军队的屡战屡败又给其政敌留下口实，双方你来我往，斗得你死我活，不可开交。李璟作为皇帝无法控御局面，致使朝政更加混乱。

就在南唐社会陷入一片混乱之时，中原地区的政局也发生了许多变化，对于南唐来说，这些变化既是机遇，也是灾难。

先说机遇。公元946年，契丹大军攻破汴梁，灭亡了后晋。契丹在中原地区烧杀抢掠，激起了中原人民的反抗，他们四处打击敌人，捣毁官府，契丹人无力控制局面，遂退出了中原，北撤而去。在这之前，原后晋的一些将士不甘心受制于契丹，相继率军南下归顺了南唐。淮北抵抗契丹诸部纷纷来降，要求南唐出兵北上，驱逐契丹。这正是先主李昪苦苦等待的举兵北伐的时机。但是这时南唐正陷入伐闽战争的泥潭之中，无力北顾，从而坐失了千载难逢的时机。李璟自己也叹息道："伐闽之役使军力疲惫，财用全无，安能抗衡中原乎！"这一点上李璟还算明智，知道南唐无力与契丹对抗。

次年五月，当李璟得知契丹已经弃中原而去，遂下诏命忠武节度使李金全为北面行营招讨使，准备进军中原。次月，听到原后晋太原节度使刘知远已经率军进入汴梁，建立后汉王朝，他便又放弃了北上的计划。可见南唐在这时只想乘虚而入，一旦中原有主，便不敢与其争锋，这种选择其实是正确的，说明此时的李璟头脑还是清醒的。

随着周世宗登上历史舞台，南唐的灾难便降临了。周世宗柴荣是一位具有雄才大略的人物，他于显德元年即皇帝位，随即进行了大规模的改革，发展生产，整顿军事，使中原国力迅速增强。他打算做三十年皇帝，用十年开拓天下，十年休养民力，十年致太平。他的统一方略也是先北后南，即先收复被契丹占据的燕云十六州，巩固北部边防，然后再南下进攻诸国，进而统一全国。为了达到这个战略目的，他必然先巩固后周的南部防线，然后才能无后顾之忧地北伐契丹。打击南唐，攻取淮南十四州，便是其首先完成的一个战略任务。

保大十三年底，周世宗发动了进攻南唐的战争，至交泰元年（958），前后三年时间，周军三次发动大规模的攻势，大小数十战，终于彻底击败了南唐军队，饮马长江，完全占据了南唐的淮南十四州之地，达到了预期的战略目的。南唐被迫放弃皇帝称号，降为国主，向后周称臣纳贡，采用中原年号。

李璟顺陵入口

淮南地区是江南的屏障,淮南的失去,使南唐失去了战略纵深,同时使金陵完全暴露在中原王朝的军事威胁面前;同时淮南又是一块经济比较发达的地区,是南唐的主要财赋来源地之一,它的丧失使南唐的经济实力大受削弱,甚至连食盐问题都无法解决,因为其产盐区在淮南,于是只好乞求于后周,世宗答应每年支拨盐三十万斛以供其用。后周之所以没有马上渡过长江灭亡南唐,是因为其战略重心在于对付契丹这个强大的敌人,不愿意再在攻取江南的战争中消耗力量,所以周世宗才同意南唐的求和,撤兵北返。周世宗的这种决策受到了历代学者的赞扬。这样做也给了南唐喘息的机会,使其得以继续维持统治。

淮南失去后,金陵与周境仅一水之隔,又处在长江下游,军事处境极为不利。为了摆脱来自北方的威胁,李璟于后周显德六年下诏升洪州为南昌府,建立南都。宋太祖建隆二年二月,李璟正式迁都南昌。但是南昌城池狭小,宫室府署不能容纳庞大的中央机构及其人员，朝臣们日夜思归。李璟本人也颇为后悔，北望金陵，郁郁不乐，于同年六月病死于南昌，结束了他坎坷的一生，终年四十六岁。

只配当翰林学士的皇帝
后主李煜

·储位之争与家庭生活·

李煜像

李煜出生于南唐昇元元年，据说其出生时正值七夕，佳节生佳儿，为刚刚建国成为皇室的李氏家族增添了喜庆的气氛。他是李璟第五子，初名从嘉，即皇帝位后，改名煜。

皇室内部的关系总是复杂的，古今中外，莫不如此。李璟共有十个儿子，其中长子李弘冀、五子李煜、七子李从善、九子李从谦，皆为皇后钟氏所生，是所谓嫡子，最有可能成为嗣君。

李璟在其弟李景遂让出太弟之位后，按照立嫡以长的古礼，立长子李弘冀为太子，时在交泰元年三月。李弘冀为人猜忌严刻。他刚入主东宫时，李景遂的左右尚未来得及出宫，他立刻命人将其赶出了东宫。虽然如愿当上了太子，但李弘冀并不放心，对诸弟十分戒备，尤其是对李煜猜忌更甚。李弘冀猜忌李煜主要出于两个方面的原因：其一，李煜也是嫡子，在嫡子中排行仅次于李弘冀，故对其地位构成一定的威胁；其二，李煜的相貌不同一般，据史书记载，李煜广额丰颊，骈齿，一目重瞳子，颇类似于传说中上古时期的圣君舜的相貌，时人都称其为"奇表"。这一点使李弘冀对他十分讨厌，百般防范，唯恐李煜会取代自己的地位，当上太子。

李煜对这位兄长十分畏惧，同时对皇室内部的争权夺利也产生了厌恶心理，尤其是当他年纪较大以后，面对南唐屡开兵衅，国事日非，百姓涂炭，更是对政治心灰意冷，从不过问朝政，除了读书作诗之外，还对佛教产生了浓厚的兴趣。为了明确表示自己无意于帝位，以躲避其兄对自己的迫害，他采取了韬晦之策，自号钟隐，别称钟山隐士、钟峰隐士、莲峰居士，以凸显自己超脱尘世、与世无争的态度。

李弘冀虽然为保太子之位费尽心机，甚至毫不顾惜兄弟和睦友爱之情，但天不假年，不久便暴病身亡了。于是围绕着太子之位又展开了一场争斗。按照李煜在嫡子中的排行，应该立其为太子，却不料发生了一些变故。重要大臣钟谟突然提出应立李璟第七子李从善为太子，从而掀起了一场风波。

关于钟谟其人，有必要稍做介绍。此人祖籍会稽（治今浙江省绍兴市），唐末先后迁徙到崇安、金陵等地，李璟统治时期担任过翰林学士、户部侍郎等职。周世宗进攻淮南时，李璟派其出使后周，被周世宗扣留。南唐战败，割让淮南十四州，他曾经数次往返于两国，传送相关消息。事后钟谟自以为有功，又认为颇得周世宗的信任，遂有恃无恐，言行很是骄矜，李璟因为还用得着他，所以也就隐忍不发。保大后期他任知尚书省事，除了尚书省外，对其他两省之事也莫不过问，权势赫然，气焰嚣张。周世宗死后，钟谟自感失去了靠山，加上李璟待其逐渐疏远，钟谟自感失落，便想设法改变这种状况。

太子李弘冀死后，钟谟因曾与李煜弟李从善一同出使过后周，关系甚为亲密，于是上言李煜志向不定，酷信佛教，缺乏当天子的气度，又盛赞李从善有才，可立为太子，希望通过拥立李从善为太子，为将来的飞黄腾达做铺垫。李璟在自己身上已经看到了兄弟相争的恶果，岂能允许自己的儿子重蹈覆辙？加上钟谟以前的所作所为，更加坚定了李璟除掉钟谟的想法，于是下令贬钟谟为国子司业、著作佐郎，安置于饶州。建隆元年（960），李璟又将其赐死。

李璟除掉钟谟后，在迁都南昌之时，正式册立李煜为太子，留在金陵监国。李璟病死后，又发生了一件不大不小的事。李从善因扈从其父至南昌，遂得以主持丧礼，他仍不甘心失去最后的机会，遂向清辉殿学士徐游索要其父遗诏，遭到徐游的拒绝。徐游回到金陵后，因为此事甚大，不敢隐瞒，遂向李煜奏报了此事。李煜心地慈善，且此事并未造成什么后果，就没有再追究。

建隆二年七月，李煜在金陵即位，时年二十五岁。

李煜是一个性格柔顺、多情善感的人，无论对父母、兄弟还是子女、妻子，都充满了关爱之情。其兄李弘冀虽然对他屡加猜忌，但他却每每加以谦让；其弟李从善与之争位，他也不加深究。后来李从善出使宋朝被扣留，李煜多次奉表请求放归，不能如愿。李煜对此十分伤感，每每登高北望，泪下沾襟，并且撰文表达思念之情。其《却登高文》中说："原有鸰兮相从飞，嗟予季兮不来归。空苍苍兮风凄凄，心踯躅兮泪涟洏。"其中"原有鸰"一句，典出

《诗经·小雅·常棣》，原文是"脊令在原，兄弟急难"。脊令，即鹡鸰，一种水鸟。鹡鸰本应在水边生活，却处在高原，失其常处，比喻人逢急难。整句诗的意思是兄弟有急难，须互相援助，不能相舍。后世遂以"鸰原"作为兄弟友爱的代称。李煜此处借用这个典故，表达自己痛惜兄弟不能相聚的悲伤心情，情真意切，令人伤怀。

对于其庶出兄弟，李煜同样充满着关爱之情，其八弟李从镒出镇宣州时，他亲率朝臣送行，并赋诗惜别。

李煜有二子，长曰李仲寓，次曰李仲宣。其中次子早夭，令李煜伤感心碎。据载李仲宣聪明伶俐，三岁时即可诵读《孝经》及杂文，且一字不差；听到音乐之声，还可分辨出音律节拍。李仲宣颇懂礼仪，接待朝臣，揖让进退，犹如成人。因此，李煜与皇后周氏爱之如掌上明珠。不幸的是，李仲宣长到四岁时（一说五岁），有一次在佛像前玩耍，一盏琉璃灯被猫碰落坠地，李仲宣受惊患病，竟然不治而亡。关于此事，《江南野史》记载说：有一僧名栖霞，李煜将其迎入宫中，令宫嫔抱仲宣出，与栖霞相见。栖霞仔细察看后说："此儿与陛下和皇后有夙怨，特降生以讨孽债，割父母之肝肠，应该好好赡养，但却不要过分溺爱。"等到仲宣五岁时，有一日忽然说："儿不能久居人间，今天将要离去。"遂闭目而死。周后本来就身体不好，闻此噩耗，不久亦逝去。李煜悲伤欲绝，数次昏绝而去，甚至投井赴死，被左右所救。这种记载当然是不可信的，不过李煜因此事而悲痛不已，却是不争的事实。

李煜对妻子的感情亦很真切，他的妻子周氏是司徒周宗的长女，小名娥皇，比李煜年长一岁，国色天香，性情温顺。周氏还精通音律，能歌善舞。唐代著名的大曲《霓裳羽衣曲》自动乱以来，早已不复流传。周氏偶得残谱，遂变易讹谬，按律寻音，精心整理，恢复了这首名曲，从而使"开元、天宝之遗音复传于世"。李煜《玉楼春》一词中有"重按霓裳歌遍彻"之句，描写的就是恢复后的《霓裳羽衣曲》演奏时的情景。除此之外，周氏还谱写了《邀醉舞破》《恨来迟破》等乐曲，流行于当时。她还著有《系蒙小叶子格》一卷，流传于世。对于这样才貌双全的妻子，李煜爱惜有加，即位之后，遂册立其为后。

不过周后体质较差，弱而多病，在李仲宣死后，悲伤过度，病势加重。李煜虽贵为一国之主，却衣不解带，日夜侍候于病榻之旁，并为其亲尝汤药，关怀备至。对于李煜的这些行为，周后十分感激，临死前还将自己佩戴的玉环和李璟所赐的琵琶留给李煜，以为纪念。周后死于乾德二年（964）十一月，终年二十九岁。周后死后，李煜十分悲痛，亲撰诔文和悼诗以表达内心的悲伤。

有一种说法流传颇广，即李煜与周后之妹小周后的关系颇为暧昧。因为是国戚，小周后经常出入宫中，深得太后钟氏的喜爱，当然李煜对其也有好感。据陆游《南唐书》记载：周后患病之时，小周后已入宫中。有一次周后偶尔看到了她，惊问道："你何日来？"小周后年幼，不知嫌疑，遂回答说："我已入宫数日了。"周后十分生气，转身面壁，直到死也不肯转过身来。因此李煜在其死后有意做出悲伤的样子，以掩盖其做的丑事。

其实这种记载并不可靠，因为小周后在其姐去世之时，年纪尚不足十五岁，尚待字闺中。按照我国古代礼法，女子十五岁才举行笄礼，小小年纪如何懂得儿女私情呢？更何况对方还是其姐夫！在这一段时期内，李煜刚刚死了爱子，爱妻又身患重病，他每日在床前侍候，触目伤情，泪常沾襟，说他在此时与小周后幽会往来，不大合乎情理。宋人马令说:"后主乐府词有'铲袜步香阶,手提金缕鞋'之类,多传于外。"作为李煜与小周后偷情的证据。后人在此基础上进一步附会说:李煜的《菩萨蛮》词中有"花明月暗笼轻雾""蓬莱院闭天台女"等句,都是他与小周后偷情生活的摹写。我国古典诗词叙情记事本来就具有朦胧隐约的特点,极少直叙其情,这样就为后人穿凿附会留下了空间,其实深究起来又有几许真凭实据?李煜本为风流才子,且又是亡国之君,早在宋代人们就觉得其生活充满神秘感,揣猜附会实难避免,加之后人的夸大渲染,遂使这个问题更加扑朔迷离。

不过在大周后死后,小周后时常往来于宫中,李煜与她逐渐产生感情,也是完全可能的。但是由于太后钟氏在大周后死后的次年逝世,李煜须服孝三年,丧期内虽然小周后已成年,却不能继立为后。直到北宋开宝元年,才正式册其为国后。为了便于与周后相区别,史称其为小周后。

小周后小名女英,天生丽质,又颇具文才,与李煜倒是郎才女貌,堪为佳偶。大婚之后,李煜与小周后过着幸福的生活,忘记了国势日衰、危机四伏的政治形势。李煜非常宠爱小周后,甚至超过了其姐。每逢春日,李煜都要下令将所居宫殿四处插满鲜花,号为"锦洞天"。他还在花草丛中建有小亭,仅容二人,画梁雕栋,与小周后在其中饮酒赋诗。这种醉生梦死的生活一直延续到南唐灭亡为止。

李煜毕竟是封建帝王,爱情不可能做到专一,虽然他宠爱周氏姐妹,然而古代的宫廷制度却为其多内宠创造了条件,在为数众多的后宫女子中,也不乏得其宠幸者。

据载,宫人窅娘身材窈窕,纤丽善舞。李煜为她制作金莲花,高六尺，饰以珍宝，组带璎珞。她用细绢缠足，纤小屈上，宛如新月，舞于莲花之中，回旋有凌波之态。唐镐诗赞曰："莲中花更好，云里月长新。"由于其足纤小可人，宫中仿效，后又流传于宫廷之外，人皆仿效，成为一时之风气。有人据此认为中国妇女缠足之风源起于此时。李煜除了宠爱窅娘外，还对宫人秋水颇为喜欢，此人喜戴鲜花，芳香袭人，招惹得蝴蝶常常环绕其头上。宫嫔流珠精通音律，善弹琵琶。周后死后，其所撰之曲多被遗忘，只有流珠能熟记于心，时常为李煜弹奏，因此也深得其宠爱。此外，金陵作为六朝繁华之乡，粉黛如云，名妓辈出。根据记载，李煜也曾光顾过烟花之馆，但却未见其拥妓寻欢的相关记载。

总之，李煜作为帝王对家族及亲人能做到这种程度，亦属难能可贵，我们不能苛求古人，更不能对一个古代帝王提出一些不切实际的要求。

·政治庸人与文学奇才·

平心而论，李煜是一个集政治庸人与文学奇才于一身的历史人物，本质上更多的还是一位多才的文学之士，而不是政治家，只是由于其出身于帝王之家，才被错误地推上了皇帝宝座，导致了其人生只能是一场悲剧。

李煜即位时的南唐国势已与其祖父时期大不相同，淮南十四州的失去，不仅使南唐国土大为缩小，沦为二等小国，且失去了战略回旋之地，使其国都金陵直接暴露在中原王朝的威胁之下。此外，富庶的淮南地区的失去，也使南唐的赋税收入大为减少，而财政开支却没有减少多少，反而每年要向中原王朝支付繁重的贡赋，加之李煜佞佛，大量地兴修佛寺、度人为僧，又耗费了不少财力。所有这些因素的存在，使得李煜统治时期的南唐财政更加困难。面对这种艰难的局面，不要说李煜这种并不具备政治才能的君主，即使英明的皇帝来统治，恐怕也难以改变南唐被动的战略态势。

为了改变财政紧张的状况，南唐君臣又开始在货币政策上打主意。早在李璟统治时期，因为连年征战，国库空虚，就曾铸造过大钱，但尚未铸铁钱。当时韩熙载就极力主张改铸铁钱，由于李璟反对，只好作罢。乾德二年，由于南唐财政开支更加紧张，韩熙载再次提出铸造铁钱，宰相严续认为铁钱不便，坚决反对此议，两人在朝堂争论不休，韩熙载声色俱厉。由于李煜急于解决经济困难的问题，支持韩熙载的意见，遂将严续罢去相位，贬为秘书监。李煜的这种态度使得其他朝臣再也不敢提出异议，于是提升韩熙载为户部侍郎、勤政殿学士，充铸钱使，专门负责铸造铁钱事务。

韩熙载所铸铁钱为当二钱，即一枚铁钱可当两文钱使用，他想通过政府的力量强制发行这种货币，以解决钱币紧缺的问题。但是古代的金属币并不像纸币那样仅仅是一种符号，货币面额往往要与货币自身的价值相当，否则就会造成货币贬值。韩熙载只是一位文人，并不懂经济，本意想解决南唐的财政困难，结果反倒造成了更大的混乱。这种铁钱发行之初，规定按铁钱六、铜钱四的比例在社会上流通，也就是说交易时，所使用的每十文钱中必须有六文是铁钱，给官员发放俸禄也按这个比例实行。这一政策行之不久，民间纷纷贮藏铜钱，使得市场上流通的铜钱数量大大下降，同时还引起了物价飞涨，外地商人在南唐交易，返回时以十枚铁钱兑换一枚铜钱，然后再带出境外，使得南唐的铜币进一步减少，更加剧了币制的混乱程度。于是李煜只好下令，规定铁钱与铜钱的兑换也按十比一进行。这一政策的出台，标志着南唐此次货币改革的彻底失败，面对这种现状，韩熙载也后悔不已。

关于南唐铸造的这种铁钱，北宋曾在其灭亡后宣布作废，停止了使用。然而这种办法并不能彻底解决民间仍有大量铁钱存在的问题，于是又在宋太宗太平兴国二年（977），下令由官府出资收回民间铁钱，用来铸造农器，发给江北流民使用，这才彻底解决了这一问题。这些都是后话，就不多说了。

南唐行使铁钱还造成了农民的沉重负担。南唐实行两税法，其中夏税是要征收现钱的，农民出售产品换来的多是铁钱，而官府收税是按铜四铁六的比例征收现钱，为了完税，农民还得按照市价以铁钱十文换取铜钱一文。这样即使税额不增加，农民的负担已经大大地加重了，更何况此时的税额还在不断地增加。币值不稳也使大批富裕人家深受其害，礼部侍郎汤悦指出："泉布屡变，乱之招也，且豪民富商，不保其资，则日益思乱。"说明南唐的货币政策已经影响到政治的稳定，所以这一问题不仅仅是一个经济问题，它从一个侧面反映了当时整个社会经济乃至政治衰败的现实。大概是出于稳定社会的需要，李煜在后来不得不下令铁钱与铜钱也按十比一进行兑换，从而在一定程度上缓和了社会矛盾，南唐得以继续苟延残喘。

南唐统治在李煜时期之所以能够继续维持，也与他采取的一些积极措施有关。针对其父李璟实行屯田制产生的弊端，李煜在即位之初就下诏罢废各地的屯田使，将屯田发还农民，由官府按常赋统一征收租税，以其中的十分之一作为地方官的俸禄。由于南唐屯田数量颇大，李璟统治末期曾罢去了矛盾最为激化的淮南屯田，而江南一带的数量仍然不少，至此全部罢废，从而使大批农民从重负下解脱出来，得以休养生息。

李煜还实行了一项善政，这就是在征收夏税时允许农民缴纳实物。前面已经说过，南唐的夏税征收现钱，使农民不仅遭受官吏盘剥之苦，还要遭到商贾的剥削，商贾往往采取压低物价的办法获取暴利。当时有一位名叫李元清的官员向李煜建议，纳帛一匹，可以折钱一贯，这样农民完税只需缴纳实物，不再需要缴纳现钱。李煜采纳了他的建议。此法的实施，不仅可以减轻农民负担，而且可以简化税收手续，公私两便。

在刑法方面，李煜实行了省刑慎罚的政策。李煜是一个心慈善良之人，据说他有一次外出狩猎，有一牝狙触网被抓获，牝狙两眼落泪，十分可怜，李煜见其腹大，遂动了恻隐之心，令人小心看护，当晚牝狙便产下了两只幼狙。李煜对待动物尚且如此，在对待人命方面就更加小心了，从不酷刑滥杀。当执宪部门上奏纠劾时，如果有过分严苛之处，他往往采取留中不发的办法来对待。讨论判决死刑时，能减刑者则尽量减刑，有时在司法部门的再三抗奏下，万不得已，才垂泪勉强同意其奏请。有时他还到大理寺亲自审理案件，往往多有减缓刑罚乃至于释放罪囚之事发生。正因为如此，旧史说他"性宽恕，威令不素著"。

对李煜的这种行为，韩熙载倒是颇不以为然，他认为司法之事自有主管部门去管，作为一国之君不应亲自过问，尤其是监狱更不是国君所应常去的地方。出于这种认识，他上表要求李煜承认错误，并自罚由内库出钱三百万，以资国用。李煜虽然没有采纳韩熙载的意见，但也不怪罪于他。李煜在司法方面采取的谨慎态度，本来没有什么不妥，但是如果做过了头就是弊端了。按照当时的制度，凡判死刑，临处决前还要报皇帝审批，由于李煜佞佛，每到此时他都要在佛像前燃一盏灯，如果到天明灯仍不灭，往往予以赦免；如果未至次日而油尽灯灭，则依法处置。于是一些富人出钱贿赂宦官，请其暗中续油，使灯至旦而不灭，以求获得赦免。李煜的这种愚蠢做法，把国家法律视为儿戏，极大地破坏了法律的严肃性。

李煜统治后期更加佞佛，已经达到了非常荒唐的程度。其实南唐皇室佞佛并非自李煜始，其祖父李昪受吴禅营建金陵宫室后，曾举行过"无遮大斋七会"，并书写《华严经》四十部颁行境内。不过他毕竟是一位英明的君主，信佛而不佞。李煜之父李璟也是一位佞佛的皇帝，只是当时内忧外患严重，尚无条件把大量的精力和财力用于这个方面。至李煜时，虽然外患严重，但统治集团内部的矛盾已经非常缓和了，使其得以苟安一时，于是便不顾国家财力紧张，花费了大量金钱用于兴修佛寺以及佛事方面。宋人王栐说："江南李主佞佛，度人为僧，不可数计。太祖既下江南，重行沙汰，其数尚多。太宗乃为之禁。"可见僧人人数之多。李煜经常在退朝之后，与皇后戴僧伽帽，披袈裟，诵佛经。由于他宠信僧徒，法禁宽弛，故僧尼破坏戒律者甚众，每当僧尼犯奸，有关部门勒令还俗，而李煜只令其礼佛三百拜便免罪。由于皇帝带头佞佛，上行下效，不少贵族官僚也卷入其中，在其统治末年，金陵城中仅宫人及诸王公卿子女出家修行的净德尼院，就达八十余所，其他僧寺尼院更是比比皆是。

佛寺越多，其占有的土地便越多，加之僧尼不承担赋税，因此佛教越兴盛对国家的财政收入影响就越大，这也是我国历代不断出现打击佛教事件的一个重要原因。有僧徒劝李煜要做好三件事，即广施财，造塔像，身披红罗销金。李煜认为太奢侈了。僧徒说："陛下不读《华严》，如何知道佛富贵？"于是李煜便不惜财力，广兴佛事。在牛头山大力兴建兰若，聚僧数千，每日设斋，均为珍馔，食之不尽，只好倒掉，明日重新再设新斋，当时称之为"折倒"。对于李煜的这些荒唐行为，除了一些大臣推波助澜外，也有人进谏过，如歙州人汪焕曾进谏说："梁武帝佞佛，刺血写佛经，舍身为佛奴，屈膝礼和尚，最终不免饿死于台城。这些事陛下皆晓之，为什么不醒悟，反而要仿效他呢？"李煜虽然没有处罚汪焕，但也不接受其进谏，依然我行我素。

除了做这些事外，李煜把更多的精力花在了诗词创作、绘画和书法等方面。

李煜是我国古代十分杰出的文学家，在文学史上占有比较重要的地位。李煜在文学方面的贡献主要表现在词的创作上。词这种文学体裁在唐代被视为小令，是为入乐而配的歌词，故对于大多数文人而言，只是把词的创作视为一种消遣性的行为，这种创作虽然相对于民间歌词而言更加典雅化，但却不能改变词在文坛上的尴尬地位。至五代十国时期，诗歌创作衰微，而词却方兴未艾，成为独树一帜的新体文学。具体而言，在这一历史时期，词的创作最繁荣的地区乃是南唐与西蜀，其中西蜀词为"花间派"，风格"香而软"，内容浮靡，形式艳丽，思想颓唐，境界极为狭窄。南唐词的发展才真正达到了一个新的水平，无论形式、内容、艺术技巧均有新的突破。南唐拥有以中主李璟、后主李煜为首，以冯延巳、高越、江文蔚为主体的一批词人，他们的词构成了一个不小的作品群，是南唐文学乃至于这一时期中国文学的精华所在，其中最有成就、对后世影响最大的则非李煜莫属。

李煜前期的词,主要是对宫廷生活的反映,代表作品如《玉楼春》:

> 晚妆初了明肌雪,春殿嫔娥鱼贯列。
> 笙箫吹断水云间,重按霓裳歌遍彻。
> 临风谁更飘香屑,醉拍阑干情味切。
> 归时休照烛花红,待踏马蹄清夜月。

这首词反映了李煜与后妃宫女们歌舞宴饮、狂欢作乐的生活场面,是一首纪实之作。全词笔法自然奔放,语言明丽直快,情境描绘动人,尤其是最后两句,写得清俊潇洒,是风流词人的情致之所在,也能令人产生无限的想象。后人对"踏马蹄"三字最为推崇,认为可以给人以双重之感受,不仅是用马蹄去踏,而且踏在马蹄之下的乃是如此清夜的一片月色,这种纯真任纵的抒写,带给了读者极其真切的感受。再如《浣溪沙》:"红日已高三丈透,金炉次第添香兽,红锦地衣随步皱……"这些词笔调欣然,描绘宫廷中欢宴通宵、纵情逸乐的豪奢生活场面。从思想内容方面看,这类词空洞没落,无甚可取之处;然从艺术鉴赏的角度看,却有不少可取之处,手法精妙绝伦,语言艳丽明快,应是李煜作品中的佳作。

李煜前期词也有一些抒写悲愁哀怨情绪的作品,这类词的格调比那些专门描写宫廷声色的作品要高一些,在艺术表现与意境的创造方面,也有较大的成就。李煜在位期间,南唐国势每况愈下,处于风雨飘摇之中,作为一国之主,他惶恐忧郁,欲求苟安而不可得,这种情绪不可避免地影响到其作品的格调。如《清平乐·别来春半》《乌夜啼·昨夜风兼》《捣练子·深院静》《望红梅·闲梦

《远》等作品,都属于此类。他的这部分作品并非无病呻吟,而是当时心情的真实写照,感慨悲愤、愁绪万千是这些作品的基本格调。如《清平乐》:

别来春半,触目愁肠断。砌下落梅如雪乱,拂了一身还满。

雁来音信无凭,路遥归梦难成。离恨却如春草,更行更远还生。

全词语言明净自然,意境悲婉,以离愁别恨为主调,感情的抒发和情绪的渲染都恰到好处,尤其在喻象上独特别致,具有非常感人的艺术力量。后人评论说:"以(孟)郊、(贾)岛诗入长短句,词之境界,至此又复一变。入宋以后,文人之词,皆其衍流。词之逐渐离去贵族性、宫闱体,实肇始于此。"可见评价之高。

李煜词的最佳作品,出现在其由皇帝变为囚徒之后。人生的剧变,使他经历了一般帝王所不能体验到的生活,屈辱生活的巨大痛苦,使他这一时期的作品彻底脱去了宫廷气息,充满了一个不幸者深沉的悲伤,同时又蕴藏着对不合理生活的抗愤情绪,以及对美好生活的殷切的眷恋。著名学者王国维先生说:"后主之词,真所谓以血书者也。"指是就是这一时期的作品。如他为人所熟知的作品《虞美人》:

春花秋月何时了?往事知多少!小楼昨夜又东风,故国不堪回首月明中。

雕栏玉砌应犹在,只是朱颜改。问君能有几多愁?恰似一江春水向东流。

其名作《浪淘沙》：

> 帘外雨潺潺，春意阑珊，罗衾不耐五更寒。梦里不知身是客，一晌贪欢。
>
> 独自莫凭栏，无限江山，别时容易见时难。流水落花春去也，天上人间。

这些词作都是前无古人、后无来者的佳作。其文辞淳朴自然，其感情回肠九转。他的《相见欢》一词亦是如此，其中后半阕云："剪不断，理还乱，是离愁，别有一番滋味在心头。"仅十八个字，就将词人纷繁之愁绪表现得淋漓尽致，尤其是最后一句，究竟滋味如何，词人亦不自知，真是欲说又无从说起，此种无言之哀，凄婉已极，更胜于痛哭流涕。其《破阵子》的"四十年来家国，三千里地山河"，论者认为气魄沉雄，实开宋人豪放一派之先河；最后几句"最是仓皇辞庙日，教坊犹奏别离歌，挥泪对宫娥"，论者又认为此处之悲怆，"与项羽拔山之歌，同出一揆"。这样看来，李煜之词对宋人的影响是多方面的，说他开宋人风气之先，确是当之无愧。

著名学者王国维先生云："温飞卿（庭筠）之词，句秀也；韦端己（庄）之词，骨秀也；李重光（煜）之词，神秀也。"是说李煜的词作有思想内容而不露圭角，故其秀丽在神。所谓神者，精神也，风格也。可见李煜词的艺术水平远在花间派之上。李煜词的最大贡献在于其提升了词的艺术表现力，使词这种文学体裁从狭窄的、浮华的花间派的影响中解脱出来，增强了表现生活和抒发感情的能力，开辟了新的艺术境界，显示了词的发展潜力。总之，词作为一种文学体裁，至南唐李煜时，在中国文学史上争得了与诗歌同等重要的地位,受到了文学界的高度重视。到宋代时,词的创作达到了繁荣阶段,成为标志一个时代特色的文学体裁。

除此之外,李煜还在书法、绘画领域取得较大的成就。南唐擅长书法者有一大批人,上至中主李璟、后主李煜,下至徐铉、韩熙载、徐锴、潘佑、冯延巳等,莫不精于此道。李煜对书法的贡献主要表现在三个方面:其一,全面地总结了书写方法。他在《书述》一文中对唐代楷书的书写方法进行了全面系统的总结,提出了书写八法,并对每种书写方法都做了详尽的解说,这对后世了解唐代楷法具有重要的意义。其二,刻印了《升元帖》,并行之于世。通常认为北宋的《淳化阁帖》是我国所谓帖学之始祖,这是不对的。早在此之前,李煜命令拿出秘府之珍藏,令徐铉负责刻帖四卷,名为《升元帖》,并发行于世,从而打破了以往学书必求真迹的旧习,对发展和普及书法起到了积极作用。由于《升元帖》后来亡佚,加之南唐国祚短暂,《升元帖》影响不及《淳化阁帖》大,遂使人们误以为后者为法帖之祖。其三,李煜本人在书法方面亦取得了可观的成就,仅北宋御府就珍藏其书法作品数十件,《宣和书谱》给予了很高的评价。李煜楷书主要学习柳公权,又有所创新,他的字骨力遒劲、结构紧凑,"喜作颤掣势,人又目其状为'金错刀'"。他的行书写得也很好,落笔瘦硬,而风神溢出。据说李煜写大字时不用笔,"卷帛而书之,皆能如意,世谓'撮襟书'",已经达到了出神入化的程度。

南唐董源绘《夏景山口待渡图》

在绘画方面，南唐拥有一批杰出的画家，如董源、巨然、徐熙、周文矩等。李煜也雅擅绘事，亦颇有成就，据北宋的《宣和画谱》记载，宋代御府就收藏了他的多幅绘画作品。他创造了用笔新法，将其"金错刀"的书笔用到了绘画上，使其画风清爽不凡，具有"爽而神"的风韵。以书法入画，自成一格，李煜在这方面可以说是开风气之先者。他画的墨竹从根到梢，一一勾勒，叫作"铁钩锁"。他的林木飞鸟，远胜于常流；所画风虎云龙，颇"有霸者之略"。他的"金错刀"画法，还对同时期的画家产生了较大的影响，如南唐画家唐希雅、周文矩。其中唐希雅在花卉方面非常有名，后人将他与著名画家徐熙并称为"江南绝笔"。

南唐巨然绘《山居图》

南唐还创办有画院，招收有画院学生。李煜虽非画院的始创者，但他在南唐画院的发展方面做出很大的努力，培养了不少绘画人才。南唐画院制度还对北宋画院制度的创设产生了较大的影响。

李煜在诗词、书法和绘画方面虽然成就斐然，并对后世产生了较大的影响，但他毕竟是一国之君，没有保住江山社稷，便成为他一生最大的污点。加之他在治国方面确实无能，而在文学与艺术方面成就突出，两者对照，遂使人们更加坚信其沉迷于文学艺术而贻误政事，从而导致亡国。比如宋太祖就认为他只配当翰林学士，而不配为一国之君。这一看法流传颇广，影响颇大，客观地看，应该还是比较公允的。

·软弱无为与苟安偷生·

李煜懦弱的性格体现在对外方面，便形成了南唐苟安偷生、无所作为的消极防御政策。面对北宋王朝咄咄逼人之势，李煜不敢稍有作为，更谈不上实施积极的防御方针，只知一味地讨好对方，以图继续维持苟安局面。

北宋建立之初，由于忙于平定内部叛乱，稳定统治秩序，一时尚无暇南顾，所以双方暂时相安无事。但是北宋不急于进攻南唐，并不等于没有灭亡南唐的打算，李煜对此也是十分清楚的，对双方实力状况也是了解的，至于未来的胜负之局亦在预料之中。既然如此，南唐就应有积极的应对，即使不敢贸然攻击北宋，也应利用一切机会削弱或迟滞北宋的进取之势。可是李煜却不是这样，而是采取消极悲观的政策，极力讨好北宋，希望对方能动恻隐之心，使南唐得以继续苟延残喘。

在南唐的臣民中，亦不缺乏智勇双全之士，如林仁肇就是这样的人。林仁肇本为闽国将领，闽国灭亡后，久不见用。后周进攻淮南时，中主李璟派人到福建招募骁勇之士，林仁肇应募入军，参加了南唐与后周的淮南战争，屡立战功，至李煜统治时期官至南都留守，镇守今江西南昌。他见北宋连年用兵，先后平定了后蜀、南汉、南平以及今湖南地区，对南唐形成了迂回包抄之势，便向李煜上奏说："今宋军连年用兵，长途进军，往返数千里，军力疲惫，从军事的角度看，有可乘之机。臣请率数万之兵，出寿春，渡淮河，据正阳，利用淮南之民思念故国之情，恢复淮南旧有国土，然后练兵设防，待其军来援，我国形势已固，其未必能有所作为。起兵之日，陛下可声言臣为叛将，事成则对国家有利，如果不成，陛下诛杀臣全家，以表明陛下并不知情。"李煜没有这样的胆量，拒绝了林仁肇的建议。更为糟糕的是，李煜不但没有采纳林仁肇的建议，反而听信谗言，杀害了林仁肇。

事情的经过是这样的：皇甫继勋、朱全赟掌握兵权，对林仁肇的雄才大略非常忌惮，谋图中伤。正在此时，南唐派往北宋的使者返回，他们便说使者见到北宋的宫中张挂着林仁肇的画像，并在汴梁为其修建了府第，只等林仁肇来降。李煜此时正宠信皇甫继勋等人，不能分辨是非，遂派人持毒药前往南都，将林仁肇毒死。林仁肇，人称林虎子，多谋善战，是南唐少有的良将，曾屡任鄂州、洪州等处节度使，控御长江上流，被时人视为国之长城。林仁肇素为南唐大臣陈乔所知，当他听到林仁肇死亡的消息后，叹息说："国势如此，而杀忠臣，我不知此身将归于何处！"

就在北宋大军云集淮南，对南唐发动进攻前夕，有商人自淮南来，秘密晋见李煜，报告说："北宋在长江上流的江陵造战舰数千艘，臣请潜往焚烧。"李煜担心事情不成，反招祸患，又一次拒绝了这种建议。

其实南唐迟滞北宋进攻还是有不少机会的，可惜的是李煜懦弱无能，不能善于利用。如乘北宋进攻南汉之机，出兵截击宋军，则

无为夜宴的君主

宋军很难应付。南汉的灭亡对南唐影响最大，不仅是唇亡齿寒的问题，还将使其处于腹背受敌的不利态势。另外，宋军远征南汉，必然从湖南进兵，涉过五岭，才能兵临南汉边境。如果南唐乘宋军与南汉军激战之机，自南昌、虔州等处出兵湖南，截断宋军粮道，与南汉军前后夹击，宋军前有五岭之险阻，后有南唐军的截击，腹背受敌，将处于十分危险的境地。正因为如此，宋太祖赵匡胤先派人让李煜劝说南汉主刘鋹向北宋称臣，借机试探李煜对北宋用兵南汉的态度。对于当时的形势，李煜并非一无所知，这一时期南方诸国仅剩下南唐、南汉、吴越三国，吴越一贯依附中原王朝，自然不必忧虑其有什么作为，唯一可与南唐联合抗宋的只有南汉一国，所以赵匡胤才担心李煜会不顾一切地出兵援救南汉。

可惜的是，李煜没有雄才大略，就连困兽犹斗的勇气都没有。他接到宋廷的命令后，非常顺从地写了一封信，命人送给南汉主刘鋹，劝其审时度势，向宋称臣。刘鋹拒绝了李煜的劝降，并扣留了南唐使者，与南唐断绝了关系。在这件事情上，宋太祖成了最大的赢家，不仅离间了南唐与南汉的关系，而且也摸清了李煜的态度，于是便放心大胆地出兵灭亡了南汉，使南唐处于孤立无援的境地。

李煜不敢采取主动防御的策略，也不懂得选用人才，由于自己喜好文学，所以在用人时注重文学之才，如汤悦，就是因其为文学旧臣，"特加奖用"。文学之臣不是不可用，问题在于其是否具有政治才干，如果缺乏政治才干，文章诗词再好，也于政事毫无益处。李煜专以文学取士，轻率地委以重任，是不足取的。他将宫中的澄心堂作为机要之司，引能文之士徐元机、徐元榆、徐元枢兄弟居其间，中旨密令多由此出，而中书、密院同于闲散之地。与北宋的战争爆发之后，降御札，移将帅，大臣无人知道。有时派遣军队出击，统兵大将只是署牒发兵，至于军队前往何处，竟毫不知情，皆秉承澄心堂宣达的命令。政令、军令如此混乱，南唐不败，天理不容。

李煜对北宋只知唯唯诺诺，不敢有丝毫的怠慢，除了每年贡献大量的珍宝钱物外，遇有节庆、丧葬、祭祀等，必派使者前往庆贺或吊祭。

开宝五年（972）二月，为了表示对北宋的顺从，李煜下令降低本国的仪制，改诏为教（唐宋时期称亲王、公主的命令为教）；改中书省、门下省为左、右内史府，尚书省为司会府，御史台为司宪府，翰林院为修文馆，枢密院为光政院，大理寺为详刑院，客省为延宾院；官员的官名也随之改易，以便与中原王朝有所区别。南唐自从向中原王朝称臣后，每有中原王朝使者至，则将宫殿上的鸱吻去掉，使者离去后，再予以恢复。按照我国古代仪制，只有皇帝的宫殿才可以有鸱吻，臣子的府第不可以有此类装饰之物，否则就有僭越之嫌。自此之后，李煜下令取掉鸱吻，永不再设。与此同时，李煜还将其子弟封王者，皆降为公，以李从善为楚国公、李从镒为江国公、李从谦为鄂国公。李煜为了讨好北宋，把与皇帝有关的一切制度都降了一格，不给北宋发兵讨伐的任何借口。

最愚蠢的是，开宝六年（973）四月，北宋派学士卢多逊出使南唐，要求南唐献出江南各州图经。李煜明知这是北宋为进攻南唐而做准备，仍不敢违抗，竟也答应其要求，从而使北宋完全掌握了南唐的地理形势。

正因为李煜对宋朝百依百顺，所以当宋太祖决定出兵灭亡南唐时，确实也找不出任何名正言顺的借口，他对率军将要出发的主帅曹彬、潘美说："江南本无罪，但朕欲大一统，容他不得，卿等勿妄杀人。"可惜的是，这样的道理李煜至死也没有想明白。

三十年来梦一场
李煜的可悲下场

·城破为臣虏·

在韩熙载死后仅仅四年，即宋太祖开宝七年（974）冬，他生前所不愿看到但却早有预料的事终于发生了，宋朝大军兵临金陵城下，"黑云压城城欲摧"，南唐小朝廷瞬间土崩瓦解。

金陵的冬日，依旧萧瑟、落寞。作为六朝古都的金陵，已经失去了往日从容、洒脱的气度，人们心情焦躁、惶恐，不安的情绪在全城蔓延。其实金陵人的这种心情并非自此时而起，早在这年秋季就已经开始了。

这一年深秋之时，李煜不知宋朝已经决定进攻江南，竟派遣使者入汴梁，请求放回被扣为人质的弟弟李从善，遭到了宋廷的拒绝。接着宋廷派遣阁门使梁迥至金陵，告知将在这年冬天举行重要的祭祀之礼，希望李煜入宋助祭。李煜自知此去凶多吉少，但又不敢公然拒绝，遂采取了不予答复的消极办法。自从南唐承认中原王朝的正朔地位，放弃皇帝称号，自称国主，采用中原年号以来，无论是中主李璟还是后主李煜，对中原王朝的态度都十分恭顺，除了每年贡献大量的钱财外，每逢重要节日甚至皇帝生日、重要丧事，都要派使参加，并贡献财宝，希望能够换取其欢心，以苟延残喘。尤其是李煜统治时期，态度更加恭顺，每有中原使者出使，往返之时甚至亲自迎送。此次梁迥出使南唐期间，金陵一带流言四起，说宋使将在李煜送行时，待其登船以后，立即载之北返。李煜得知后非常恐惧，竟不敢登宋使之船。这件事的真伪如何，现在已不可考。从常理推论，宋朝如果真有这种决定，肯定是作为机密，控制在一个极小的范围内，如何能搞得流言四起？所以这种传言很可能出自南唐臣民的臆测，这也正好反映出金陵人当时焦躁、惶恐的情绪。

在此之前，宋朝凭借其继承自后周的强大经济和军事实力，开始了统一全国的军事行动。首先乘割据湖南的周保权与张文表内讧之机，攻占了湖南地区；公元963年，又消灭了南平政权；公元965年，出兵灭亡了后蜀，占据川蜀之地；公元971年，又派大军攻占了今两广地区，灭亡了南汉。地处南唐东面的吴越国早就依附了中原王朝，唯北宋之命是从。这样北宋就完成了对南唐的全面包围，统一江南地区便成为宋朝政府下一步必须进行的大事。不过宋朝政府并非从一开始就决定采用军事手段解决问题，而是做了两手准备，先采用政治手段，如果不行，再采取军事行动。于是在梁迥出使失败后，宋廷又派知制诰李穆为国信使，带着宋太祖的诏书来到了金陵，再次召李煜入汴梁，参加在仲冬（即夏历十一月）举行的祭祀大典，并且明确告诉李煜，如果抗拒诏命，将派遣大军征讨。如果说梁迥出使时宋朝政府还未明确其意图，此次则公然表明态度，就是希望李煜能认清形势，自动纳地归降。

对于宋朝这种强硬的态度，李煜只能接受或不接受，再也无法采用模棱两可的态度应付了。朝中大臣陈乔、张洎等人竭力劝阻李煜对宋朝妥协，于是李煜便称病拒绝入宋，并明确对宋使李穆说："我之所以臣属于大朝，就是希望能够保全李氏宗祀，没有想到竟然仍是这种结果。今日之事，有死而已，不能从命！"在战争不可避免的情况下，李煜为了表示自己坚决抵抗的决心，他还对臣下说："王师见讨，孤当戎服亲临战场，背城一战，如果不能获胜，则聚全家而自焚！"对于李煜的这种大话，宋太祖听到后嘲弄地说："此揞大儿语耳，徒有其口，必无其志。"

李煜此次之所以一反常态，一是因为战争已经强加到南唐头上，无法回避；二是他还抱有一些幻想，就是希望能够凭借长江天险，阻挡宋军，使其知难而退。其实李煜的这种想法只能是一厢情愿。早在其父李璟统治时期，周世宗南伐淮南，因为江淮水乡，非水军不可，于是大造舰船，训练水军。经过数年的淮南战争，中原王朝水军经过实战锻炼，战斗力已非往昔可比。北宋继承了后周的这份遗产，在水战方面，中原军队并不逊色于南方军队。

宋朝在发动对南唐的战争之前，还针对李煜佞佛的弱点，派人潜入南唐，伪为僧侣，煽惑后主大造寺院佛像，以消耗南唐国力。据记载，这个人姓江，号曰"小长老"。宋军打到长江岸边，建在采石矶上的石塔就被用来固定渡江的浮桥，而这些新建的寺院正好被宋军用来作为驻兵的营寨。这位"小长老"因为在灭南唐中的这些功劳，后来在北宋先后担任过比部郎中、越州刺史等职。

南唐人樊若水在这次战争中对宋军帮助也很大。他是池州（治今安徽省池州市西）人，因为屡考进士不中，产生了怨恨情绪，决心投靠北宋。作为一介平民，想获得宋廷的重用，须有一个进身之礼，熟知天下形势及地理的这名书生，便想到了在宋军进攻南唐时，助其一臂之力，而不惜出卖自己的父母之邦。采石矶是长江岸边的一个战略要地，历史上曾在这里发生过多次战争。于是樊若水经常在这附近以垂钓为名，测量这段长江的水文情况，计算出了此处江水的深度和宽度等数据。随后他逃到宋朝进献了平南之策，并建议在采石矶架设浮桥。后来宋军兵临长江北岸时，采用了这项建议，用巨舰依次排列，在长江上建成了有史以来的第一座浮桥。就在此时，张洎还对李后主说："自从有历史记载以来，长江还未见有浮桥建成过。"李煜也说："我也认为这不过是儿戏而已。"就在南唐君臣自以为是之际，宋军仅仅花费了三日便造好了浮桥，并顺利地渡过了长江。之所以如此顺利，是因为时值初冬，江水枯涸，自然条件对宋军有利。

面对宋朝的咄咄紧逼之势，李煜虽然也说了一些激愤的话，但内心并未彻底放弃对宋朝的妥协，幻想能委曲求全，使宋军退兵，以继续苟延残喘。当樊若水北逃后，江南之人都知道他向宋廷献了平南之策，于是有人请求诛杀其母亲妻子，李煜不敢动手，只是将樊若水的家人暂时羁留在池州而已。后来宋朝要求南唐护送樊若水的家人北上，李煜虽然十分气愤，却不敢有丝毫违抗，只得厚赠财物并遣送出境。

这里有一个小插曲，很能说明宋太祖作为政治家的本色。早在建隆元年，北宋王朝刚刚建立，两个南唐小官吏杜著、薛良因犯罪而逃亡到中原，向宋朝献上了平南策。宋太祖因其不忠于父母之邦，下令处死了杜著，发配薛良为牙卒。此次樊若水同样背叛了故国，而且行为更加恶劣，宋太祖非但不加谴责，反而授予官爵，并出面将其家属接到汴梁。原因就在于这时灭亡南唐的时机已经成熟，不需要再加以掩饰了。

其实宋朝在派遣李穆前往南唐的同时，就已经任命大将曹彬为统帅，曹翰、李汉琼、田钦祚、潘美、刘遇、梁迥等分率水陆大军进发，希望造成大军压境之势，威逼李煜不战而降。临出师时，宋太祖还对曹彬说："务必广树恩惠，不须急击，使其归顺。"当李穆出使无功，政治解决失败之时，宋朝大军随即向南唐发动了进攻。

这年十月，就在宋军大举向南唐进攻之时，李煜仍派其弟李从镒向宋朝贡献帛二十万匹、白金二十万斤。即使如此，李煜还认为不足以表示自己对宋朝的恭顺之意，又派起居舍人潘慎修进贡买宴帛一万匹、钱五百万。与此同时，他又下令整顿军备，修城聚粮，进行一些必要的战备工作，然为时已晚。李煜虽贵为一国之君，但却并非政治家，书生的天真在这件事上表现得更为充分。

时局如决堤洪流，一泻千里，宋军迅速兵临金陵城下，不但李煜始料不及，金陵城中那些过惯了歌舞升平的日子的达官显贵也感到不知所措，人人无效死之意，却各怀鬼胎，自思保全身家之策。

在这一时期，韩熙载生前的政敌非贬即死，大都不在南唐政坛上了；而他的故交好友，虽然有不少人仍然活着，但大都远离政治中枢，在朝中执政的完全是一批新进的权贵。

面对宋朝大军的严重威胁，李煜将军事指挥权委托给皇甫继勋，将国家机要委托给他所信任的陈乔、张洎两人，这些人均为新进的权贵，没有多少军事和政治才干。各地的军情奏报日夜飞至，均被这些人扣押下来，隐瞒不报。宋军已经至金陵城南安营扎寨，而李煜仍不知情。尤其是皇甫继勋，他是南唐老将皇甫晖之子，无尺寸战功，全凭家世，得为大将。其在金陵资产丰厚，名园甲第，冠于全城，家中歌伎侍妾成群。掌握军权之后，不思保国，只希望后主早日投降，以便保全家产性命。所以每当听到诸军战败的消息，便喜形于色，部下将领建议招募敢死之士，乘夜出城击敌，却被其囚禁，甚至严刑鞭打。每当后主召其入宫商议军情，其便以军务繁忙为借口，拒绝进宫。

还有一个人值得一提，这就是后主的藩邸旧臣刘澄，他是南唐的润州守将。战争刚刚爆发之时，议者以为润州是防御吴越的军事重镇，须得一良将镇守，后主遂任命其一贯宠信的刘澄为润州节度留后，全权负责润州的军事。其实刘澄早就做好了投降的准备，离开金陵赴任时，将家中金宝悉数运走，为了掩人耳目，扬言说："此乃国家前后所赐，今国家有难，当散尽此财以图报效。"李煜听到这些话后非常高兴。刘澄到润州后，设计将前来救援的昭武军留后卢绛打发去增援金陵，然后开城投降了宋军。

后主李煜所信任依赖的就是这样一批小人。宋人马令的《南唐书·后主纪》说这些人"闻兵兴踊跃，言利害者，日有十数。及遇等败北，中外夺气，戒严城守"。如此君臣，南唐不亡，天理不容。

尽管如此，然从宋军逼近金陵之时算起，直到开宝八年（975）十一月，整整一年多时间，金陵才被攻破，其原因何在呢？

宋军虽然兵临金陵城，却并没有全力攻城，而是采取了长期围困，首先攻取其所属州县，消灭其有生力量，然后再夺取金陵的战法。如果宋军集中军力猛攻金陵，金陵城墙坚固，城中兵力尚强，必然一时难以攻克，兵力也将会消耗过大。另一个原因是，其他诸路宋军正在各地与南唐军作战，参加此次作战的吴越军队也被阻于常州，金陵与外界的联系并未完全阻断，宋军还没有对金陵形成四面合围之势，外地的南唐军队仍可以增援金陵。

宋军此次进攻南唐，与当年后周军队攻取淮南截然不同，基本上没有打过恶仗。由于南唐沿江疏于防守，宋军一路顺利，很快夺取了池州，守将戈彦弃城逃走。宋军进兵当涂（今安徽省当涂县），连败南唐张温、郑彦华、杜真等军，其实都是一些小的接触，南唐军队基本是望风奔逃。吴越军五万人从东面夹攻南唐，进逼常州。开宝八年三月，常州守将禹万诚开城投降。吴越军与宋军会合后，转攻润州。六月，刘澄开城投降，润州失守。于是宋军与吴越军合围金陵，这时南唐唯一的外援便是远在今江西的镇南节度使朱令赟之军。

这年秋天，朱令赟率大军十五万，乘巨舰，沿长江顺流而下，大举入援金陵。这支南唐军队来势甚猛，打算阻断采石浮桥，将长江两岸的宋军分割开来。进至皖口（在今安徽省安庆市西，为皖河入长江之口）时，与宋军相遇。南唐军率先用火油焚烧宋军战船，突然遇到北风，大火反而烧向南唐战船，军队遂溃散，主将朱令赟被俘，南唐的这支援军全军覆没。至此，金陵外援彻底断绝，形势更加危急。

宋军彻底击败各地的南唐军队后，解除了后顾之忧，遂昼夜不息，全力攻打金陵。城中缺粮，斗米万钱，百姓饥病交加，死者无数。为了挽救危局，后主李煜两次派遣其臣徐铉携带大批财宝出使北宋，请求退兵。南唐灭亡在即，宋太祖当然不会答应退兵。关于徐铉出使的经过却有三种不同记载，而且均有很强的故事性。

一种记载见于欧阳修所撰的《新五代史·南唐世家》，大意是有人得知徐铉将要到来，遂向宋太祖进言说："徐铉乃江南名臣，博学多才，肯定想逞口舌之辩，说服陛下保存其国，希望陛下想好应对之策。"宋太祖胸有成竹地说："卿且去，朕自有办法对付。"徐铉面见宋太祖时，极力称李煜无罪，陛下师出无名，又说李煜以小事大，如同儿子对待父亲一样，从未有过失，为什么还要出兵征讨呢？前后有数百言。宋太祖耐心听其讲完，然后徐徐地说:"你称我们为父子关系,既然如此,父子能分为两家吗?"徐铉无言以对,只好默默退去。

赵匡胤像

另一记载见于《宋通鉴》一书,说徐铉见到宋太祖时,反复论辩不休,坚决要求退兵,宋太祖怒斥道:"不必多言了,李煜有什么罪?只是卧榻之旁岂容他人鼾睡。"

第三种记载见于《后山诗话》,大意是说徐铉入宋,希望说服太祖解围退兵而去,并且称其主李煜博学多才,其所作的"秋水"之篇,天下人无不传诵。太祖遂命其诵读一遍,听后大笑说:"这不过寒士之语耳,不足以称道。"然后对徐铉说自己早年从关中返回家乡,途经华山,醉卧石上,一觉醒来,已经是明月当空了,遂诵诗曰:"未离海底千山黑,才到天中万国明。"徐铉听后大惊,黯然退出。

平心而论,宋太祖赵匡胤不是什么诗人,就诗词成就而言,他与李煜自然不可同日而语。但就这两句诗而言,气概非凡,透出一种雄视天下的帝王气度,却是李煜诗所不具备的,这种气度与汉高祖刘邦所作的《大风歌》颇为相似。

这年十一月二十七日,金陵城终于被攻破了,南唐将士力战而死者数百人。性格软弱的李煜并没有如他先前所说的,背城一战,聚族自焚,而是率臣僚数十人袒露着上半身至宋军营寨投降了。宋军主帅曹彬接受了他的投降，并且慰谕说："归朝以后俸禄有限，而花费却颇大，你应当回宫收拾财宝行装，以备他日之用，一旦经有关部门查点接收，再想拿就办不到了。"其左右告诫说："允许李煜返回，如有不测，谁来负这个责任？"即担心李煜自杀身亡。曹彬回答说："他能出降，如何肯死呢？"还有一种记载说：曹彬与大将潘美接受了李煜的投降后，先登上一舟，然后召李煜登舟饮茶。船与岸之间搭有一块独木板，李煜前后徘徊，不敢登船。曹彬只好命左右将其扶持上船。饮茶之间，曹彬告诉李煜可以回宫收拾行装，明日在此会合，一同返回京师。潘美对此举有些担心，曹彬告诉他说："李煜连独木板都不敢登，如此畏死，又如何会自杀呢？"大家都很佩服曹彬的见识和雅量。

·往事已成空·

据记载李煜离开金陵之日，天气阴暗，细雨绵绵，李氏全族冒雨登舟，告别了故国。李煜在船行至长江中流之时，回顾烟雨中的石头城，不觉潸然泪下，遂赋诗一首，用以抒发自己悲痛的心情，全诗如下：

> 江南江北旧家乡，三十年来梦一场。
> 吴苑宫闱今冷落，广陵台殿已荒凉。
> 云笼远岫愁千片，雨打归舟泪万行。
> 兄弟四人三百口，不堪闲坐细思量。

李煜佞佛，虽然已经当了俘虏，对礼佛仍念念不忘。他的船队到达汴口之时，欲登岸赴普光寺拜佛，旧臣极力劝阻。李煜大怒道："我自青年时就被你们这些人限制，不得自由，今日家国俱亡，难道还要如此？！"左右无奈，于是上岸礼拜，久久叹息不止，并且又施舍了许多衣物钱帛。

李煜的叹息也许是因为自己虔诚礼佛，竟然没有得到佛的保佑，仍然不免成为亡国之君。可见此人至死不悟。当初宋军攻城正急时，李煜曾召"小长老"商议退敌之策，"小长老"满口应允，当施法力退敌。于是登城大呼，围城宋军稍稍退却，李煜大喜，命城中无论僧俗，一齐念诵"救苦观世音菩萨"，全城喧沸。不久宋军攻城更加猛烈，城中军民死伤无数，他这才对"小长老"起了疑心。当时城中尚有僧众数千人，要求发给兵器出城迎战，李煜担心有所伤亡，于教法有损，没有同意。如此执迷不悟，确属愚蠢之极。

开宝九年（976）正月，李煜君臣一行终于到达了北宋首都汴梁，从此开始了他愁苦悲怆的降臣生活。不过细究起来，李煜此行虽然心情怆然，但身体并没有受到多少苦楚，反而受到宋朝政府的优待。他一路均乘船而行，并未走陆路，一般来说，水路总比陆路平稳而少颠簸。当时汴梁水路四通八达，十分方便，从金陵北来，须从汴水北上，而时值严冬，河流浅涸，船行不便。为了保证其一行顺利到达，宋太祖诏命沿河各地官府下闸蓄水以提高水位，使船队得以通行。临近汴梁一段水路，由于北方天寒，河面封冻，又令官吏督率民夫，砸冰清理，稍有迟缓，官受劾而民受罚。据统计，因此事而遭到贬黜的州县官员竟达十余人。

作为胜利者对待亡国之君，按照自古以来的惯例，都要举行献俘之礼，不过宋太祖还是照顾了李煜的面子，并未举行此类典礼。

无为夜宴的君主

当时有人主张如南汉皇帝刘铱例，举行献俘之礼，被宋太祖拒绝。他只是驾幸明德楼，令李煜白衣纱帽至楼下待罪，然后颁诏赦免其罪，授予光禄大夫、检校太傅、右千牛卫上将军，封违命侯，并赏赐给金帛之物。宋军统帅曹彬奏上平江南露布。所谓露布，是唐宋时期皇帝诏令的一种，用于公布军队获得胜利的消息，太祖因李煜久奉中原正朔，令勿宣露布。

在中国历代开国皇帝中，宋太祖是一个比较宽容的人，从不杀害亡国之君和降臣。就是这样一个人，却授予李煜违命侯这样一个带有侮辱性的爵号，主要是恼其当初倔强不降。尽管如此，这对李煜来说仍是一个极大的侮辱，其内心之痛苦自是不言而喻的。

宋太祖曾经对李煜治国做过评论，认为"李煜若以作诗工夫治国事，岂为吾虏也"。平心而论这种看法是比较公允的。有一次宋太祖与李煜闲聊，遂问道："听说卿在本国时喜好作诗，可否举得意之作吟之？"李煜沉吟良久，诵其《咏扇》诗一联："揖让月在手，动摇风满怀。"太祖马上不屑地说："满怀之风，却有多少？"太祖乃马上皇帝，对诗文不甚了然，他对李煜诗的这种评价并不足取，因为李煜诗句意在咏扇，自然应是满怀之风，难道区区一扇能扇动满天狂风不成？宋太祖意在贬斥李煜，故有吹毛求疵之嫌。

李煜有一目重瞳，且本人丰姿秀美，仪态风雅，于是宋太祖便对他说："公非贵貌也，乃一翰林学士耳。"这种话太祖以后还多次当着群臣的面说起过，对李煜进行心身摧残。

宋太祖死后，其弟赵光义即皇帝位，是为宋太宗。他表面上对李煜恩礼有加，但实际的摧残更甚于其兄。

宋太宗去其违命侯的爵号，改封为陇西郡公。李煜向太宗诉说其家贫穷，于是又在月俸之外，另赐钱三百万。李煜当初离开金陵时，曹彬曾令其回宫收拾财物，为什么不久就叫喊起贫穷来了呢？原来当初李煜回宫后，将宫中积聚的财物大都分赐近臣，自己并没有带走多少。南唐内史学士张佖分得黄金二百两，为了获得新主子的欢心，献与曹彬，请求通报朝廷。曹彬恶其为人，遂将黄金收入官库，没有理睬其要求。途中李煜又给普光寺施舍了不少财物，加上宋臣中有不少人向他索贿，致使李煜入不敷出。

李煜有一青石砚，墨池中有一弹丸大小的黄石，不用加水，终日用之不竭。李煜对其非常喜爱，常自随身边。入宋后，户部尚书陶谷见到此砚，十分惊异，因砚大不便携带，遂取黄石而去。李煜不舍，请求以宝玩交换，陶谷不理，上马欲去。李煜告诉他，唯有此砚其才可以生水，他砚皆不可用。陶谷不信，回去后试了数十方砚，皆不灵验。李煜多次苦苦索取，陶谷说如果再讨要，当将其摔碎，后来竟然真的将此石摔碎，从此李煜的这方宝砚就再也不能润泽生水了。

其实此事并不真实可靠。陶谷死于开宝三年，李煜于开宝八年亡国，次年才至汴梁，故此事绝不是陶谷所为。尽管此事的具体当事人不实，但此事的记载绝非空穴来风，而是李煜在宋朝备受欺辱的尴尬处境的真实写照。

不仅宋臣如此对待他，就连原南唐旧臣中也有人不礼于李煜，如张洎就是如此。他在南唐时得到过李煜的恩宠，入宋以后受到重用。他以为李煜曾为一国之主，离开金陵时又曾入宫收拾过财宝，自然富贵满盈，所以经常向李煜索取钱财。李煜无力应付，遂将其所用的白金面盆送给了张洎，张洎以为李煜装穷，非常不满。当时潘慎修任李煜记室，张洎怀疑此举乃是潘慎修所教，他们两人平素关系密切，从此以后关系开始疏远。

世事变化，人心不古，这一切在张洎身上体现得非常充分，而张洎却是韩熙载门下的学生，如果韩熙载泉下有知，不知做何感想？那么张洎到底是怎样一个人呢？

张洎，字师黯，又字偕仁，滁州全椒（今安徽省全椒县）人。其祖父、父亲在吴、南唐任过小官，张洎是通过举进士而走上仕途的。少年苦学，博通儒、佛、道诸家经典，文采清丽，风仪洒落，故深得李煜的赏识。早年任李煜的记室，李煜即位后，很快就被提拔为中书舍人、清辉殿学士，参与机密，执掌中枢决策大权。李煜兄弟聚宴，只有张洎能够参加，他人皆不得预。李煜还为他在宫城之旁修建了宏大的府第，赐书万余卷。李煜还曾亲自到其家，召见其妻子，赏赐甚厚。宋军围城时，张洎竭力劝阻后主李煜投降，并表示一旦宋军入城，自己当首先赴死。当宋军攻入金陵时，张洎与光政使陈乔约定同死，陈乔自缢而死后，张洎却解开绳索，面见李煜说："臣与陈乔同掌枢务，国亡当死，只是念国主尚在，放心不下，故留下来以报主恩。"入宋后，宋太祖当面谴责张洎说："汝教李煜不降，使至今日。"张洎并不畏惧，顿首请罪说："这一切确是臣所为，只是各为其主而已。今日得死，是做臣子的本分。"宋太祖认为张洎忠心可嘉，遂免其罪，官拜太子中允。宋太宗即位后，以张洎文雅，曾命其主持进士考试，迁礼部、户部郎中。寇准入仕较张洎晚，但却受到皇帝的重用，遇事张洎多为其规划，寇准感恩，极力推荐，遂得以任参知政事，即副宰相。后来见皇帝厌恶寇准专权，张洎担心自己会与寇准一同被罢相，便当着寇准的面，上奏说他背后诽谤皇帝。后来寇准被罢相，张洎从中起到了不少坏作用。

张泊与韩熙载的另一学生徐铉关系密切，两人一同入宋，均受到重用。后来因议事意见不合，张泊便与其绝交。徐铉是当时著名的书法家和文章高手，张泊虽与其绝交，但却仍然手抄徐铉之文，搜求徐氏墨宝笔迹，珍藏在家，甚至超过了对古玩珠玉的珍惜程度。

可见张泊为人确有其独特之处，不仅李煜没有识破其真面目，宋太祖、太宗兄弟同样被其迷惑，就连寇准这样的贤人事先不是也没有洞察其心吗？

使李煜感到更为耻辱的事是国亡之时，宫中嫔妃或被宋军将士掳掠而去，或被宋朝皇帝纳入宫中，尽为他人妻妾或宫嫔。

关于这个问题，宋人曾多有记载。《西清诗话》云："南唐李后主归朝后，每怀江国，且念嫔妾散落，郁郁不自聊。"另据《默记》卷中载，李煜曾手写金字《心经》一卷，赐其宫人乔氏。乔氏入宋后进入太宗宫中，当她听到李煜亡故的消息后，遂将此经舍给汴梁大相国寺西塔院，并且亲在书后书写了这么一段话："故李氏国主宫人乔氏，伏遇国主百日，谨舍昔日赐妾所书《般若心经》一卷。在相国寺西塔院，伏愿弥勒尊前，持一花而见佛云云。"后来此经流落在外，有人曾经见过，并说乔氏所书"字极整洁，而词甚凄惋"。这个乔氏当不是普通宫人，而应是李煜的嫔妃之一。

《十国春秋·南唐后主纪》还说：李煜自从入宋以来，闷闷不乐，经常给流落各处的旧宫人书写诗词，设法寄送，以表关切之情，辞甚悲惋，不忍卒读。

李煜本是多情种子，无论是对待妻妾还是子女兄弟，都关爱有加。其妻昭惠周后亡故后，李煜痛心疾首，创作了不少怀念的诗句。其《书灵筵手巾》诗云："汗手遗香渍，痕眉染黛烟。"周后留在汗巾上的香渍犹存，印上的眉痕还染着青黛，遗物尚在，人已西去，如何不教人倍增撕心裂肺之痛。《挽辞》诗又云："秋丽今何在？飘零事已空。沉沉无问处，千载谢东风。"前两句写丧妻之痛，后两句述亡子之恨。李煜次子仲宣，小字瑞保，数岁病故，有说昭惠周后便因此而病情加剧，终致驾鹤归去。其《感怀》诗曰："又见桐花发旧枝，一楼烟雨暮凄凄。凭栏惆怅人谁会，不觉潸然泪眼低。"后人评论认为，李后主的这首诗情景交融，意象宏远，通过风物依旧、人已不存的描写，表现其悼念亡妻的悲伤之情，尤其是"一楼烟雨暮凄凄"一句，更是写愁的名句。李煜怀念故妻的诗作并不仅限于此，聊举几例，以见其心性。

正因为李煜能够以真爱对待家人与嫔妃，而不像历史上有些帝王视嫔妃为性工具，所以其虽然沦为降臣，乃至亡故，却仍能得到旧宫嫔的怀念。

其实令李煜感到极为耻辱的事并不仅限于此，就连自己的妻子也不能保证其不受辱。据宋人记载：小周后随李煜归宋后，被封为郑国夫人，每逢节令，随例与诸命妇入宫向皇后朝贺。每次入宫辄数日而出，回家后必大骂李煜，声闻于外。李煜无言以答，只好躲闪回避。那么，在小周后身上到底发生了什么事，而令其如此悲愤？宋人虽然不便明言，却不是没有一点表示。据载有一幅宋人所绘的《熙陵幸小周后图》，画面是宋太宗戴幞头，面黑而体肥，小周后半裸，肢体纤弱，由数名宫女抱持，"周后作蹙额不胜之状"。说明小周后是被强迫做了其不愿做之事。这幅画上面还有元人冯海粟学士的题诗云："江南剩有李花开，也被君王强折来。"这幅画直到明代尚存于世。这些记载未必是没有根据的。

宋太宗太平兴国三年，李煜死后，小周后悲伤过度，也于同年死去。

李煜入宋后的苦难并未到此而止，宋太宗还不断地在精神上对他加以折磨。据载，太宗幸崇文院观书，召李煜与南汉降主刘铱同观。太宗问李煜道："听说卿在江南好读书，这里的图书多是卿之旧物，归朝以来还读书吗？"抢夺了人家的书，还询问其是否读书，太宗意在侮辱李煜的人格。

如果说上面的侮辱尚比较隐晦的话，那么下面的事例则属于赤裸裸的羞辱了。南唐灭亡后，其文学之臣多被授予近密之职，颇受重用。有一次，宋太宗驾幸翰苑阅群书，李煜时任右千牛卫上将军，身处环卫之列，而徐铉、汤悦之辈却伴驾侍坐。这种状况本来就已经使李煜极为尴尬，太宗还要雪上加霜。他指着高高在上的南唐旧臣和身在下位的李煜说："不能治国政，修霸业，只知嘲风咏月，以致出现今日这种状况，乃是必然的。"

李煜入宋后的这种生活处境，使其身心受到了极大的摧残，加之文人的多愁善感，懦弱的性格，敢怒而不敢言的郁闷，使尚处于壮年的李煜身体状况急剧恶化了。

关于其身体状况，在其作品中有明确的反映，如"鬓从今日添新白，菊是去年依旧黄"。这两句诗立意精美，构思新巧，是千百年来脍炙人口的佳句，唯其如此，更显见其凄凉的心境，倍增人们对其处境的同情。"病态知衰弱，厌厌向五年"，是李煜描写自己归宋后身体状况的又一诗作。说明入宋以后对其身心的摧残，使李煜身体更加衰弱了。从开宝八年算起，至其死亡的太平兴国三年，粗算也不过四年时间，为什么李煜在这里却要说自己已经患病五年了呢？说明早在宋军开始进攻南唐的开宝七年，李煜内外交困，就已经患病了，入宋以后病情加剧，身体更加衰弱。同时也说明李煜的这首诗写于其死亡前夕，即太平兴国三年七月之前。

无为夜宴的君主

身心极度衰弱的李煜终于死了,时间在太平兴国三年七月八日,终年四十二岁。关于其死亡的原因,官修史书多含糊其辞,其死亡的时间也只说某年某日,但是不少宋人私撰的书籍却记其死于中毒,其中以《默记》一书的记载最为详尽,大致情况如下:

一日,宋太宗问徐铉:"最近曾见过李煜否?"徐铉回答说:"臣如何敢私自见面!"于是太宗命他去见李煜,就说奉圣命前来看望。两人相见后,李煜大哭,默坐不言,忽然长叹道:"当时悔杀了潘佑、李平。"关于此事后面还要详述。宋太祖下诏讨伐南唐时,曾历数李煜之罪,其中也有杀忠臣一事,即指此事。李煜此时提起此事,明显是怀念故国,并对目前处境表示不满,只是怕引起宋廷的警觉,不敢直说,才这样曲折地表达。徐铉回去后,太宗询问李煜所言,徐铉不敢隐瞒,只好以实相告,引起了太宗对李煜的警惕。加之七夕之时,李煜在家中命旧伎奏乐,演唱他所作的新词《虞美人》,声闻于外。其中的"小楼昨夜又东风,故国不堪回首月明中"与"一江春水向东流"等句,都在很大程度上激怒了宋太宗,促使其下决心除掉李煜,最终导致了他中毒身亡的悲剧发生。

李煜死后,太宗追封其为吴王,赠太师,辍朝三日,以示哀悼,并将其埋葬于洛阳北邙山。他还命徐铉为李煜撰写墓志铭,徐铉为了避祸,遂违心地写其因病而亡。

李煜宅心仁厚,好生戒杀,治国以富民为事,江南百姓世受李氏之恩。其亡故的消息传到江南时,百姓巷哭,设斋祭之。与此同时,又掘了那个向宋军献策架设浮桥的樊若水的祖坟,将其祖先尸骨抛入长江,可见江南百姓对其行为的憎恨程度之深。

李煜悲惨的命运广泛地博得了人们的同情,为了表示对宋朝统治者残杀李煜的不满,民间传说宋徽宗就是李煜的投胎再生。宋人所撰的《贵耳集》《养疴漫笔》等书均载：宋徽宗降生之时，宋神宗曾梦见李煜来谒。宋徽宗长成后，文采风流，颇似李后主。金军攻破汴梁城，掳徽宗、钦宗及皇子、宗室北还，"女真用江南李主见艺祖故事"。艺祖，即指宋太祖。也就是说金国皇帝召见徽宗等人时，采用了当年宋太祖召见李煜时的仪式。这种记载固然不可相信，但是却反映了人们的一种倾向，寄托了对李煜不幸遭遇的深切同情。

苦闷 夜宴者的心态

无可奈何花落去
韩熙载心态剖析

·空怀抱负·

　　韩熙载南渡之初，正值年轻气盛之时，自恃满腹经纶，又恰逢乱世，正好建功立业，所以他与好友李谷分别时，才敢夸下海口：如果江南拜自己为相，当长驱以定中原。中国古代的士人大都具有"达则兼济天下，乏则独善其身"的思想，韩熙载也不例外，他把登堂拜相作为自己的人生理想。他没有料到的是，到了晚年终于有了拜相的希望，却由于自己的缘故，宁愿背上纵情声色的名声，也不愿登上向往已久的相位。这其中的苦涩，恐怕是他人难以体会的。

　　韩熙载一生命运多舛，初入吴时由于狂傲不羁一直未受到重用，在先主李昪统治期间，他任职于太子东宫，也未能有展示才华的机会。直到中主李璟即位后，出于对东宫旧僚的眷顾，韩熙载才先后充任过虞部员外郎、史馆修撰、太常博士、权知制诰等职，尽管这些官职都不高，但已使韩熙载心存感激，决心大展宏图，报效国家。

　　韩熙载认为对于国家来说，最重要的莫过于人才的发现与培养，"于是大开门馆，延纳隽彦，凡占一技一能之士，无不加意收采，惟恐不及"。据《钓矶立谈》一书记载，当时聚集于韩熙载门下的士人有萧俨、江文蔚、常梦锡、冯延巳、冯延鲁、徐铉、徐锴、潘佑、舒雅、张洎等人。在这些人中，有的确属韩熙载的门徒，有的则属于以文相聚的友人，他们大都在名望、年齿等方面较

苦闷
夜宴者的心态

韩熙载为浅，所以一时齐聚其旗下。据相关史料记载，韩熙载对这些后进之士的培养非常尽心，殷勤接待，甚至扶病相见，而不愿使他们受到丝毫的冷落。凡是送来求教的文章，一定精心修改，如果是好文章，则反复诵读，爱不释手，并加以鼓励推奖，对此旧史赞扬他说："至诚奖进后辈，乃其天性。"韩熙载不仅关注文章的优劣，对政治同样十分关心，经常与这些人议论国事，反复论难，对当世急切之务则更加关注，从而为南唐收纳和培养了一批急需的人才。

世态复杂，人生多变，聚集于韩熙载旗下的这批人后来又有所分化，有的人因为贪图权位、误国害民而受到韩熙载的鞭挞，有的则因为行为不端而遭其冷遇。前者如冯延巳、冯延鲁兄弟，后者如张洎之辈，当然更多的人则与韩熙载一样能够坚持高洁的操守。

如萧俨，庐陵（今江西省吉安市）人，大约是在吴国统治期间，考中了童子科，年纪稍长一些，遂被任命为秘书省正字。韩熙载此时任秘书郎，与萧俨相识，见其年虽少却端直刚正，心甚喜之，遂收入门下。先主李昇晚年为求长生，服食金石之药，导致性格暴躁，近臣经常无故被谴罚，搞得人心惶恐。当时陈觉任宣徽副使，掌管宫廷事务，由于担心受到责罚，称疾数月，直到李昇死去，见到遗诏发布后，这才上朝。当时萧俨任刑部郎中，遂上表弹劾陈觉，并请求给以严罚。中主置之不理。

中主李璟统治初期，冯延巳、冯延鲁、陈觉等人得宠，专断朝政，他们为了一己之私，往往随意改变旧制。如早在李昇在吴国辅政时，就曾立法严禁贩卖良人为奴，可是冯延巳、冯延鲁兄弟仅仅因为想要广置伎妾，便篡改遗诏，称凡是百姓因家贫卖子女为奴者，可以听其自愿。萧俨上表驳斥说："冯延鲁任东都判官时，就已经有过这种请求，当时先帝问臣，臣回答说：'陛下辅吴之时，出库金赎民为奴者，大得人心拥戴。今国运中兴，陛下应当顺应民心，奈何出此下策，使贫民卖子女于豪族之家。'当时先帝欲加罪于延鲁，臣劝解说：'延鲁只是见识低下，并非有其他用心，何必惩罚。允许臣僚言事，可以大开言路，有利于国事。'先帝遂在延鲁的奏章上斜抹三笔，留中。请陛下在宫中详查，一定还可以找到这件奏章。"李璟命人去查，果然找到了当初冯延鲁的这件奏章，然而朝中的其他大臣也正欲借此机会广纳伎妾，以声色自娱，遂以遗诏已宣行，不便追改为借口，拒绝了萧俨的奏请。

类似的奏章还很多，比如中主李璟在宫中大造楼台亭阁，完工后召近臣入宫观看，众人均赞其壮丽宏伟，唯独萧俨说："与景阳楼相比，只是楼下少了一口井。"景阳楼为南朝陈后主所建，隋朝大军攻入金陵时，陈后主躲入楼下井中，被发觉俘获。萧俨认为李璟耗费大量钱财，建造楼阁，劳民伤财，故以陈后主的故事予以警示。李璟闻言大怒，将其贬为舒州观察副使。后又被召还入朝。后主李煜即位之初，不理朝政，却经常与几个宠臣弈棋消遣。有一次，萧俨入宫，见到他们正在弈棋，大怒，上前将棋盘掀翻在地。李煜非常生气，质问说："你难道想学魏徵吗？"萧俨不慌不忙地说："臣非魏徵，陛下也非唐太宗！"李煜自知理亏，不便治萧俨之罪，从此也不再与外臣弈棋。

江文蔚，建安（今福建省建瓯市）人。此人在后唐明宗时科举中第，比韩熙载晚数年，由于朝中政治倾轧，被罢去官职，遂南渡投吴，被任命为宣州观察巡官，历任比部员外郎、主客郎中、太常卿、御史中丞、翰林学士等职。江文蔚的官职虽然一度比韩熙载高，但由于其资历较浅，且都是从中原南渡而来的，所以对韩熙载非常尊重。先主李昇死后，他任太常卿，而韩熙载兼任太常博士，两人与萧俨等配合默契，将当时的礼仪活动搞得井井有条，受到了时人的赞扬。

江文蔚也是一个疾恶如仇的人，他任御史中丞时，宰相冯延巳与其弟冯延鲁及魏岑、陈觉等勾结，专断朝政，发动了伐闽战争，导致兵败国弱的严重后果。中主李璟下诏斩陈觉与冯延鲁，以谢国人，而对冯延巳与魏岑却置之不理。江文蔚上表弹劾，在朝堂上当众宣读弹文，这篇弹文言辞犀利、锋芒毕露，既指斥了冯延巳等人专权误国的种种劣迹，又批评了李璟不辨贤愚、任用群小，致使国力遭到极大地削弱，要求将他们处以重刑，以严明国法。江文蔚自知此举将会触怒李璟及冯延巳等人，所以事先已将老母及家小安置在小船之上，只等贬官的诏书一下，便可直接离去。此举果然触怒了李璟，下令将江文蔚贬为江州司士参军。而冯延鲁、陈觉等人却由于大臣宋齐丘的营救，免于一死，冯延巳虽然暂时被罢去相位，但时隔不久便又重新掌握了大权。江文蔚的这篇弹文震动朝野，韩熙载的另一门生常梦锡公开扬言："白麻虽佳，不如江文蔚疏耳！"白麻指皇帝发布重要命令的诏敕。

在李璟统治的整个时期，朝臣中的这种斗争非常激烈。江文蔚后来被召回京，任翰林学士。保大十年，南唐初创科举制度，李璟知江文蔚正直无私，遂命其主持科举考试，共录取了三名进士。事后，李璟问江文蔚："卿主持科举考试，取士与中原相比，有何不同？"江文蔚回答说："中原科举，公荐私谒相半，而臣完全出于公心，以才取士。"江文蔚的这句话又戳到了一些人的痛处，冯延巳等一批人都不是科举出身，而中书舍人张纬虽是科举出身，却是在中原王朝及第的，于是这些人联合起来，极力攻击，致使南唐的科举制度一度废止。

实际上江文蔚本人也是在中原科举及第的，他说这种话并没有刻意贬低某些人的用意，只是客观说明情况而已，而冯延巳、张纬等人小肚鸡肠，完全不顾国家选用人才之需，从个人意气出发，致使国家一项重要的制度废于一旦。其实，韩熙载也是在中原王朝考中进士的，可是也未见他对此有何不满，坦然自若，可见古人所说的"君子坦荡荡，小人长戚戚"确是至理名言。

常梦锡，扶风（今陕西省扶风县）人，一说京兆万年（今陕西省西安市）人。后唐明宗时南渡，被李昪任命为大理司直。南唐建立后，历任殿中侍御史、给事中、翰林学士、宣政院学士、户部尚书等职。常梦锡文章典雅，诗歌清丽，颇受时人重视，但是他生性耿直，在朝中以敢于直言而著称，因此又颇为冯延巳、陈觉等人所忌恨。李璟为太子时，多有过失，唯有常梦锡敢于直言规正，李璟当时虽然不悦，但知其耿直，事后也都能够予以谅解。正因为如此，李璟在即皇帝位后，打算用其为翰林学士，此举引起了宋齐丘朋党极大不满，设法使其贬为池州判官，直到宋齐丘出朝外任节度使后，才又重新被召回朝廷，任翰林学士。这一时期魏岑任枢密副使，冯延巳任宰相，相互勾结，专权用事，常梦锡经常与其争论，因为李璟支持魏、冯，常梦锡的主张无法实施。于是常梦锡只好称病不朝，终日饮酒解愁。魏、冯及李德明、钟谟等人为了将其从内廷排挤出去，遂推荐他为户部尚书，常梦锡耻于为小人所荐，坚决推辞不干，李璟不许，没奈何只好就任，但对政事不置可否，只是每日签署公文而已。此后，常梦锡虽然数次被贬，却至死不改其秉性。

常梦锡为人忠直，但却口齿笨拙，不善言辞。他多次与中主李璟辩论宋齐丘朋党的危害，反被李璟驳得哑口无言，急得他伏地顿首说："大奸似忠，陛下若不觉悟，江山将不保矣！"淮南战争后，南唐向后周割地称臣，朝中公卿在一起议事时，常称中原王朝为大朝。常梦锡大笑说："你们不是常说要辅佐君主，统一中原，何故今日反倒成为小朝廷了？！"弄得众人不欢而散。常梦锡的所作所为虽然不为朝中小人所喜，但由于他操守高洁、清正廉明，往往使其政敌找不到攻击的口实，这一点确是难能可贵的。

其实《钓矶立谈》的记载还有遗漏，受过韩熙载栽培的人物还有不少，比如吴淑就是其中一位。吴淑是润州丹阳（今江苏省丹阳市）人，其父在吴国曾任过太子中允。他自幼好学，聪慧异常，文思敏捷。韩熙载见到吴淑后，十分器重他，着意培养，每有重要文赋都委托吴淑撰写，使其很快扬名于江淮，后来吴淑在南唐官至校书郎、直内史。入宋以后，他参与编修过《太平御览》《太平广记》《文苑英华》等重要典籍，并参与修撰了《太宗实录》，为发展我国古代文化做出了重要贡献。他在北宋历任大理评事、太府寺丞、著作佐郎、起居舍人、职方员外郎等官，著有文集十卷、《说文五义》三卷、《江淮异人录》三卷、《秘阁闲谈》五卷等。

韩熙载除了着意为国收纳和培养人才外，时刻也没有忘记平定天下，完成统一大业。后世有些人针对韩熙载与李谷分别时所说的长驱以定中原的话，大加嘲讽，认为韩熙载只会说大话，徒有其口，而无实才。其实这种批评并不准确，在这一点上，宋代学者吕祖谦的观点要更客观一些。他在《左氏传说》一书中，认为李谷之所以能够展尽才华，原因就在于其遇到了周世宗这样的明主；而韩熙载却没有这样的好运气，他所遇到的君主是南唐中主李璟，庸懦无能，不能重用贤才，致使韩熙载终其生而一事无成。吕祖谦进而提出，以成败论人，是研究历史的大忌。

吕祖谦还认为韩熙载的见识超乎常人，他举例说韩熙载奉命出使后周，已识时任殿前都点检的赵匡胤非同常人，证明其具有非凡的洞察力。关于此事详见《玉壶清话》一书，记韩熙载奉命出使后周，归来后李璟询问新帝及朝中将相情况，韩熙载回答说："新帝虽然英气逼人，但厚重不足，恐怕不能负山河之固；唯有殿前典亲兵赵点检，龙角虎威，凛然有异，举目顾视，电日随转，公卿满廷，为气焰所射，尽夺其色。"当时李璟并没有在意，后来赵匡胤取代后周，登上皇帝宝座，李璟这才为韩熙载的见识所折服。其实赵匡胤任殿前都点检之职是在显德六年六月，此前任此职者为张永德，《玉壶清话》的记载微有瑕疵。

这种知人识人的能力固然值得称道，但并不证明凡具有这种能力的人政治才干就一定突出，那么韩熙载的政治能力如何呢？由于其一生没有执掌过具体政务，不好论定；但就其分析和把握全局性政治与军事形势来说，却是具有非凡的远见卓识。前面已经论到韩熙载早在南渡之初，就已具有统一天下的雄心壮志，只是由于不被重用而未能尽施平生抱负。中主保大四年，即后晋开运三年，契丹大军进攻中原，后晋军战败，在统帅杜重威的率领下全军投降。次年，契丹军顺利攻入汴梁，灭亡了后晋。由于契丹四处烧杀抢掠，激起了中原军民的反抗，他们到处打击契丹军队，杀死契丹官员。一些后晋将领相继率部归降了南唐，如密州（治今山东省诸城市）刺史皇甫晖、棣州（治今山东省惠民县东南）刺史王建封等，淮北的抗辽民众武装也纷纷请求南唐出兵中原。面对这种局面，韩熙载不失时机地上书李璟说："陛下有经营天下之志，今日正好是千载难逢的好时机，如果契丹人完全北撤，中原另立新主，安抚百姓，稳定局面，则以后便不会再有这样的机会了。"可是这时南唐正陷入宋齐丘、陈觉、冯延鲁等所主导的伐闽战争之中，根本无力北

苦闷
夜宴者的心态

顾,坐失了一次统一中原的良机。韩熙载一贯反对宋齐丘之党所主导的战争,为此还受到了残酷的打击,此次力主出兵北伐的态度,说明其确有不凡的政治眼光和分析问题的能力。

宋代著名历史学家司马光、明清之际的著名学者王夫之等均认为:即使南唐不陷入伐闽泥淖,出兵北伐,与秦晋赵魏之师战于中原,也未必是刘知远、安重荣之流的对手,必然导致丧败,不如自保为上策。

其实这种看法未必正确。南唐伐闽的失败,主要是用人不当所致,并不是其军队没有战斗力的缘故。南唐诸将也未必不是刘知远、安重荣之辈的对手,以李金全之骁勇稳健,卢文进之刚毅果敢,林仁肇之多谋善战,刘仁赡之忠义英武,均为将才中一时之佼佼者。尤其是刘仁赡,少以骁勇知名,精通兵法,为诸将之冠,他镇守寿州时,以周世宗之英武、后周军队之强盛,也在他面前屡遭挫败,寿州在其生前虽然孤立无援,却始终未被后周军队攻下。南唐如果能够重用这些将领,安知不是刘知远、安重荣辈的对手?刘知远虽然老奸巨猾,但在军事上却未见有任何突出的建树,也未取得过任何像样的战绩。至于安重荣,浮躁寡谋,骄横残暴,实在不是很好的将才,其轻举妄动,割据称霸,最终落了个兵败身亡的可耻下场。南唐在中主李璟时期,之所以在军事上连遭挫败,一是违背了先主制定的战略方针,二是不能识人与用人,否则以南唐财力之丰厚、人力之充足,选将派兵,逐鹿中原,焉知不能开创出以南方统一北方的崭新局面?

保大六年(948),后汉河中节度使李守贞联合关中两镇叛乱,希望南唐能派军队进行援救。中主派宿将李金全出师北上,李金全认为河中遥远,救之无益,率全军而退。次年,反抗后汉残暴统治的淮北起义农民大都表示愿意归顺南唐。于是，中主命大将皇甫晖率兵万人，出海州、泗州（治今江苏省淮安市洪泽区洪泽湖西岸）招纳，蒙城（今安徽省蒙城县）镇将咸师朗等率部下归降了南唐。

保大九年，后周建立。这时又有人主张北伐，韩熙载坚决反对，他上疏说："北伐本来是我的一贯主张，但今日已不可能了。周太祖郭威奸雄，虽然建国不久，但对淮北防守甚严，我军轻率出动，恐怕不仅仅是无功而返的问题了。"韩熙载的意见是建立在正确分析双方实力的基础上的，他知道北伐中原的时机已经丧失，南唐国力衰弱，根本无力承担大规模战争的巨大消耗。但是，他的意见根本无人理睬，南唐经营中原的梦想仍然很强烈，并且数次出兵策应中原地区的叛乱藩镇，结果不是无功而返，就是惨败而归。

韩熙载从积极主张北伐中原到坚决反对向中原用兵，并非意志消退，而是审时度势，仔细研究了当时的政治局势，分析了南唐与中原王朝的实力对比后得出的结论。这一切均充分地证明了韩熙载所具有的远见卓识，与南唐朝中一帮目光短浅的碌碌小人形成了鲜明的对照，从而也证明了韩熙载确有宰相之才，可惜的是生不逢时，致使其空怀抱负，壮志难酬。

·心灰意冷·

晚年的韩熙载心态发生了巨大的变化，导致这种变化的原因比较复杂。朝中党争愈演愈烈，南唐疆土日削，国力衰弱，不仅统一天下的愿望无法实现，而且还面临着生死存亡的威胁，所有这一切

苦闷
夜宴者的心态

都使韩熙载感到心灰意冷。当然韩熙载这种心态的变化，也有一个渐进的过程，他与宋党也不是一开始就处于对立的状态。

据《钓矶立谈》载："宋子嵩，初佐烈祖，招徕俊杰，布在班行，如孙晟、韩熙载等，皆有特操，议论可听。及晚年惑于陈觉、冯延巳等，更疏薄平素所知奖者。"子嵩，是宋齐丘的字，他早年辅佐李昪时，建议招徕人才，韩熙载也是在这个时期南下的，故将其任用算在了宋齐丘的名下。关于这一点，《江南野史》也说：宋齐丘"乃使人于淮上，延接北土归义之士，大夫孙忌、韩熙载等数十人，皆以仁爱惠义致之，推以心腹，故得人，莫不乐为之用"。引文中所说的孙忌，就是指后来当过宰相的孙晟。可见在李昪辅吴时期，无论是北方人士还是江淮土著，均能和睦相处，上下齐心，终成创建南唐的大业。

正因为韩熙载与宋齐丘有过这么一段因缘，后来即使在被宋齐丘多次打击排挤的情况下，韩熙载也能不计前嫌，坦然相待，甚至主动拜会宋齐丘，希望能劝其疏远"二冯"、陈觉等人，以国事为重。他以儿童放风筝为例，说风筝在放飞阶段比较好控制，但是到了回收阶段如果操作不当，则往往容易导致线断遗失。然后进一步指出："世事大有似此者，愿相君以为念。"又说"天下之势，盖又有甚于此者"，则更要谨慎对待。其实在此之前，孙晟也找过宋齐丘，善言相劝，要他珍惜自己的声誉，凡事以国事为重。可惜的是，宋齐丘由于权力欲过强，不能醒悟，当其晚年失宠时，这才想起了孙、韩二人当年的劝告。据载，宋齐丘被幽禁于九华山时，有一天晨起照镜时说："吾貌有惭色，应愧孙无忌、韩叔言。"

南唐朝廷内部的这种朋党斗争，导致了政治的腐败与混乱，使其国势遭到了极大的削弱，同时也使一大批文臣武将成了党争的牺牲品。到中主李璟统治末年，宋齐丘一派的主要人物，或被诛杀，或被贬黜，朝中几乎为之一空，"二冯"、陈觉、魏岑、查文徽、李徵古等，包括宋齐丘本人在内，均已先后死去。其反对派中除了韩熙载、严续、徐铉等少数人外，也基本死亡殆尽。所以到了后主李煜统治时期，虽然不再有朋党斗争的存在，然人才凋零，国势日衰，只能偏安于江南一隅，苟延残喘，在政治上已没有什么作为了。正因为如此，后人评论说："南唐之亡，非人亡之，亦自亡也。"

韩熙载深感南唐国势之颓已不可挽救，加之后主李煜不知奋发图强，懦弱无为，而中原王朝虎视眈眈，南唐政权的灭亡只在早晚之间。面对这种状况，韩熙载虽不甘心，但无可奈何。其晚年纵情于声色，只不过是一种麻醉自己、消磨余生的无奈之举，虽有避免拜相的意图，但更多还是出于爱惜自己的羽毛，以免贻千古之笑。

我国古代士大夫中凡具有雄才大略者，在处于逆境时有两种不同的表现：一种是明知不可为而为之，鞠躬尽瘁，死而后已，如蜀汉的诸葛亮；另一种则如韩熙载这样，抱着独善其身、苟延余生的态度。两种态度，对照鲜明，孰优孰劣，自不待言。

仔细分析韩熙载晚年的心态，发现其处在一种矛盾的状态之中。韩熙载是一个具有济世救民且有宏大抱负的人，因此其反对分裂，主张统一，欲借助南唐强大的经济实力和众多的人力资源，实现其统一全国的理想，这是他在中原无法立足时，不投靠南方其他政权，而直奔江淮的根本原因。当实现统一的有利时机到来时，他便上书主张出兵北伐；当统一的重任已经转迁到中原王朝，南唐失去了这种实力后，他并不因为自己是南唐大臣而坚持割据。据《湘山野录》载：韩熙载在出使宋朝归来后，曾对其主说过一句话："五星连珠于奎，奎主文章，仍在鲁分。今晋王镇兖、海，料非久必为太平中国之主,愿记臣语。"这里所说的晋王,就是指后来的宋太宗赵光义;所谓"太平中国之主",就是指能够完成统一大业的君主。然而韩熙载毕竟是古代有气节的士大夫,"食君之禄,忠君之事"的观念对他影响至深,使他不可能另投他主,谋取好处。在明知南唐国事不可为的情况下,出于这种矛盾的心理,他只有选择纵情声色,一则可以暂时麻醉自己,二则可以逃避亡国之责。

韩熙载晚年虽然纵情声色,但其孤傲的性格和高洁的品格却丝毫没有改变。韩熙载一生多次被宋齐丘压制和排挤,他也屡次批评宋党所主导的国策,但却从未因为政见不同而对宋齐丘个人进行攻击,原因就在于其还顾及早年与宋之间的因缘。前面已经说过,韩熙载晚年由于奢侈生活的耗费,一度陷入财力困乏、生活困窘的境地,即使在这种情况下,他也不愿因为钱财而丧失品格。试举一例,即可见其一斑。

宰相严续位高而寡学,为人所轻视。江文蔚曾撰《螃蟹赋》进行讽刺,其中有这样的句子:"外视多足,中无寸肠";"口里雌黄,每失途于相沫;胸中戈甲,尝聚众以横行"。因为韩熙载才名远播,严续遂请其为其父严可求撰写神道碑,希望能为自己也写几句称誉的话。为了达到目的,他赠给韩熙载价值万缗的珍货及年轻貌美的歌伎一名,作为润笔之费。韩熙载接受了他的馈赠,碑文撰成后,只叙其家世、品秩、薨葬、褒赠等方面的内容,没有一字说及严续本人的业绩。这样的碑文当然不能使严续满意,他退还碑文,希望韩熙载能够予以修改。于是韩熙载便退还其全部所赠,不愿改动一字。

严续生性恭谨,为官刚直,宋齐丘势盛时,朝中公卿多依附之,唯独严续持正不屈。翰林学士常梦锡曾在中主李璟面前指斥宋齐丘的过失，李璟对他说："大臣中只有严续能够自立，然才短学浅，恐不能胜其党，你们应该互相帮助。"因此严续也被视为韩熙载同党。即使如此，韩熙载也不愿违心地对其溢言虚美，这种品格确属难能可贵。

关于严续的家世，这里需要略做简介：他是冯翊（今陕西省大荔县）人，其祖父严实在唐朝曾任江淮水陆转运判官，因此其家便迁到了扬州。其父严可求，在吴国是杨行密的主要谋士，屡建大功，声望甚高，也曾担任过宰相。严续是通过门荫入仕的，娶先主李昪女为妻，应该是李璟的妹夫。严续因为自己学识短浅，为同僚所轻，遂要求子孙用功苦读，后来其家中进士者达十余人之多。

顺便说一下，韩熙载其实无党，他只是因为反对宋齐丘朋党祸国殃民、专权乱政，与一些政见相同的人走得近一些，并未将他们视为同党。其他人也大都如此，既未互相援引，也未勾结谋利，甚至连松散的政治盟友都算不上。只是因为他们与宋党进行过斗争，并均遭受过宋党的打击，后人遂将其视为与宋党对立的另一朋党而已。

从《长乐老自叙》说起
北方士风

·《长乐老自叙》的由来·

《长乐老自叙》是五代大臣冯道撰写的一篇文字，叙述其在历朝所获得的各种官职、爵禄、封赏情况，自谓在家为孝，在国为

苦闷
夜宴者的心态

忠,既是人子、人弟、人臣、丈夫、父亲,又有儿子、孙子,食有味,饮有酒,读有书,目睹美色,耳听乐声,安于当代,老而自乐,人世间还有什么能比这些更快乐的呢!这篇文章撰于后汉隐帝乾祐三年(950),流传颇广,被收入《旧五代史·冯道传》。

冯道其人,是五代时期最有影响的人物之一,其一生历任四朝十君,三次拜相,在相位前后二十余年,以持重而著称,平生廉明节俭,声望甚高,被时人视为当世之孔夫子,只是在晚年稍有奢侈。关于此人,历来争议甚大,赞誉者有之,指斥者亦有之,因此有必要对其生平做一简介。

冯道,瀛州景城(今河北省沧州市西)人。其先世以农为业,没有做过官。冯道年轻时生活艰苦,但能立志苦学,虽大雪拥门、灰尘满席,仍然诵读不辍。唐朝末年,刘守光任幽州节度使时,任其为幽州参军。刘守光败亡后,他流亡到太原,河东监军张承业任其为巡官。河东记室参军卢质对张承业说:"我曾经看到过司空杜黄裳的画像,冯道的相貌与其颇像,将来前途无量,希望予以重用。"张承业遂推荐他任使府掌书记。唐庄宗李存勖与后梁大战期间,冯道也在军中,居一茅庵,卧于草上,与仆人吃同样的饭食。军中将校掠得美女,曾赠给冯道一人,冯道无法拒绝,遂安置于别室,访其家而送还之。后唐建立后,冯道历任翰林学士、中书舍人、户部侍郎等职。冯道曾因父亡而回乡守丧,正好遇到灾年,便拿出了全部积蓄救济乡邻,自己却下田耕作,砍柴负薪。凡遇有荒芜的田地,而田主无力耕作时,冯道往往乘夜暗帮助耕种,并拒绝原主的酬谢。当地官员赠送的粟米绢帛,一无所受。契丹人闻听冯道的大名,打算派兵入境将其掠走,幸亏后唐边军有所防备而未能得逞。

守丧期满后，回朝仍任翰林学士。后唐明宗素闻冯道大名，即位后遂升其为端明殿学士，不久又升任中书侍郎，并拜为宰相。明宗天成、长兴中，天下无事，连年丰收，百姓安居乐业。冯道劝明宗居安思危，关心百姓疾苦，并诵唐代诗人聂夷中的《伤田家》诗云：

二月卖新丝，五月粜新谷，医得眼下疮，剜却心头肉。
我愿君王心，化作光明烛，不照绮罗筵，偏照逃亡屋。

得到了明宗的赞赏。冯道还主持了《九经》的刊印之事，这是我国古代雕版印刷术自发明以来，首次大规模地使用这项技术来印刷儒家典籍，对发展文化事业意义重大。他曾随契丹主至常山，见到被掳去的中原士女甚多，遂拿出钱财赎回，暂寄于佛寺尼庵，然后寻访其家，一一送还。

冯道心胸开阔，能容天下难容之事。有一小吏名叫胡饶，生性粗犷，因一事不满，在冯道府门大骂。冯道说："此人一定是醉了。"召入府中，设席款待，尽欢而散，无一丝恼怒之色。他任同州节度使时，有一酒务吏上书请求以家财修缮孔子庙，冯道批复判官处理此事。这名判官在状后批道："荆棘森森绕杏坛，儒官高贵尽偷安。若教酒务修夫子，觉我惭惶也大难。"批评文士儒臣不重视儒学，反倒不如一个管酒的小吏。冯道看到后，非但没有生气，反而感到非常惭愧，于是拿出自己的俸禄重修了当地孔庙。非但对待部属如此，对朝中大臣，不管与自己政见是否相同，冯道都能平和相处，绝不因私愤而责难他人，更谈不上陷害同僚了。

正因为冯道名望甚高，不少皇帝都对他十分尊重，称其官而不称其名。跋扈专横的节度使们见了冯道皆行大礼，不敢有丝毫怠

苦闷
夜宴者的心态

慢。冯道出使契丹时，契丹主敬重冯道，打算亲自到郊外迎接，经人劝解才作罢。士无贤愚，皆视冯道为国之元老，倍加称誉。

但是冯道却很少对皇帝的无道行为进行谏诤，只知一味地顺从，只有周世宗初即位时，北汉军进攻，世宗打算亲征，冯道极力出面劝谏。当时北汉乘世宗新立，正在为太祖郭威举办丧礼，以为必不能出兵抵御，利用人心不稳之机，欲想一举攻灭之。世宗说："我见唐太宗平定天下，敌无大小，皆亲征之。"冯道说："陛下未可比唐太宗。"世宗又说："北汉乌合之众，若遇我军，如山压卵。"冯道说："未知陛下能否做得大山？"世宗大怒，离位而去。冯道此次之所以一反常态，是因为他认为周世宗年轻不经事，出兵必败，所以才敢出面顶撞。冯道一生经历了四次改朝换代，至于更换皇帝就更多了。每有新帝即位，他都率领百官迎接新帝，而毫无亡国之痛；每一次改朝换代，他都能升官晋爵，获得封赏。此次他判断世宗必败，这样他就可以再次迎立新君了，因此不愿随君从征。岂知判断失误，世宗一举击败北汉，巩固了统治。周世宗看不起冯道的这种投机行径，令其充任太祖山陵使，负责丧葬礼仪。丧事刚毕，冯道也随之死去，时在显德元年四月十七日，终年七十三岁。

冯道一生官运亨通，除了三次拜相外，还多次任太师、太尉、太傅、司徒、司空等官，封开国男至开国公、鲁国公、秦国公、梁国公、齐国公，食邑自三百户至一万一千户，食实封自一百户至一千八百户，勋官至上柱国。其曾祖母、祖母、母亲均追封为国太夫人，曾祖父、祖父、父亲分别赠太傅、太师、尚书令，其夫人封蜀国夫人，诸子皆得任各种官职，诸女均嫁与高官。所有这一切都在其撰写的《长乐老自叙》中一一开列清楚。其中连其乡里因其故而数次改名的事，也不厌其烦地娓娓道来；甚至契丹侵入中原后他所获得的封赏官爵，也没有遗漏。

对于冯道所撰的《长乐老自叙》，宋代大文豪欧阳修批评说："当是时，天下大乱，戎夷交侵，生民之命，急于倒悬，（冯）道方自号'长乐老'，著书数百言，陈己更事四姓及契丹所得阶勋官爵以为荣。""其可谓无廉耻者矣，则天下国家可从而知也。"我国古代士大夫历来讲求忠臣不事二姓，并将这一点作为立身之大节，冯道自称忠于国，却历事四朝十君，因此受到后人的指责是不难理解的。

欧阳修甚至认为以冯道为首的五代士大夫的这种行径连一个妇人都不如。他记载说：五代时有一人叫王凝，任虢州（治今河南省灵宝市）司户参军，因病死在任所。其家贫，有一子尚幼，其妻李氏携其子，背负遗骨，返回青州故乡。途经开封时，欲住旅舍，其主人见一个妇女独携一子，产生了怀疑，不允许李氏住宿。李氏见天色已晚，不肯离去，被旅舍主人牵其臂强行拉出。李氏仰天恸哭说："我为妇人，不能守节，而此手为他人所牵，不能因一手而污吾身！"于是便用斧自断其臂。路人见者为之泣下。开封府尹得知此事后，报告朝廷，厚恤李氏，并为其治伤，而对旅舍主人进行了严厉的惩罚。欧阳修最后说：士大夫自爱其身，而忍辱偷生者，听到李氏的这种事迹，难道不感到羞愧吗？

欧阳修在其所撰的《新五代史》一书中，进一步发挥说："礼义，治人之大法；廉耻，立人之大节。盖不廉，则无所不取；不耻，则无所不为。人而如此，则祸乱败亡，亦无所不至，况为大臣，而无所不取不为，则天下其有不乱，国家其有不亡者乎！"欧阳修所讲的这些道理，固然是从传统伦理观念出发的，但撇开其

"忠君"的思想内核，单从修身立命的角度看，直到今天仍然具有较强的现实意义。

《旧五代史》一书，思想没有欧阳修之书那样尖锐激烈，在肯定冯道一些作为的同时，也指出："然而事四朝，相六帝，可得为忠乎！夫一女二夫，人之不幸，况于再三者哉！"对冯道的这种行径也进行了批评，并指出冯道只能获得一个"文懿"的谥号，而不能获得"文贞""文忠"的谥号，原因也在于此。

此外，欧阳修之所以对冯道的行径进行严厉的批评，是因为冯道的这种行径在五代十国时期具有代表性和典型性，实际上是通过对冯道的批评，来指斥这一历史时期整个士大夫阶层存在的不良风气，以维护传统的伦理纲常。

将冯道的行径与韩熙载做一比较，可以看出韩熙载的行为要比冯道高洁得多。韩熙载明知南唐国势已不可挽救，也没有另谋出路，宁愿背上纵情声色的名声，也不愿自污其名节，尽管其晚年行为消极、心态消沉，但也比冯道投机取巧甚至丧失民族气节的行为好得多。不过，对冯道其人也不能全盘否定，其关心民间疾苦，赎买中原士女，处事沉稳，廉洁自律，所有这一切还是值得肯定的。

·离世混事之北方士风·

所谓士风，就是指一个时代士人群体的精神面貌、价值取向和行为方式所具有的共同风习、共同心理，士风主导着社会文化的发展趋向和风习的主要特征。我国中古时期士风以唐代中晚期为界，分为前后两个截然不同的时期。前一时期，仍能保持古风，士人具有蓬勃向上的精神风貌，常思兼济天下，颇具理想主义色彩；后一时期，则发生了很大的变化，士风不古，士人锐意于仕途功名，更具现实主义色彩。尤其在五代十国时期，由于社会动荡，武人跋扈，士人报国无门，屡遭欺凌，致使离世与消沉之风日渐浓厚；或者趋炎附势、混事于世，而不知廉耻为何物。关于这种变化，时人亦有所觉察，后唐明宗的大理少卿康澄在奏疏中提出了"六可畏"之说，认为"贤人藏匿深可畏，四民迁业深可畏，上下相徇深可畏，廉耻道消深可畏，毁誉乱真深可畏，直言蔑闻深可畏"。这里所说的"六可畏"，正是五代时期士风不古的具体表现。下面分别对五代时期北方士风的具体表现作一介绍。

隐逸之风

隐逸行为在我国古代历史中并不鲜见，历代正史多有所谓《逸民传》《逸士传》《隐逸传》之类的篇章。为什么在历史上会出现这种风气呢？孔夫子对这个问题早有论述，《论语》云："天下有道则见，无道则隐。"可见社会黑暗、政治腐败，是导致士人选择隐逸的最主要原因。在这种社会状况下，士人们苟活于世尚难，又谈何济世匡民呢？在无可奈何的情况下，隐逸山林便成为士人们的最佳选择。当然选择隐逸还有一层含义，即士人们保持独立人格，是与黑暗的社会现实划清界限的一种方式，也可以说是士人们对当局采取不合作态度的一种表示，或者说是对不合理的社会现实的温和反抗。

苦闷
夜宴者的心态

在五代时期隐逸遁世的士人大体上可以分为两类：一类是完全隐居不仕，避于山林，采取不问世事的态度；另一类则是有隐逸行为，后来因种种原因又重新入仕，或者本来任职于朝廷，为躲避祸乱而隐于山林。前一类人即使在盛世也时有存在，他们大都恪守着心灵的一方净土，具有自觉避世的坚决态度，虽屡有征召，也决意不起。这一类人在乱世时的数量要大大多于盛世。后一类人从本质上说，他们本来就不是隐逸之士，只是为了避祸保身而暂时采取隐居的方式，一旦社会状况发生变化，或者朝廷有意重用，便会重新入仕，登上政治舞台。这类人一般不会出现在盛世，而乱世时则大量增加。

五代时期比较典型的隐逸之士主要有陈抟、荆浩、郑遨、张荐明、石昂、尹玉羽、史圭等人，现将其情况简介如下：

陈抟，字图南，亳州真源（今河南省鹿邑县）人。幼读诗书，具有过目不忘的能力，后唐明宗时，参加进士科考试不中，于是便打消仕进的念头，以山水为乐，出家当了道士。早年隐居于武当山九室岩，炼气辟谷二十余年，每日只饮酒数杯。后来移居于华山云台观、少华山石室，据说其每睡一觉可以百余日不起。

陈抟像

周世宗喜好炼金之术，有人向他推荐陈抟，显德三年（956），命华州送至汴梁。留陈抟在宫中月余，向其请教烧炼之术，陈抟说："陛下为天下之主，当精心治理国家,为什么要留意此类事情呢?"周世宗也不责怪他,并任以谏议大夫之职,陈抟坚辞不受。后来周世宗放其归山,下诏令本州长官每年定期慰问。显德五年,周世宗还命人赐给陈抟帛五十匹、茶三十斤。

北宋太平兴国(976—984)中,陈抟来到汴梁,受到宋太宗的热情款待,赐号曰希夷先生,并赐以紫衣一件,命令当地官员增修其所居的云台观,数月后放还。陈抟精心研读《易经》,著有《指玄篇》八十一章,主要论述导引及炼丹之事。他还撰有《高阳集》《钓潭集》,有诗六百余首,流传于世。陈抟死于北宋端拱二年(989)七月,据说活了百余岁。

荆浩,沁水(今山西省沁水县)人。他是五代著名的画家,唐末天下大乱,遂隐居于太行山洪谷,自号洪谷子,自耕而食。他无意于仕途,除了耕种田地外,醉心于绘画。他前后画松数万张,观

荆浩山水画《匡庐图》

察感受了崇山峻岭的自然景色，总结了唐人的用笔经验，开创了描写大山大水的北方山水画派，对宋人具有很大的影响。其作品传世的有《匡庐图》，现藏于台北故宫博物院。

郑遨，字云叟，滑州白马（今河南省滑县东）人。避唐明宗祖先之讳，故以字相称。郑遨幼年力学，善于文辞。唐末应进士举不第，见天下已乱，遂产生了避世之心。他打算携妻、子一同隐居，其妻不从，于是他一人入少室山当了道士。后来他的妻子多次写信请其还家，皆不予理睬。郑遨早年与李振关系密切，后来李振在后梁地位显赫，请其入朝为官，郑遨拒绝了李振的邀请。后来他听说华山有一种五粒松，其树脂入土，千年转化为灵药，服后可脱胎换骨，成仙得道，遂移居华阴，欲寻找此药。在这里他结交了道士李道殷、罗隐之，时人称其为"三高士"。郑遨种田，李道殷卖药，罗隐之善钓鱼，三人逍遥自在，过着闲云野鹤般的日子。当地节度使刘遂凝多次派人赠送钱财，郑遨自甘贫穷，拒而不受。郑遨喜好饮酒弈棋，善作诗，其作品多在民间流传，人们把它写在绢帛之上，相互赠送，十分珍惜。也有人将其形貌画成图像，张挂于室内。其名声在中原一带广泛传播，影响较大。唐明宗闻其名，任命其为左拾遗，晋高祖任命其为谏议大夫，皆拒不应诏，晋高祖遂赐号曰逍遥先生。后晋天福四年（939）辞世，终年七十四岁。

张荐明，今河北人，与郑遨为同一时代的人。他早年苦读诗书，尤精老子、庄周学说，后来见天下大乱，无意入仕，遂出家当了道士。晋高祖石敬瑭闻其大名，召入京师，询问道家学说能否用于治国，并拜其为师，听其讲《道德经》，赐号"通玄先生"。张荐明利用这个机会，向晋高祖灌输道家"清静无为"的治国思想，希望能使北方百姓有一个休养生息的机会。由于文献散失，张荐明后来的情况便不得而知了。

石昂,青州临淄(今山东省桓台县)人。博学多才,家中藏书多达数千卷,又喜欢延纳四方之士,故各地学子不分远近,多跟从石昂学习,并在其家食宿,有人甚至数年不去,石昂也毫不厌倦。石昂不求仕进,以读书授徒为乐。后唐青州节度使符习非常敬仰石昂,再三请求其出山,任命其为临淄(今山东省淄博市东临淄区北)县令,石昂出于造福家乡百姓的想法,接受了这个官职。符习入京述职时,由监军杨彦朗代掌军政,石昂因公事于使府谒见。通报的小吏因杨彦朗讳"石",遂报其姓为"右"。石昂不悦,步入庭中,当面责备杨彦朗不该因私废公,擅改自己的姓氏。杨彦朗大怒,拂衣离去;石昂也不多说,返身回衙,收拾行囊,辞官而去。石昂回家后,对其子说:"我本来不愿入仕于乱世,勉强至此,果然为阉人所辱,子孙应该以我为戒!"

石昂是一个具有济世思想的人,并非真正的隐者。晋高祖下诏征召天下孝悌之士,户部尚书王权、宗正卿石光赞、国子祭酒田敏等许多大臣上书高祖,称石昂完全可以达到要求,希望召其入京。石昂入京后,晋高祖在便殿召见了他,并任命为宗正丞,不久升为宗正少卿。晋出帝即位后,政事混乱,石昂数次上疏劝谏,不听,于是便称病归家。石昂离京不久,晋室大乱,后来石昂再也没有出仕,终老于家。

尹玉羽,京兆长安(今陕西省西安市)人。唐朝末年,杜门隐居,无意于仕宦。后唐清泰(934—936)中,应召入朝任光禄少卿,见朝廷内部矛盾重重,不愿卷入其中,遂退归秦中家乡,以林泉诗酒自乐,自称"自然先生"。宰相张延朗以书信召其入朝,高卧不从。后晋高祖时,再次被召入京,以其所著《自然经》五卷进

苦闷
夜宴者的心态

献,并且请求告老还乡。高祖颁诏褒奖,赐赠器物,命其以少府监致仕,每月仍给俸钱及冬春二季服,天福五年(940)去世。

尹玉羽对保护我国文化遗产做出过贡献。早在后梁时,刘鄩镇守长安,尹玉羽在其府为幕僚。唐朝的《开成石经》本来保存在务本坊,昭宗东迁洛阳后,朱全忠拆毁长安城,韩建奉命重筑新城时,武夫悍将不知石经之珍贵,遂将其抛弃于野外。尹玉羽非常痛惜,遂力请刘鄩善加保护,将其全部移入城内,安放在原唐朝尚书省旧址西隅。《开成石经》是我国古代规模最大的石刻典籍之一,后来冯道主持雕印九经便是依据《开成石经》的文字,现收藏于西安碑林博物馆。

史圭,原籍常山(今浙江省常山县东),后移居石邑(今河北省石家庄市西南)。史圭好学能诗,在唐朝末年,历任房子、宁晋、元氏等县县令。他勤政爱民,有一年发生大饥荒,为了救民,史圭不待诏命便开仓赈济,活民无数,百姓感谢,立碑颂扬。后唐明宗时,为枢密使安重诲所赏识,历任河南少尹、枢密直学士、尚书右丞等职,并有拜相之望。安重诲被杀后,史圭被贬为贝州刺史,随后又被罢免。于是他退归常山,闭门不出,谢绝宾客,甚至连亲戚故旧也不见其面。为了避祸,他在出游时,坐在毡车之内,人不能识其面。直到晋高祖时,才在宰相冯道的推荐下,再次出山任刑部侍郎。史圭任河南少尹时,结识了嵩山道士,开始服食丹药,后竟因此而亡。

在这一历史时期,有过隐居经历的士人还有很多,比如王易简,先后两次隐居,曾写诗一首:"汩没朝班愧不才,谁能低头向尘埃。青山得去且归去,官职有来还自来。"流露出能仕则仕,不能仕则隐的思想。崔棁,在唐末梁初隐居于滑台,杜门不出,人们很难见其面。后梁末帝时虽举进士入仕,但却不思进取,唯求保身隐退而已。有类似经历的士子,在北方地区甚多,他们大都经历了唐末战乱的煎熬,倍受流离颠簸之苦,为了自保,多采取隐居山林的方式以避祸乱,虽然有的人后来入仕,但也如惊弓之鸟,通常不与人交往,一遇动乱,即急流勇退,回归山林。

浮薄之风

唐末五代时期社会动荡,伦理道德淡漠,用欧阳修的话来说,就是:"君不君,臣不臣,父不父,子不子。至于兄弟、夫妇人伦之际,无不大坏,而天理几乎其灭矣!"士人本来是礼法的倡导者和维护者,士人若不守礼,则被视为轻薄无行;若品行不端,也被视为浮薄放纵。可是在五代时期,由于武人跋扈,专权弄事,轻视文教,导致世风沦丧,从而加速了士人与传统道德规范的背离,寡廉鲜耻者层出不穷,《旧五代史》也说:"近年浮薄相扇,趋竞成风。"现举数例,以见一斑:

李知损,字化机,大梁(今河南省开封市)人。年轻时就轻薄无行,信口开河。后梁统治时期,他不甘寂寞,经常将自己所写的诗词文章送给皇帝身边的近臣,由此也获得了此类人的赞誉,其实李知损并没有出众的才华,只是浪得虚名而已,人称其为"李罗隐"。罗隐是唐末五代著名诗人,为人狂傲轻薄。李知损在后晋任右司郎中时,曾接受过榷盐使王景遇的贿赂,事发后被贬到均州(治今湖北省丹江口市西北)任职,直到后汉初才得以归朝。

李知损在后汉任谏议大夫时,曾经奉命出使郑州。当时在这里

苦闷
夜宴者的心态

任节度使的是宋彦筠,小名叫忙儿。宋彦筠设宴款待李知损,宴会正酣,宋彦筠乘酒劲问李知损道:"众人为什么称足下为李罗隐?"回答说:"下官平素好作诗,风格大致近于罗隐,故人以此为号。"宋彦筠说:"不然,我听说是足下轻薄如罗隐之故耳。"李知损大怒,厉声说:"如果以令公所言,人皆称您宋忙儿,未必便能放牛!"满座大笑。

后周太祖时,枢密使王峻专权,李知损与其为旧交,遂请求王峻帮忙,让他出使江浙。太祖郭威早就闻听李知损无行,但架不住王峻再三请求,只好勉强同意。李知损受命之后,四处向人借钱,广备行李,沿途所经之处,无不强行索取钱货。即使如此,仍不满足,又写信给青州节度使符彦卿,向其借钱百万。事发后,被贬为棣州司马。周世宗即位后,听说李知损狂狷,好上章奏,心想也许有可以采纳之处,遂下令将其召还。李知损回朝后,数月之间,几乎每日都有章奏,所言之事多为贬斥别人,抬高自己,甚至公然要求委以重任,任命自己为过海使,出使国外。世宗大怒,将其除名,流放到沙门岛(今山东省烟台市蓬莱区西北大黑山岛)。李知损临行时对亲属说:"我曾经遇到一个善相面的人,他说我三次贬逐之后,即可拜相,现在已经三次了,请你们耐心等待。"结果一年后,李知损却死于流放之所。

萧愿,后梁宰相萧顷之子。萧愿进士及第,历任校书郎、史馆修撰、殿中侍御史等职。萧愿为人狂狷放纵,不拘礼法。任太常少卿时,适逢后唐明宗举行大祭祀,萧愿饮酒大醉,站错了班位,竟然跑到公卿行列去了,被御史弹劾,降为右赞善大夫。他尤喜饮酒,饮必大醉,以至于经常不能恪尽职守。他任兵部郎中时,掌管告身印,即用于武官任官状的印鉴,由于他经常旷到,其父时任吏部尚书，担心他因此会受到责罚，于是经常代替萧愿掌管兵部的告身印。

卢损，祖籍范阳（今北京市西南），后迁居岭南。卢损在后梁时进士及第，性情刚介，自视甚高，与任赞、刘昌素、薛钧、高总等人同年及第，时常在一起互相对骂，时人称之为"相骂榜"。尚书左丞李琪的妹妹眼盲，因此年长而未嫁，欲嫁给卢损。卢损久慕李琪声名，遂同意娶其妹为妻。李琪拜相后，卢损得其关照，历任右司员外郎、兵部郎中、谏议大夫等官。卢损虽然是进士出身，然文辞浅陋，才华平平。后唐末帝时，他升任御史中丞，掌管监察大权，却连赦书也看不懂，误将不该赦免的罪犯放免，由此受到了停官的处分。后晋时，复其官职，任右散骑常侍，转秘书监，卢损嫌职事清闲，大为不满，遂上表请求致仕归家。后周广顺三年（953）死，终年八十余岁。

在这一历史时期，类似于李知损、卢损的人还有很多。如后唐尚书员外郎胡装，喜好书法，然字却写得极差，他喜欢作诗，作品却全无诗味，但其本人却不以为然，所至宫廷、寺观，必在其墙壁题写诗句，有人讥讽，他却从来不知惭愧。

兵部尚书王仁裕，后汉乾祐（948—950）中，主持科举考试，各科及第者共二百一十四人。王仁裕十分得意，作诗曰："二百一十四门生，春风初动毛羽轻。掷金换却天边桂，凿壁偷将榜上名。"尚书陶谷性格诙谐，调侃地说："大奇，大奇，没有想到王仁裕今日竟做了贼头了。"闻者皆大笑。

冯玉在后晋任枢密使，朝集使马承翰有事前来谒见。冯玉一边持刺（即名片）详看，一边说："马既有汗，就应卸鞍。"马承翰应声对答说："明公姓冯，可为死囚逢狱。"

苦闷
夜宴者的心态

裴长官在后汉时任新郑（今河南省新郑市）县令，当时发生了蝗灾，尤以新郑灾情最重。本州有令，命其亲自督促百姓掩扑，不得使散入邻近地区。不久，蝗虫四处飞散，周围数县皆有。本州刺史大怒，发下公文严厉斥责。裴长官素来滑稽，在回复的公文中写道："伏以前件蝗虫，背上有翅，肚底无粮，来时而不自招呼，去日而固难留止。"闻知此事者，皆大笑不止。

仓部员外郎陈保极，无德无才，却为人狂傲，生性吝啬，每月俸禄不舍得使用，每餐蔬食。喜爱与人弈棋，败则以手搅乱棋局，以免支付所赌的钱财。其死时，家无妻儿，所余白金十铤，也为他人所有。他的这些行为遭到了当时人的嗤笑。

类似例子还可以再举数个，如唐宗室李涛戏称年纪稍大的弟媳为"亲家母"，秦王府从事陈保极戏称身材短小的后晋宰相桑维翰为"半人"，秦凤使者戏称容貌姣美的魏博使者为"水草大王夫人"等。除了朝廷官员外，即使在读书士人中，也存在这种放纵浮薄的风气。据《新五代史·和凝传》载："是时，进士多浮薄，喜为喧哗，以动主司。"主管贡举的部门每年放榜时，都要在榜文张贴处围上荆棘，并将尚书省大门紧闭，断绝出入，以防意外。原因就在于放榜后，凡未考中的举子，不知反省，往往聚集起来，互相煽动，声言考试不公，或者说主考官员受贿。他们冲击有关部门廨署，甚至拦截宰相，喧闹不息，多有不逊之言。

五代时期存在的这种风气，对所谓礼法形成了极大的冲击，士人们轻薄浮躁，有的举止轻佻，有的喜怒无常，有的自我标榜，有的贪浊不法，极大地败坏了社会风气，使得唐末经学衰落、古道渐丧的情况至五代时期达到了极限，直到宋代，浮薄的风气才逐渐有所好转。

混事之风

我国古代有"小隐隐于林泉,大隐隐于朝市"的说法,在朝任官,却不能尽职,实际上就是一种混事的行为,而不应是隐逸行为。只不过在五代时期的情况稍微有异,一种是可以有所作为而明哲保身,不愿做事,处事圆滑,混事度日;另一种则是身处险境,不得已而采取的避祸行为。具有前一种行为的人,大多是所谓"做官有术,处世有道"之辈,他们每遇大事,必然依违两可,不表明态度。后一种人则是抱着"做一天和尚撞一天钟"的态度,在无奈之中,仰人鼻息,混事度日。

比如冯道曾经谈起做官的心得,称其临难不赴,遇事依违两可,于百变之中,皆能泰然处之。后晋高祖石敬瑭曾经向他请教兵事,他回答说:"陛下能够坚守历代成规,创成大业,神武睿智,为天下所知,讨伐叛乱,须从独断。臣本书生,为陛下在中书,守历代成规,不敢有一毫之失。臣在后唐明宗朝,明宗曾以兵事问臣,臣也是以此言答之。"其实像冯道这样的人为数亦不少,当年石敬瑭在太原起兵时,也曾询问其幕僚薛融,薛融回答说:"臣本儒生,军旅之事,未曾学过,进退存亡之理,岂是随便能议论的!"这两人都是久处官场之辈,深谙个中玄机,加之文人书生的地位不容他们过问与自己无关的军机要务,尤其是在事关成败的紧要时刻,更是不便插手,只能采取含糊其词、蒙混过关的态度。

后唐宰相李愚饱食终日,无所事事,被人视为"粥饭僧"。后唐另一宰相马胤孙,被人称为"三不开"宰相,即从不开口讨论政事,不开印以发号施令,不开门以延聘士大夫。薛贻矩任宰相五年,无丝毫建树可谈,终日混迹于中书,只等回家团聚,旧史称其"无显赫事迹可纪"。房暠在后唐任枢密使时,朝廷每有大事商议,他与端明殿学士等环坐会议之处,常常俯首而睡,"其避事也如此"。

五代时期武人专权,士人介入政治,只不过起到一点花絮或者花瓶作用,说入仕士人为朝廷装点门面也不为过。在武力淫威的长期笼罩下,士人们朝不保夕,随时有大祸临头的危险,只能人云亦云,见风使舵。比如唐朝宰相杨涉入梁之后,深知自己只不过是作为点缀而得以继续在新朝任职,为相三年,"俯首无所施为"。赵光逢在后梁被罢相后,朝不保夕,杜门不交宾客,并在其门上大书曰:"请不言中书事。"后唐明宗欲出巡,宰相郑珏点头称是;后来又取消巡幸,他仍点头称好。这种随事可否、模棱两可的态度,在当时的官场中并不鲜见。

对于五代时期广泛存在的混事之风,欧阳修给予了严厉的批评,他在《新五代史》中指出:"至于儒者,以仁义忠信为学,享人之禄,任人之国者,不顾其存亡,皆恬然以苟生为得,非徒不知愧,而反以其得为荣者,可胜数哉!"痛斥了五代士人这种无所作为、安然混事的消沉风气。

急功近利之风

具有传统儒学思想的古代士人,讲求"士求道不求利",孔夫子就说过:"朝闻道,夕死可矣。"可是在五代时期,具有理想主义思想的士人愈来愈少,而追求功名利禄者却不乏其人,有时其热衷利禄,追名逐利的劲头,甚至于近乎疯狂。这表明盛唐以来的建功立业的功名追求,已逐渐为追名逐利的利禄意识所取代,士人们入仕的目的更趋向实用主义，趋向于对个人利益的追求，而理想主义的色彩则大大淡漠了。

比如何泽，广州人。进士出身，唐庄宗时任洛阳县令。庄宗好畋猎，经常践踏民田，何泽潜身伏于草丛之中，当庄宗出行时，拦住马头进谏说："今庄稼将熟，陛下为什么要恣意田猎，祸害民田？如果这样下去，百姓如何负担赋税？官吏们又如何督民耕种？陛下不听臣言，希望赐臣死于马前，以便使后世都知道陛下的过失。"庄宗大笑，为之罢猎，并升任其为仓部郎中。何泽表面上正直敢谏，实际上则藏有个人野心。他在内殿问皇帝起居时，群臣皆退，唯独他留了下来，以笏叩额，向北连呼："明主、明主！"闻者皆哂笑之。何泽与宰相赵凤是旧交，曾数次私下谒见赵凤，求其推荐自己任给事中或谏议大夫，赵凤看不起他的为人，遂授其为太常少卿。任官的敕书还未颁下，何泽事先已知道，便迫不及待地以新任官的身份上章自诉。他的奏章送达政事堂后，赵凤说："何泽尚未正式拜命，便以新官自居，轻侮朝廷，理应以法处置。"于是被勒令以太常少卿致仕。何泽归家之后，年已七十岁，仍然期望再次出仕。为了捞取政治资本，他见唐明宗子秦王李从荣势大，而明宗久病，遂派家中婢女送上表章，请求立李从荣为皇太子，反倒引起了明宗的极大不满。明宗说："群臣欲立太子，我当回河东养老。"所以此次何泽弄巧成拙，并未如预计的那样获得一官半职。直到后晋建立后，他才再次入朝任官。由于毕竟年事已高，不久便一病不起了。

豆卢革，后唐庄宗因其为名家之子，而任命为宰相。但其并无宰相之才，任相以来诸事错乱，官阶拟议前后倒置，屡次被人驳正。他还引荐韦说为宰相，韦说就任以来，举止轻薄，处事不当，

苦闷
夜宴者的心态

为人所嘲笑。豆、韦二人，互相勾结，豆卢革授韦说之子为弘文馆学士，韦说遂将豆卢革之子升任为集贤殿学士，交易市恩，如同市井，为社会舆论所指责。唐庄宗兵败被杀后，明宗即位，任豆卢革为山陵使，负责庄宗丧事。丧事处理完毕后，豆卢革在家只等任命新职，等了数日不见动静，竟自行入朝。枢密使安重诲当众指责他说："山陵使的名衔尚在，不候新命，便自行入朝，以为我们武人可欺也！"豆卢革任相期间，还利用手中的权力，为其父子谋取私利。后唐庄宗末年，由于社会动荡，财力匮乏，朝臣数月不得俸禄。明宗即位后，规定从当年五月起补给，而豆卢革给其父子却从正月补起；百官俸钱皆实行折估之制，即不给现钱，而是折成实物发给，而豆卢革父子的俸钱却是实钱，即没有折估。豆卢革与韦说还纵容自家田客杀人，卖官鬻爵，后来被流放到边远州郡，随即又被下令处死。

李鏻，唐朝宗室之子。此人官瘾极大，不学无术，却整日幻想升官拜相。唐明宗即位后，他自以为早年与明宗有旧交，四处大言说自己当为宰相，结果却落了空。后来官至兵部尚书，奉命出使湖南，途中听说唐末帝即位，而李鏻与末帝乃是故人，自以为这次肯定能够拜相。途经荆南时，对节度使高从诲说："士人的命运本来有顺有逆，我不能得到重用已经很久了，此次新天子即位，我也应该拜相了。"要求高从诲赠给自己珍宝作为贺礼，并且为自己设宴庆贺。在宴席上，高从诲问与李鏻同行的副使马承翰道："今朝廷之中，谁最有拜相的可能？"回答说："尚书崔居俭、左丞姚𫖮，其次则是太常卿卢文纪了。"其实高从诲早就知道新拜的宰相是何人了，于是他命左右取来进奏官的报状，拿给李鏻看，上面写着姚𫖮与卢文纪均已拜为宰相。李鏻大惊失色，只好将高从诲所赠的财物又原数奉还。当初，李愚从太常卿的官职上拜相，然后以卢文纪代替其旧职，等到卢文纪拜相了，李鏻遂上表请求任命自己为太常卿。正式任命后，李鏻入宫面谢，对皇帝说："臣总算有当宰相的资历了。"这件事在朝臣中一时成为笑谈之资。

《北梦琐言》记载了一事，很有典型意义。后唐进士宇文翃，虽是名门大族之后，却不学无术，热心于进士一科。他有一个女儿，国色天香，朝廷中贵族子弟登门求娶者甚多，但都没有轻易许配于人。窦璠年已七旬，其妻已死，正打算娶一继室。其兄权势甚大，能使人科举登第。于是宇文翃便将女儿嫁给了窦璠，经窦璠活动后，宇文翃果然如愿了。宰相韦说是宇文翃的表兄，对他所做之事甚为鄙视。与此同时，朝中有一官员家中失火，其家人说这是老鼠尾曳火入库，因而导致大火延烧。京兆尹遂对宇文翃说："听说鱼将化为龙，雷为其烧尾，近日也有老鼠烧尾之事。"用以讽刺宇文翃，说他进士及第就好比老鼠烧尾。

五代时期虽是乱世，但科举考试仍在正常进行，除了个别年份外，几乎每年不误，然而急功近利之风在科举考试中亦有所体现。在后梁、后唐时期，进士科每年的录取人数尚多于其他诸科；至后晋以来，情况发生了较大的变化，进士科录取人数渐少，而比较容易考取的其他诸科录取人数急剧上升。如开运二年（945），进士及第者为十五人，诸科及第者竟高达八十八人；次年，进士科及第二十人，诸科九十二人；后汉天福十二年（947），进士及第二十五人，诸科一百五十五人；次年，进士及第二十三人，诸科一百七十九人。后周时情况依然如故，如广顺三年，进士录取了八人，诸科达八十三人；显德二年，进士四人，诸科一百一十六人；次年，进士六人，诸科二十九人，是两者比例最相近的一年。这一

苦闷
夜宴者的心态

切与五代前期相比，发生了很大的变化，如在后梁开平二年，进士录取了十八人，诸科仅五人；乾化三年（913），进士十五人，而诸科竟未录一人；后唐同光二年，进士十四人，诸科二人；长兴四年，进士二十四人，诸科仅一人。尽管五代时期每年进士科与其他诸科录取人数的比例颇不相同，但有一点可以肯定，即后梁、后唐时期进士及第的人数为诸科的数倍，至后晋、后汉、后周三朝，情况则倒了过来，诸科每年的录取人数是进士科的数倍乃至于十余倍。后周统治时期对于科场作弊的现象进行了整顿，通过加强复试的办法来杜绝请托伪滥，如显德二年进士原及第者为十六人，经复试黜落了十二人；显德五年进士原及第十五人，复试后黜落了七人。

在科举中出现的这些现象，除了反映一些士人急于追逐名利外，同时也说明这一时期士人的文化素质急剧降低了。参加进士科考试者在诗赋考试中的错韵、失韵现象比比皆是，甚至连错别字也不能避免。五代时科举及第后，还举行名曰"关试"的考试，主要考核及第者的理事能力。在唐明宗时的一次关试中，发现及第者刘莹等五人，"所试判语皆同"，经认定是互传草稿所致。说明这时的士人不仅文化素质下降，而且实际理事能力也大大降低了。举子的文化素质如此，考官的文化素质也不高，如后梁封舜卿知贡举时，"才思拙涩"，仅命题五道，便觉得"不胜困弊"，不得已只好托其门生翰林学士郑致雍代为秉笔。再如唐庄宗时复试进士，令翰林学士承旨卢质命题，卢质以"后从谏则圣"为赋题，以"尧、舜、禹、汤倾心以求过"为韵，旧例赋韵四平四仄，质所出韵乃五平三仄，遭到了人们的嘲笑。士人文化素质下降，致使考试中弊端层出不穷，宋人所撰《侯鲭录》一书中记载当时流行的一句谚语："及第不必读书，作官何须事业。"便是当时真实情况的写照。

旷达与狂躁
南方诸国士风

·吴唐：狂躁重教·

吴、南唐割据的江淮地区自唐末动荡以来，便是北方士大夫避难的理想之地。这一地区经济繁荣、社会稳定，确是士人们安身立命的最佳选择之地，于是一大批北方士人南下江淮，进一步促进了江淮地区文化的发展。当然这一地区文化的繁荣也与吴唐统治者所施行政策有着密切的关系，尤其南唐统治时期，兴办学校，发展教育，弘扬儒风，遂使江淮地区成为五代十国时期文化最为繁荣的地区，不仅改变了中国古代文化分布的传统格局，而且使此后的各种文化因素无不受南人的熏染而带有鲜明的南国情调。

江淮地区还是当时经济最发达的一个区域，其经济总量已在全国占有举足轻重的地位，早在唐朝后期中央政府的财赋收入便主要依靠江淮八道的供给，经过吴国、南唐统治时期的大力开发，这里的社会经济有了更进一步的发展，政府财力充足，百姓生活稳定。宋人陆游在其所著的《南唐书》中也说："唐有江淮，比同时割据诸国，地大力强，人才众多，且据长江之险，隐然大邦也。"正因为南唐具有这样强大的实力，所以导致其士风与中原地区迥然不同，在一部分士人中建功立业、积极进取的思想非常迫切。

这种思想不仅在南唐的土著人士中存在，如宋齐丘、冯延巳、冯延鲁、陈觉、魏岑、查文徽等无不如此；在南迁的侨寓人士中也不乏体现，除了韩熙载外，史虚白、朱元等人均持这种主张。其他

苦闷
夜宴者的心态

诸人前面已经做过介绍,下面将史、朱二人简介如下:

史虚白,字畏名,北海(治今山东省潍坊市)人,他是与韩熙载差不多同一时期渡江南迁的。当时李昇在吴国辅政,重用宋齐丘掌握大权,史虚白自负才高,遂对人大言曰:"我可以代替宋齐丘的地位。"宋齐丘听到后极不高兴。为了使史虚白出丑,他大宴宾客,广设伎乐、弈棋、博戏,请史虚白赴会。酒过数巡后,他请史虚白当场撰写诗词、书檄、碑颂,此时史虚白已半醉,宋齐丘以为他必不能动笔,这样就可以使史虚白当场出乖露丑了。不料史虚白非常坦然地命人铺纸取笔,手不停顿,一会儿工夫便撰写了数篇诗文,文采灿然,满座惊服。宋齐丘也不得不佩服地说:"公高才,我不如也。"于是将其引见给李昇,李昇向其请教治国方略,史虚白说:"中原动荡,战乱不息,只有江淮富庶,兵食俱足,当长驱以定大业,不可失去时机,他日后悔也来不及了。"李昇赞成他的说法,但却不主张马上用兵,加之宋齐丘并未真心推荐他,仅任命他为校书郎、州从事。史虚白自知当初失言,必不为重用,遂称病弃官而去,南游九江,乘牛车,挂酒壶,往来于庐山之间,不再过问世事。

李璟即位后不久,经韩熙载推荐,中主召见史虚白并问以国事。此时史虚白已无意于仕途,遂以草野之人不知国家大计为由,拒绝了中主的咨询,李璟只好放其归山,并赐以田宅。南唐淮南战败后,中主迁都南昌,史虚白谒见于途中,厚赐粟帛而归。卒年六十八岁。

朱元,原名舒元,颍川沈丘(今河南省项城市)人。少年时好学不倦,尤精《春秋左氏传》。后在后汉河中节度使李守贞麾下为幕僚,李守贞起兵反叛时,命其与李平一同南下,向南唐乞求出兵救援。李守贞失败后，两人无法复命，只好留在南唐任职。他改名朱元，历任驾部员外郎、待诏文理院。朱元胸怀大志，多次上书中主，力主乘中原动荡、无力南下之机，先出兵夺取湖湘、闽越、两浙，以固根本，并请求让自己带兵，一一讨平。当时宋党在朝中掌权，诬陷朱元谋图执掌兵权，包藏祸心，遂被罢去了文理院待诏之职。朱元心中不平，每日纵酒，无所事事。后周进攻淮南时，朱元再次请求领兵出战，中主遂命其随齐王李景达率大军救援寿州。朱元能与士卒同甘共苦，每临战誓众，慷慨陈词，流涕被面，将士们感动，皆有效死之意。先后从周军手中夺回了舒、和二州，并进军至紫金山，立栅屯兵，逼近寿州。就在这时突然发生变故，监军使陈觉素与朱元不和，且嫉其功，屡次上表说朱元不可相信，不可付以兵权。于是中主命杨守忠代领其军，召朱元回朝。朱元愤恨难忍，本欲自杀，在其幕僚劝告下，遂率部下万余人投降了后周，导致了南唐诸军的崩溃。后来他在后周、北宋历任要职，宋太宗太平兴国二年死，终年五十五岁。

南唐这些士人虽然有积极进取之心，但除了韩熙载、史虚白等少数人，其他诸人大都具有轻狂躁进的缺点，缺乏雄才大略，加之不懂军事，所以在他们的主导下，南唐不但没有达到扩展疆土、统一中原的目的，反而损兵折将，搞得国困民贫，极大地削弱了南唐的国力。

但是江淮地区的士人与中原地区不同，他们非但没有受到武人的压制，反而得到了重用，其地位远在武人之上。南唐早在先主李昪统治时期，就采取了重文轻武的政策，掌握兵权的枢密使均由文人充任，节度使不辖支郡，就其所管地盘而言，与州刺史并无什么不同，而且多以文人为节度使。大将统兵在外，其家属必须留在京师为人质。而且不许武人干政，大将王建封之所以被杀，其中一个重要的原因就是其触犯了武人过问政治的禁忌。

南唐的这些政策与中原王朝的情况形成了鲜明的对照，促进了江淮地区文化的迅速发展，即使一些比较偏远落后的地区，文化事业也得到了较大的发展。《江南别录》说："江左三十年文物，有贞元、元和之风。"著名史学家司马光也说："当时（南唐）之文雅于诸国为盛。"经过南唐数十年的大力发展，至北宋时江南的文化发展水平遂远远超过了北方，宋人洪迈在《容斋四笔》中说："古者江南不能与中土等。宋受天命，然后七闽二浙与江之西东，冠带《诗》《书》，翕然大肆，人才之盛，遂甲于天下。"其实，宋代南方在文化上取得的这些成就，正是包括南唐在内的五代十国时期南方诸国共同努力的结果。洪迈接着又说："江南既为天下甲，而饶人喜事，又甲于江南。……为父兄者，以其子与弟不文为咎；为母妻者，以其子与夫不学为辱，其美如此。"文中所提到的"饶人"，即指江西的饶州人，而这里正处在南唐的辖区之内，洪迈所说的宋代江西的这种社会风气，正是南唐社会风气的延续。

南唐重视发展教育，提倡复兴儒学，在士人中已经蔚然成风。江州陈氏在距其家二十里处，选择了一处风光优美的地方，修筑书楼堂庑数十间，聚书数千卷，招纳四方游学之士学习，为了保证办学经费，还专门置办学田二十顷，以为游学之资。根据记载，江南许多名士都是从这里毕业出去的。洪州胡氏，将自家的华林山别墅扩建为学校，聚书万卷，"大设厨廪，以延四方游学之士"。南康洪氏，在其家所在的雷湖以北兴建学校，以"招徕学者"。奉新罗氏兄弟，创办了梧桐书院，修建精舍，教授乡里，"学者益众"。像这样由士人出资兴办的学校、书院还很多，如泰和人罗韬创办的"匡山书院"、庐陵人刘玉所建的"光禄书院"等，皆著称于当时。

南唐政府对于私人办学采取了鼓励政策，或予以表彰，或减免赋税，遂使其境内兴办私学更加兴盛。宰相李建勋罢相后，任洪州节度使，有一天，与幕僚游东山，身着宽衫轻履，携带酒肴，信步行于渔溪樵坞之间，遇到风光佳处，便停下来欢饮。忽然见到一处田间茅舍，从里面传出儿童读书之声，李建勋遂与众人前往探视，见一老叟正在教数童读书。与老叟交谈后，发现老叟学识渊博、谈吐不凡，令李建勋赞叹不已。这种平和、恬静的田园场面，与中原地区战乱不息、百姓流离失所的局面形成了鲜明的对照。

九江（今江西省九江市）人江梦孙，出身世代书香之家，年轻时好学不倦，诗词歌赋、琴棋书画无不精通，旁贯儒家经典，声誉鹊起，远近崇仰。诸生弟子，不远数百里，纷纷前来投师学习，所谓"春诵夏弦，以时讲闻，鼓箧函丈，庠序常盈"。他的学生人数经常保持百余人之多，可谓兴盛之至。后来他被任命为秘书郎，这对别人来说已是求之不得的好官，他却向先主李昪请求外任县令，开始李昪并不同意，经不住其多次请求只好任其为天长（今安徽省天长市）县令。在任期间，为政宽简，百姓安居乐业。后来弃官归乡，奉养其母之余，仍旧招收诸生讲学，直到八十五岁时去世为止。

南唐除了私办学校兴盛外，官府也创办了不少学校，其中最著名的当属庐山白鹿洞书院，又称"庐山国学"。据载唐德宗贞元（785—805）中，李渤与其兄李涉隐居于庐山，李渤养一白鹿甚驯，常以自随，人称"白鹿先生"，称其居处为"白鹿洞"。白鹿洞的称呼即来源于此。唐敬宗宝历（825—827）中，李渤任江州刺史，遂在其隐居之处创建台榭，而白鹿洞遂闻名于世。唐末兵乱，州郡学校废坏，高雅之士往往读书讲学于其中，南唐白鹿洞书院就是在这样的基础上建立起来的。

据载，先主昇元四年（940）十二月，南唐政府正式建学馆于白鹿洞，置学田以其租税收入供给诸生，以饱学之士李善道为洞主，掌管书院之事。后主李煜时，以国子助教朱弼为洞主，他在任期间，整饬学风，严肃纪律，"每升堂讲释，生徒环立，各执疑难，问辩蜂起，弼应声解说，莫不造理，虽题非己出，而事实联缀，宛若宿构"。可见白鹿洞书院的学风是轻松活泼的，允许师生之间互相问难。由于教学方法灵活，老师学识渊博，诸生诚服，皆循规范。生徒来自四方，数倍于往时，达到数百人之多，为南唐培养了大批各类人才，著名之士如卢绛、蒯鳌、孟贯、伍乔、江为、杨徽之等，皆出于庐山国学。

自南唐完善了书院之制后，至宋初天下遂有"四大书院"之称，后逐渐推广到南宋，历元、明、清数朝，差不多有一千年的历史，成为中国教育史上极为灿烂的一页。

此外，南唐在中央置有国子监，拥有学生数百人，地方则置有州县学，置有学官，从而使其教育事业达到了一个非常繁盛的阶段。

南唐士人崇儒好学，著书立说，形成良好的社会风气。早在南唐建立不久，先主李昇便采取了重金收购藏书或置书吏借来书籍抄写的办法，丰富官藏典籍。《金华子杂编》说："及高皇（指李昇）初收金陵，首兴遗教，悬金为购坟典，职吏而写史籍。闻有藏书者，虽寒贱必优辞以假之；或有赍献者，虽浅近必丰厚以答之。时有以学王右军书一轴来献，因偿十余万，缯帛副焉。由是六经臻备，诸史条集，古今名画，辐辏绛帷，俊杰通儒，不远千里而家至户到，咸慕置书。"此举不仅收集了大量图籍，而且还感召到不少所谓俊杰通儒投奔而来，可谓一举两得。一些家富藏书的士人，感于先主发展文化的政策，主动无偿地捐献了不少图书。庐陵人鲁崇范家中富有藏书，而且多为本人校定的善本。先主李昪初建学校时，缺少典籍，下诏州县征集图籍，吉州刺史贾皓动员鲁崇范进献，并以自己私款偿还其价。鲁崇范说："坟典，天下之公器，世乱藏于家，世治藏于国，其实都是一样的，我并非开书店的，谈何价钱！"正是由于南唐士人具有这样的境界，遂使南唐所藏典籍居诸国之冠，不仅南方诸国无法相比，就是中原王朝也难及。此后，经过中主、后主的征集，至南唐后期，仅金陵官藏典籍即达十余万卷，且多是经过精心校雠、"编秩完具"、"与诸国本不类"的善本书。北宋建国之初，三馆所藏图书不过一万二千余卷，比之南唐，差之甚远。

南唐朝内学富识广之臣甚多，如韩熙载、江文蔚、徐铉、徐锴、高越、潘佑、汤悦、张洎之辈，莫不如此。他们均精于小学，校雠图书，用力甚多，其中尤以徐锴贡献最大。北宋初年，命令学官校定"九经"，主持此事的孔维、杜镐等人"苦于讹舛"，工作难以进行，后来得到南唐的大量藏书，由于多校雠精审，才使这项工作得以顺利完成。对于这一点，宋人马令在其撰的《南唐书》中说："昔韩宣子适鲁，而知《周礼》之所在，且周之典礼固非鲁可存，而鲁果能存其礼，亦为近于道矣。南唐之藏书何以异此！"给予了很高的评价。

南唐不仅图籍搜集丰富，其士人也勤于著述，无论是经学、史学、音乐、美术、小学、文学、地理、医学、目录等各方面，都有较丰富的著作问世，对后世的文化发展之影响尤为深远。现能考知的南唐人的著作就达二百种之多，无法考知的尚不知有多少。南唐人自己也自豪地认为本国"百代文章，罔不备举"。所有这些文化成就的取得，都与南唐士人的不懈努力分不开，也是南唐士风积极进取的表现。

·西蜀：浮靡重金·

由于特殊的地理环境，自唐代以来凡北方发生动乱，关中无法容身，皇帝便率领百官公卿避难成都。唐末以来尤其是黄巢义军攻入长安之后，西蜀遂成为北方士人最佳的避难地之一，纷纷举家迁到成都等处。也正是由于这个原因，遂为先后在这一地区建国的前蜀王氏政权与后蜀孟氏政权提供了大量各类人才，使其典章制度比较健全，文化事业比较发达，成为五代十国时期南唐之外的又一文化中心。

相对来说，西蜀之地战乱极少，社会比较稳定，加之气候湿润，物产丰富，从而使这些入蜀的士人们得以继续过上醉生梦死的生活，所以西蜀文风浮靡，思想颓唐，内容空虚。以著名的"花间派"词为例，西蜀是其发源地，其创作的目的只是"绮筵公子，绣幌佳人"作"清绝之词，用助娇娆之态"，专以妇女为描述对象，似乎不言闺情就不成其为词，故内容空虚，风格艳丽，境界极为狭窄。西蜀地区的这种文风与士人们的精神状况密切相关，实际上也是士风不振的一种表现。

以"花间派"的首领韦庄为例，他自唐朝进士及第以来，屡遭乱离之苦，入蜀之后任王建的掌书记，王建称帝之后，历任门下侍郎、吏部尚书、同中书门下平章事。当朱全忠弑唐昭宗后，王建虽为武夫，尚怀忠义之心，打算出兵讨伐；而韦庄虽饱读诗书，却力阻王建起兵，全然不顾君臣大义。后梁取代唐朝之后，韦庄又力劝王建称帝，甚至率吏民大哭三日，为了自己的富贵荣华，竭力拥戴王建称帝。据载，韦庄有一美伎，善撰文翰，王建以教习宫人为名，纳入宫中后而不遣还。韦庄思念不已，于是作《谒金门》一词表示怀念之情，此女闻知此事不食而死，韦庄后来也因此事气愤而死。韦庄出身名门士族，其祖先世受唐恩，面对唐朝灭亡，不置一词，却对一伎如此上心，如此作为还谈何风范名节！

再如张格，也是唐朝公卿之后，避乱入蜀，被王建任为翰林学士。建国之后，升任为中书侍郎、同中书门下平章事，当上了宰相。当时王衍为郑王，其母徐贤妃为了能使他当上太子，派人送给张格一批黄金，请张格上表请求立王衍为太子。张格连夜起草表章，写好以后又拿给功臣王宗侃，诈言受密旨拥戴郑王为太子，于是众人纷纷在表章上署名，从而使王衍顺利地登上了太子宝座。张格还因为私人之怨，杖杀中书吏王鲁柔，引起人们的非议。其品格之低，心胸之狭窄，于此可见一斑。

王锴，也是唐末入蜀的北方人士，历任翰林学士、御史中丞、中书侍郎、同中书门下平章事。王锴对发展西蜀文化、整理图籍做出了一定的贡献，但其身为宰相却只顾保全自家富贵，全然不管国家兴衰。前蜀后主王衍统治时期，王锴与庾传素同为宰相，后主在宠臣韩昭、潘在迎等人的引诱下，宴游无度，浪费了大量的资财，王锴从未劝谏过；对后主提出的要求也不加反对，一律照办。后主王衍东巡期间，浮江而下，"縻费不赀"，群臣多有直谏者，当时王锴任判六军诸卫事，跟随后主出巡，既不能进行劝谏，也不愿引

苦闷
夜宴者的心态

咎辞官。后唐大军攻入成都，灭亡前蜀时，降表由李昊起草，而降书则是王锴起草的。他的所作所为，受到人们的讥刺和嘲笑。

赵雄武，当地土著士人，在前蜀屡任州刺史，"豪侈为一时之冠"，其家主掌庖厨的均为妇女，而不愿用男厨子，分为六厨，每厨各有两名婢女主掌，皆穿锦衣窄袖。大宴宾客，山珍海味必备，"率以为常"。又善做大饼，往往用三斗面做一饼，有的如数间屋大。宫中每举办宴会，或贵戚豪家设宴，遂进献一饼，竟食之不尽，时人遂称赵雄武为"赵大饼"。

在前蜀统治时期，不少入蜀的原唐朝公卿之后裔，不学无术，却欲以门第求取高官。如杜何，唐朝关中士族宰相杜悰之子，无德无才，王建因其为贵胄出身而授予博士之职。杜何因官卑而常感耻辱，遂向宰相陈述其门阀之高贵，宰相安抚再三，却终不愿升其职。

再如韦巽，唐朝宰相韦昭度之子，王建因其父之故，多次提拔，官至卿监。其同僚不服，讥刺说："三公门前出死狗。"韦巽回答说："死狗门前出三公。"则连其祖先都骂遍了。如此愚钝，却能身居高位，受到当时人们的嘲笑。

房谔，唐初名相房玄龄的九世孙。其父房重，在唐末任新都（今四川省成都市新都区新都街道）县令，所以举家迁蜀。房谔在王建父子统治时期，并无大的作为，却凭着其祖先的名望，官至太常少卿。

驸马都尉周仁矩，是王建开国功臣宰相周庠之子，粗有才藻，而性格顽劣。在任期间无所作为，前蜀亡后，与乞丐为伍，每次乞讨时，向人诉说其官爵门第，以获得人们的同情，每日可以获钱数百文，然后与众丐饮酒吃肉，以为乐趣，成都人见之，皆嗟叹不已。

前蜀后主王衍生活荒淫，游宴无度，其所撰《醉妆词》说：

者边走,那边走,只是寻花柳。那边走,者边走,莫厌金杯酒。……

在王衍看来,人生的目的就是享乐,这首词就是其人生观的真实写照。他自以为西蜀之地道路险阻,周围地形险恶,可保江山无虞,于是纵情行乐,不知国亡在即。其父王建有两个姓徐的宠妃,王衍为小徐妃所生,当太子时,就"好酒色,乐游戏"。二徐妃不加教诲,反而百般溺爱、纵容。即位以后,在二徐妃的诱导、众狎客的追捧下,宴游无虚日,尤其好为长夜之饮。酒宴至高潮时,男女无别,脱冠露髻,杂坐喧呼,上下尊卑之礼荡然无存。前蜀小朝廷的大员也莫不如此,如王宗裕在成都郊外兴建花园,经常携妓纵酒为乐;王宗翰好蓄养伎妾,后房珠翠美姬达百余人之多;王宗瑶修建高台,每有闲暇,则酣酒高歌于其上。这些人均为前蜀开国皇帝王建的养子,也都是其开国功臣。

最荒唐的是,王衍统治时期,公然卖官鬻爵,蔚然成风,带头的便是二徐妃。她们公开发出教令卖官,刺史、县令、录事参军,皆可公开拍卖,每有一官位出缺,数人相争,出钱多者则售给。宫中卖官如此猖獗,上行下效,前蜀的公卿中也不乏此类人。如礼部侍郎韩昭,在主持铨选考试时,公然受贿徇私,引起了选人的公愤,大家群起而申诉于鼓院,还编了一首歌谣进行讽刺。其歌曰:

嘉、眉、邛、蜀,侍郎骨肉;导江、青城,侍郎亲情;
果、阆二州,侍郎自留;巴、蓬、集、璧,侍郎不惜。

王衍召问韩昭,韩昭回答说:"这些都是太后、太妃、国舅的亲戚。"王衍遂哑口无言。后来韩昭升任文思殿大学士，位在翰林学士承旨之上。韩昭自认为官高位崇，而其宅第不广，于是向王衍请求卖通、渠、巴、集数州刺史之位，以所获钱兴建新宅，王衍竟然也同意了这种荒唐的要求。

正因为前蜀上下因循，政事不理，百姓困苦，引起了一些正直之士的批评。乾德四年（922），开制科选士，成都人蒲禹卿在对策中批评说："今朝廷所行者，多一朝一夕之事；公卿所陈者，非乃子乃孙之谋。暂偷目前之安，不为身后之虑。衣朱紫者咸盗跖之辈，在郡县者悉狼虎之人。奸佞满朝，贪淫如市。以是求治，是谓倒行。"前蜀政治如此黑暗，所以当后唐大军兵临其境时，公卿无救国之策，将士无效死之意，统治很快就土崩瓦解了。

在后蜀统治时期，情况并无大的变化。在发展文化方面，后蜀的士人做出了很大的贡献。如：毋昭裔贵为宰相，却性嗜藏书，命人以长安旧本"九经"为底本，刻石立于成都学馆。后来又奏请后主孟昶出资刻印"九经"，作为学校的教材。毋昭裔见蜀中自唐末以来，学校废坏，遂出私财兴建学舍，发展教育。又令门人句中正、孙逢吉书写《文选》《初学记》《白氏六帖》等，出资刻印出版，对发展蜀中文化乃至于我国古代文化做出了很大贡献。李昊，自言是唐朝宰相李绅之后人。在前蜀时官至中书舍人、翰林学士，后蜀孟昶时拜相。前蜀统治时期未置史馆，至此经李昊奏请，设置了史馆与史官，修成了《经纬略》《前蜀书》《后主实录》等一批史书。此外，欧阳炯、顾琼、欧阳彬、令狐峤、向瓒、句中正、毛文锡、阎选等一批人，也都在文学方面颇有贡献。

然而后蜀统治时期的士风却并无大的改观，士人或有才无德，或贪贿好色，全无气节操守。如王处回，在后主孟昶时，官拜武信军节度使、同中书门下平章事，位至使相，却专权贪暴、卖官鬻爵，四方有求官者先纳贿于王处回。其子王德筠也倚势骄横，所为多不法。据说王处回家所积财宝相当于国库的三分之二。

李昊虽对发展蜀地文化多有贡献，但在聚敛财富方面也毫不逊色，旧史记载说："（李）昊前后仕蜀五十年，后主之世，位兼将相，秉利权，资货岁入无算，奢侈尤甚，后堂伎妾曳罗绮数百人。"孟昶曾与南唐通使交好，其使者赵季札在南唐购得唐武宗时李绅拜相制书，回到成都后，遂将此物献给了李昊。李昊自称是李绅后人，自然对此物非常珍惜，遂搭建彩楼置于其中，并尽召成都城中歌舞之伎，本人身着朝服，吹吹打打，迎入府中。他为此还大宴宾客，又以帛两千匹回赠赵季札，前后花费了巨额资财。李昊家中资产巨万，奢侈逾度，他读《晋书·石崇传》，见石崇生活奢侈，与人斗富，遂笑着说："穷俭乞儿，以此为富，可笑，可笑！"当初，后唐灭前蜀，李昊负责起草了降表；后来宋军灭亡后蜀，降表也是李昊起草的。于是，有人在其家大门写上了"世修降表李家"的字样，见者无不哂笑。

再如徐光溥，在后蜀后主孟昶时，官拜中书侍郎、同中书门下平章事。当时李昊与其同为宰相而有宠，徐光溥惧祸，每次议事，从不参与，只知熟睡，人号为"睡相"。他早年任翰林学士时，与中书侍郎刘羲叟分别值宿于宫中，因为刘羲叟赋诗时讥讽过他，引起徐光溥的切齿之恨，终其生不与刘羲叟交往，时人均认为徐光溥心胸过于狭窄。徐光溥虽位居宰相，然为人轻佻，曾撰艳词挑逗前蜀的安康长公主，被人劾奏，从而被罢去了相位。

幸寅逊，在后主孟昶时历任司门郎中、中书舍人、给事中、翰林学士等官。虽然曾对后主提出过一些有益的谏言，但是此人功利之心特重，其所进谏多为邀取声名，并不是全为国事。入宋以后，任镇国军行军司马，任满罢职，已经年过九十，而仕进之心仍然非常强烈，准备行装，打算入京再谋官职，尚未来得及登程，便一命呜呼了。

后蜀士人中贪财者亦不少见，如翰林学士范禹偁好聚敛钱财，要求到外州任官，孟昶不愿他离开成都，遂命他兼任简州（治今四川省简阳市西北）刺史，每年让简州送钱数千贯给他。范禹偁曾三次主持科举考试，公然收受贿赂，送钱多者中高第，甚至"面评其直，无有愧色"。当时有一举子冯赞尧，与范禹偁乃是布衣之交，由于家贫，无钱可送，竟始终不能登第。此人不仅贪财，而且极其吝啬。后蜀灭亡后，他在宋朝任鸿胪卿。当时有一门客从阳城来看望他，两人相见，交谈甚欢，终日不管一饭，久之，命人取来清水各一杯，说："我近来凿了一口井，水甚甘甜，请君品尝。"然后便将客人送走了事。

其实后蜀士人中的这种奢靡风气，与后主孟昶不无关系。孟昶即位初期，尚能力行节俭，后期便发生了很大的变化，他爱好游乐，喜赏名花，下令在成都城中遍植芙蓉，平时以幄幕遮护，至秋季盛开，"望之皆如锦绣"。他还喜好击球，虽盛暑而不已。又以芙蓉花遍染缯帛制成帷帐，名曰"芙蓉帐"。又以七宝装饰溺器，据说宋军缴获此物，献给宋太祖，宋太祖指责说："汝以七宝饰此，当以何器贮食？所为如此，不亡何待！"遂命人将溺器砸碎。上行下效，遂使蜀中社会风气更加奢靡，士人习气更加败坏。加之孟昶既不善识人，又不能用人，以致在宋军进攻时，一败涂地，国亡被俘。

据载：孟昶之母李太后乃后唐庄宗宫嫔，庄宗赐给孟知祥，而生孟昶。孟昶晚年宠信小人，掌管兵权者多为新进膏粱子弟。李太后劝孟昶说："我见庄宗当年与梁激战，先帝在太原抵御契丹以及平定两川时，诸将非有大功，不得掌兵，故士卒畏服；今王昭远、韩保贞等辈，皆膏粱乳臭子，素不习兵，如何能抵御大敌？"孟昶不听。入宋后，宋太祖对李太后非常优待，赏赐了大量财物，并尊称为国母。孟昶死后，李太后不哭，说："你不能死于社稷，苟活于世以取羞。我之所以不死而活到此时，全是因为你在。今你已死去，我也不用再活下去了！"自此拒绝进食，从容死去。

·他国：委身武夫·

五代十国时期其他诸国的士风虽然略有差异，但总的来说还是有一些共同特点，即均委身于武夫幕府之中，随着主子的称王称帝而跻身于卿相之列，因此看武夫的脸色行事，苟活于世，是诸国士人所面临的共同境遇。在这种情况下，他们不可能再作为独立社会阶层而存在。士人们这种强烈的依附性，决定了他们的价值观只能向现实性和功利性倾斜，朝秦暮楚的行为也不再被视为异端，忠节观念极为淡薄。如果士人不愿屈身于武夫之下，便无法在政坛立足，只能归隐于山林了。

此外，还有一个共同特点，即各国士人在建国初期政治地位大都不高，处在武夫的附庸地位；后期情况虽有所改变，但各国具体情况又各不相同。吴越在钱镠及其儿子统治时期，虽然收揽了不少文人，但多处于掌管文翰、参谋咨议的地位，并不能参与中枢决策，更不用说染指兵权了。直到吴越后期，即钱俶统治时期，随着

苦闷
夜宴者的心态

内牙军问题的基本解决,文人才进入了中枢决策机构,形成了所谓文人政府。马楚的情况与吴越不同,在马殷统治时期尽管引用了一批文士,甚至出现了高郁这样身居要职且可以参决楚国重要方针大计的人物,但是从文人的总体地位看,仍处于武夫的压制之下,高郁也不免落得身首异处的下场。马殷死后,群驹争槽,战乱频起,文人的处境就更加困难了。南汉在刘隐、刘岩统治时期,尚能收揽一批文士为其服务,建立典章制度,发展文化教育。其后诸帝大都昏庸残暴,致使宦官专权,内乱频生,文人的地位便每况愈下了。割据福建的闽国,在王潮、王审知时期,大力招揽人才,兴办学校,发展教育,使福建的文化事业得到了很大的发展。此后诸王争权夺利,战乱频频,不仅百姓遭难,文人的地位也不能有所保障。南平国小财乏,自高季兴以来,招致四方之士,罗致了一批文士于幕府之中,为其出谋划策,虽然难有大的作为,却能保一方平安,亦属难能可贵。至于北汉,土瘠民贫,文化落后,人才贫乏,其士人中极少有杰出的人才涌现。他们为了获取一官半职,为刘氏卖命奔走,其士风与中原王朝并无根本的不同。

对南方诸国的士人而言,从地域上划分,大体上可分为北方避乱而南迁的人士与当地土著人士。在前者中又可分为原唐朝衣冠名族与普通士人两类,由于出身的不同,他们在诸国的地位也颇有差异。土著人士占有地理之利,他们乘唐末动乱、四方割据势力蜂起之机,奔走于各地,谋取进身的机会,是一股比较活跃的新生力量,他们与南迁的北方人士共同为南方文化的发展贡献了很大的力量,对改变中国此后文化地理格局发挥了重要的作用。也有一种士人,见天下大乱,洁身自好,归隐不仕,以山水自娱,寄托自己复杂的感情。

关于前一类人对南方文化发展的贡献，最典型的例子莫过于南汉与闽国。这片区域在唐代时文化还非常落后，是所谓蛮荒之地，也是当时流放罪人的地方。刘隐占据岭南后，采取了礼贤下士的政策，大力招揽四方之士。自唐末以来，由于中原动荡，中朝人士认为岭南最远，是最佳的避难之地，于是纷纷南下；还有一种情况，即唐代许多名臣谪死于岭南，其子孙往往流落在这一带；另一种情况是，在岭南地区任职的唐朝官员，因为遭乱而无法北返，只好客居于当地。他们在刘氏的这种政策的感召下，纷纷投入到南汉政权中来。当然，还有一些人士感于刘氏的诚意而主动投奔而来。如赵光裔，其父赵隐为唐朝的左仆射，他与其兄赵光逢、其弟赵光胤，皆进士及第，在唐朝担任显职。后梁时朱全忠命赵光裔充使授刘隐为节度使，刘隐遂将其强留在幕府。后来刘氏称帝，他也升任门下侍郎、同中书门下平章事。他对南汉典章制度的建立、社会经济的发展，都做出了较大的贡献。其余如容管巡官王定保、唐朝名臣刘崇望之子刘濬、太学博士倪曙、唐朝名相李德裕的孙子李衡、唐朝司农少卿周杰，以及谙熟礼仪的杨洞潜等，刘隐均以师友之礼相对待，经常向他们咨询治国之道及典章制度。刘隐死后，刘岩沿袭了这一政策，礼遇士人，注重发挥他们的作用。在他们的主导下，南汉注重发展商业，招徕海外和各地商贾，聚积了大量的财富。

唐朝末年，北方衣冠避居福建者也甚多。王审知占据这里后，采取多方延揽、礼贤下士的政策，如唐朝宰相王溥之子王淡，唐末著名诗人、翰林学士韩偓，唐朝宰相杨涉的堂弟杨沂丰等，土著人士中著名的有诗人黄滔、徐寅、翁承赞等，都是这一时期入仕于闽国的。他们劝王审知发展文化教育事业，建四门学，"以教闽士之秀者"。他们还积极从事文学创作，鼓励当地人学文，对促进当地

苦闷
夜宴者的心态

文化的发展也发挥了一定的积极作用。自此以后，福建地区人才辈出，至宋代遂成为文化发达及全国藏书丰富之地。福建濒临南海，闽国建立后，开辟商港，招徕海外商贾，不但坐收商利，而且还促进了中外经济文化的交流。

至于吴越、楚国的文化，在这一历史时期也都有较大的发展。吴越本为文化发达之地，钱氏统治期间，重视发展文化与经济，对道教与佛教的发展也都起到了较大的促进作用，使其境内一时人才济济。楚国马殷开天策上将府，仿唐太宗为秦王时旧例，置十八学士，网罗了一批优秀人才，促进了楚地的文化发展。《十国春秋》说："楚地多诗人，最著者有沈彬、廖凝、刘昭禹、尚颜、齐己、虚中之徒，而仲举实伯仲诸子间。"文中所说的仲举，即何仲举，是所谓十八学士之一。

就诸国士风来看，大致上可分为热衷于功名与归隐不仕两类。前一类型的代表有著名的诗人罗隐，他的祖父、父亲在唐朝做过小官，罗隐本名罗横，据说他十次参加科举考试全都落第，心灰意冷，遂改名罗隐。其实罗隐一天也没有放弃过做官的打算，他先在长安投奔宰相郑畋、李蔚，想谋取一官半职，没有成功。在长安遇到了一名相面术士，告诉他说："君志在中第，即使考中，官不过主簿、县尉。若能放弃科考，南下投奔诸镇，从幕府官做起，将来必能大贵。"于是罗隐先后到过湖南、淮南、润州等镇，皆没有得到赏识。随后他又投靠正在讨伐王仙芝的唐朝招讨使宋威，也没有得到重用，只好转而漂泊到杭州，希望能得到钱镠的重用。为了此次能得到赏识，他向钱镠进献了自己的诗作，诉说自己怀才不遇，希望钱镠英雄识才，能够收留自己。钱镠久闻罗隐大名，遂将其收在幕府之内，历任钱塘县令、镇海军掌书记、节度判官、司勋郎中、谏议大夫、给事中等职，七十七岁时死去。罗隐年轻时不拘礼法，有轻薄之名。有一钟陵妓，名叫云英，与他有旧情，他落第之后赠诗云英曰："钟陵醉别十余春，重见云英掌上身。我未成名君未嫁，可能俱是不如人。"

《北梦琐言》的作者孙光宪，唐朝末年曾当过陵州（治今四川省仁寿县东）判官，前蜀灭亡后，避入江陵，被高季兴纳入幕府，任掌书记。孙光宪一人事南平三主，历任荆南节度副使、检校秘书少监、试御史中丞等官。北宋建立后，他劝高继冲归顺宋朝，得到了宋太祖的赏识，被任命为黄州（治今湖北省黄冈市）刺史。旧史记载说，孙光宪自负才名，而终生只能在藩镇幕府任职，不足以施展才力，因而怏怏不得志。可见孙光宪追求功名的愿望是多么迫切，直到晚年仍对此耿耿于怀。

高郁是楚国的第一谋士，为楚王马殷所器重。马殷得以建立霸业，楚国经济得以发展，高郁之功实不可没。可是就是这样一位具有才华的士人，却贪图富贵，不知死期将至。旧史记载说：高郁才高而性贪，生活非常奢侈，他常以所饮之井水不洁，于是命人用白银打成叶片护在井的周围，称之为"拓里"。听说辰州（治今湖南省沅陵县）民向氏有一龙角，莹白如玉，高郁凭借权势，强行购回，于是便给人留下了口实，诬告他奢僭不法。马殷之子马希声多次进言，坚决要求罢去他所掌的兵权，马殷虽然对他不疑，但经不住数次苦劝，于是便将其降为行军司马。直到此时高郁仍不知急流勇退，反而对此耿耿于怀，怒曰："小疯狗大了，能咬人了！"马希声闻听此言，更加恼怒，遂假借其父的命令，将高郁处死。

像罗隐、孙光宪、高郁这样热衷于功名利禄的士人还很多，他们或得主宠信，或受武夫压制，不管境况如何，在追求仕途显达的

苦闷
夜宴者的心态

道路上孜孜不倦，锲而不舍，不知老之将至。不少人在国亡后，再到他国谋求发展，始终不愿放弃自己的追求，什么名节礼教，全都不顾了。如孟宾于，后晋时中进士第，因晋末动乱而归乡，被楚王马希范用为零陵从事。南唐灭楚后，又被授予丰城县主簿，升为涂阳县令。因为贪污将被处以死刑，他遂向后主李煜献诗，李煜见其诗写得还不错，遂得以侥幸逃脱一死。孟宾于致仕后，隐居于玉笥山，自号群玉峰叟。过了一年，又被任命为水部员外郎，直到南唐灭亡后，才回到了湖南故乡。孟宾于是五代十国时期比较有名的诗人，且喜欢提携后进之士，然其操行不洁，为人所讥讽。

这一时期，那些不愿与黑暗政治同流合污的士人则选择了归隐山林，躬耕自给。如滕昌祐，本是苏州人，后来游历两川，遂成为蜀人。他志趣高洁，不结婚，不当官，选择幽静偏僻之地居住，栽种花草竹木，观赏植物枯荣，成为著名的花鸟画家。再如郑元素，年轻时攻读《诗经》《礼记》等儒家经典，为了躲避战乱，隐居于庐山青牛谷四十余年，寄情于山水之间，作诗弹琴，弦歌自若，绝不预闻人世间一切事务。还一人名叫褚雅，归隐于茅山，自耕自收，有所收获，除了满足自身需要外，还救济周围贫苦农民。他勤于耕作，早晨起来很早，烧水以供山中砍柴的樵夫。天气炎热时，他还不时送瓜果给行路之人以解渴。实际上褚雅已经从一位士人变成了自力更生的村民，从寄情山水转而同情人民，十分难能可贵。

还有一类士人，他们虽然隐居山林，但却不忘忠君爱国，只是不满于现状才归隐山林。如朱葆光，本是京兆（今陕西省西安市）人，后来迁到了南阳。朱温取代唐朝统治后，他不愿生活在后梁的统治区，遂举家迁至湖南，居住在潭州。每至节庆之日，他都要整理衣冠，立在南岳庙前，望北号泣，数十年如一日，始终不弃。后来他又迁到衡山，自耕自足，而不愿出山入仕。

陶英，在唐朝末年官至太尉，曾因上书言事，得罪了朱全忠，被授以征南将军之职，率军镇守昭州（治今广西壮族自治区平乐县西平乐溪北岸）。唐朝灭亡，后梁建立，他惧怕招来杀身之祸，遂弃官携家隐居于昭州诞山。马殷建立楚国后，他也不与马氏往来，成为一个真正的隐者了。

朱遵度，青州人。其家多藏书，朱遵度苦读力学，全部周览一遍，当时推为博学，人称"朱万卷"。后晋末年，契丹军入寇中原，为避乱遂举家携书逃到湖南，由于不被赏识，遂杜门不出。楚国学士们撰写文章，多向他请教典故辞章，人称其为"幕府书厨"。楚国灭亡后，他又举家迁往金陵，仍然不愿入仕，著书立说，笔耕不辍。撰有《鸿渐学记》一千卷、《群书丽藻》一千卷、《漆经》若干卷。

南方诸国毕竟战乱极少，经济发达，国家富庶，在这种稳定的社会环境下，无论是入仕还是隐居的士人，都为当地的文化发展做出了贡献，这一点恰恰是北方所不具备的社会条件。

茫然 夜宴的参与者

南唐党争
从宋齐丘、孙晟说起

·朋党的形成·

所谓朋党就是指士大夫阶层中的不同政治派别或政治集团，他们为了维护各自团体的利益而互相斗争。这种朋党之间的斗争在我国历代王朝或多或少都存在，只是斗争的规模、激烈程度、持续时间各有不同罢了。

南唐虽然只是一个割据政权，但也存在比较严重的朋党斗争，这就是以宋齐丘为首的宋党和以孙晟（忌）为首的孙党之间的斗争。宋人马令所撰的《南唐书·党与传》说："南唐之士亦各有党，智者观之，君子小人见矣。或曰：宋齐丘、陈觉、李徵古、冯延巳、（冯）延鲁、魏岑、查文徽为一党；孙晟、常梦锡、萧俨、韩熙载、江文蔚、钟谟、李德明为一党。"其实马令所列的这个名单并不完全，孙党中的人物还有周宗、李建勋、徐玠、徐铉、朱元、严续、徐锴等人，另外，钟谟、李德明两人，因为与宋党作对，所以被旧史家视为孙党人物，其实孙党中人多不与其往来，并将他们视为小人。至于韩熙载，前面已说过本无朋党，只是政治立场与宋党对立，故后人将其列入孙党。

两党的形成时间不同，其中宋党形成较早一些。南唐先主李昪的养父徐温在世时，李昪数次提出要求重用宋齐丘，由于徐温憎恶其为人，始终不得重用，直到徐温死后，李昪专断吴国大政，始得重用。吴大和三年，李昪出镇金陵，留其子李璟在广陵辅政，由于

茫然
夜宴的参与者

李璟年纪尚轻，没有多少政治经验，于是命宋齐丘辅佐李璟，并任宰相兼枢密使。名为辅政，实际大权皆掌握在宋齐丘手中，李璟只是挂名而已。宋齐丘就是利用这个机会，拉帮结派，大肆扩充自己的势力，因此可以将宋党初步形成的时间确定在大和三年。宋党的完全形成时期却是在南唐先主李昪昪元末年至中主李璟保大初年，即公元942年至943年。之所以有这样的结论，是因为宋党中的一些骨干分子大都是在这个时期投靠宋齐丘的，比如李徵古昪元末入仕南唐，当时宋齐丘正大力扩充自己的势力，李徵古经常出入其门下，李璟即皇帝位后，在宋齐丘的推荐下遂得重用。宋党重要骨干魏岑也是在这个时期投入宋齐丘门下。他自南渡以来，久不得志，于是便投入宋齐丘门下，经宋齐丘的推荐，才得以充任校书郎，从而为其以后的飞黄腾达奠定了基础。宋党的另一骨干查文徽也是在宋齐丘的推荐下，才得到了元帅府掌书记的官职，当时李璟为元帅。李璟即位后，遂升任查文徽为中书舍人。至于冯延巳本不与宋齐丘有瓜葛，他与宋齐丘的门人陈觉关系密切，通过陈觉的引荐，得以结识宋齐丘，从而成为宋党中最重要的人物。

孙党形成比宋党晚一些。吴大和六年（934），李昪见取代吴国统治的时机越来越成熟，但却不便硬性抢夺，必须使吴主自己提出让位，才可以堵住天下人之口。如此就必须有大臣出面劝吴主禅让，可是这种话又不能由李昪自己提出，最好有人主动出面承担。周宗看出了李昪的心思，于是便出面劝吴主禅位于李昪，当时徐玠、李建勋、贾潭、王令谋、孙晟等人，都极力促成此事，所谓"相为推挽，决行大事"。为了一个相同的政治目的，这一批人走到一起来了，通常便将这一年视为孙党初步形成的时间。

宋孙两党刚一形成，就展开了一场激烈的斗争。事情的起因是这样的：宋齐丘作为李昪早年的主要谋士，两人相交已久，李昪本人也将宋齐丘视为心腹骨干，并委以重任。因此，宋齐丘自然也是赞成禅代的，但由于周宗等人抢先一步提出了这个问题，宋齐丘不愿眼看着功劳被别人抢走，于是便极力反对禅代，并且请求斩周宗以谢吴主。本来周宗的这一批人并没有组成朋党，可由于宋齐丘出面作梗，不但会使他们的计划落空，而且连周宗的性命都将不保，周宗一旦被斩首，那么就意味着赞成他主张的这一批人都难逃其罪，也就无法再在朝中立足。为了维护共同的政治利益，他们走到了一起。李建勋、徐玠等人极力反对宋齐丘的主张，当然李昪也不愿意处死周宗，只是他必须找一个台阶下，否则就会给人留下一个急于谋权篡位，并指使周宗出面游说的印象。在李、徐等人劝谏下，李昪做出不得已而顺从众议的样子，赦免了周宗的过失。

围绕着是否禅代的这场斗争，表面上看似乎宋齐丘一党获得了胜利，实际上却为宋党最后的失败埋下隐患。李昪被迫将禅代之事延后了数年，心中对宋齐丘的不满从此也就种下了根苗，后来宋齐丘被罢相，就与此事有着直接的关系。

需要说明的是，孙党与宋党不同，他们并非一个结合紧密的政治集团，充其量只是一个松散的政治联盟。而且孙晟一开始也不是这个集团的首要人物，只是由于徐玠过早死亡，周宗、李建勋等过早隐退，在朝中与宋党相对立的一派人中，他是宰相，地位和威望最高，所以被视为其党之首，其实这一派人并没有把他视为当然的领袖，不像宋党那样唯宋齐丘马首是瞻。他们与宋党之间的分歧，主要是政治主张的对立，并非有意识地联合成一个团体，后人之所以把他们看成一党，完全是因为他们的政治主张的相近性或是对宋党斗争的一致性，其内部个人之间的关系并不像宋党那样密切。

学术界有一种观点认为，南唐两党的划分是以地域为标准，即宋党人物均为江淮土著人士，而孙党则以南迁的侨寓人士为主。其实这种划分是没有多少依据的，两党中均有土著与侨寓之人，他们之间的分歧主要还是政治见解的不同。比如周宗为土著人，可是宋齐丘仍然千方百计要置其于死地。萧俨与宋齐丘是同乡，由于政治上的分歧，也被其视为异己，必欲置之死地而后快。再比如乔匡舜，高邮（今江苏省高邮市）人，属于江淮土著人士。他在宋齐丘幕府中十数年，可谓亲信故吏了，宋齐丘喜欢被人吹捧，而乔匡舜为人率真，尽管宋齐丘非常欣赏他的才艺，却从未推荐提拔过他。李昪也非常欣赏乔匡舜的才干，命公卿推荐人才，以为宋齐丘肯定会推荐乔匡舜，结果事情完全出于李昪的意料，宋齐丘根本就没有推荐乔匡舜。事后李昪叹息地说："吾没有想到他竟然会舍弃匡舜也。"此事也使宋党人物常梦锡、韩熙载感到奇怪。宋党中的其他人行事也大都如此，如冯延巳在元帅府任掌书记时，旧史记载说"同府在己上者，延巳稍以计逐之"，根本就不分什么土著或侨寓人士。可见，以地域的不同作为两党的分野是站不住脚的。

为了搞清南唐党争的问题，必须首先把两党首要人物的生平搞清楚。首先介绍一下宋党的魁首宋齐丘。

宋齐丘，庐陵人。宋齐丘的父亲宋诚，在唐朝末年任洪州节度使钟传的副使，早死。钟传被杨行密消灭后，宋齐丘陷于贫困之中，无法生活，只好东下，另觅出路，一度依靠一名姓魏的倡女糊口。这一时期李昪在升州广招四方之士，经骑将姚洞天的推荐，宋齐丘结识了李昪，并受到赏识。宋齐丘早年勤奋好学，有大志，他作为李昪的主要谋士，对其许多重大决定做出了贡献。但是吴国权臣徐温却非常厌恶宋齐丘，曾经派人监视他的行动。宋齐丘为了避祸，佯装狂放不羁，徐温由此以狂士待之，遂不介意，但也只让其担任殿直军判官这样的小官，直到徐温死后，才升任为右司员外郎，历任右谏议大夫、兵部侍郎等职。宋齐丘在辅佐李昪期间建树颇多，所谓"讲典礼，明赏罚，礼贤能，宽征赋"，做了很多有益的事情。

在这期间，李昪对宋齐丘非常器重，打算拜其为相，宋齐丘却以资望尚浅不足以服众为由，以归乡葬父为名，隐入九华山，不再入朝。李昪只好命其子李璟以吴主之命亲往迎接，这才出山归朝。宋齐丘此举乃是以退为进的策略，通过此事以抬高自己在朝中的地位。宋齐丘回朝，马上被任命为中书侍郎，迁右仆射、同中书门下平章事，如愿当上了宰相。此人权力欲极强，好大喜功，自谓学识独步古今，但心胸狭窄，容不得贤才能人，尤其是和自己意见相左的人，广树朋党，排斥异己，在晚年干了不少误国误民的事情。宋齐丘一生几起几落，权力欲非但未减，反倒愈来愈旺，尤其在中主李璟统治时期，他几乎成了朝中一切奸佞之人的后台，终于落了个可悲的下场。

吴大和六年与孙党的斗争，使得李昪对他逐渐疏远。李昪建立齐国时，任命宋齐丘为左丞相，但不许其参与政事。南唐正式取代吴的统治时，宋齐丘称病不出，也不在劝进书上署名，使李昪对其不满的程度进一步加深。南唐建国后，李昪以徐玠为侍中，李建勋为中书侍郎、同平章事，周宗为枢密使，给宋齐丘只是加了个司徒的虚衔而已。从这个意义上看，两党的第一场斗争应该说宋党打了败仗。当李昪即位后宣布任命公卿的制书时，因其中有其与宋齐丘为"布衣之交"一句，引起宋齐丘更大的不满，遂大声说："臣为布衣时，陛下也不过一个刺史罢了！今日当了天子，就不用老臣了！"说罢拂衣而出。先主李昪只是好言抚慰，但并不给其另授官职。

宋齐丘自感失计，久之终于想出了一个讨好李昪之策。他上书请求迁吴主家族于外州，并请李昪和吴世子杨琏绝婚。早年李昪为了巩固权势，遂将自己的女儿嫁给杨琏为妻。宋齐丘说："非独妇人有七出，夫有罪，也可出之。"这种自固恩宠的愚蠢举动，遭到了当时舆论的嘲笑，非但没有达到预期的目的，反而使李昪更加厌恶宋齐丘。

不久，宋齐丘亲吏夏昌图盗取官钱六百万，本应处以死刑，宋齐丘却设法免去其死罪。李昪知道此事后，下诏处死了夏昌图，宋齐丘羞愧不已，遂称病不再上朝。李昪为了安抚宋齐丘，特命其子李景遂前往劳问，并许诺让其坐镇故乡，宋齐丘这才重新上朝。李昪设宴款待，在席间宋齐丘不胜悲愤，口出怨言："陛下中兴，臣之力也，奈何忘之？"李昪见其不识抬举，遂厉声说道："公以游士来谒朕，今为三公，也应该知足了。"宋齐丘也不示弱，大声说道："臣为游士时，陛下也只是偏裨而已。"李昪虽然对宋齐丘非常反感，但又不愿严罚于他，以免背上疏离功臣的恶名，于是在次日，再次下诏安抚，并任命其为镇南（治所洪州）节度使。

宋齐丘在洪州为政残暴，任用群小，政事不治，本人生活也非常奢侈，将其家所在地爱亲坊改为衣锦坊，并且广修宅第，穷极宏丽。他出于虚荣之心，命令坊中居民皆要修饰墙屋门巷，极备华洁，民不堪命，相率逃去，坊中为之一空。他先后四次在本州任官，所行之事大率如此。

在中主李璟即位之初，他与周宗同时拜相。由于他指使党徒攻击周宗，被罢为镇海军节度使。宋齐丘郁郁寡欢，遂请求归隐九华山，于是中主赐号"九华先生"，封青阳公。后由于中主之弟李景达的劝说，又一次召入朝中，任太傅、中书令，改封卫国公，但不许参与政事。宋齐丘不甘寂寞，与其党徒勾结在一起，排挤正直朝臣，擅权乱政，引起中主对他的不满，遂命其再次出任镇南节度使，直到后周军队进攻淮南时，才被召回朝中赴难。

宋齐丘曾经极力推崇李昇次子李景迁，谋图立其为太子，以便谋取未来的政治利益。这件事对李璟造成很大的伤害，引起了他对宋齐丘的极大不满，同时也为宋党最终的命运埋下了隐患。关于这个问题，元代著名史学家胡三省说："既以赞夺嫡之谋怨之，又以争权误国怨之，宋齐丘于是不得免矣！"这话是很有道理的。他改变李昇制定的国策，首开拓境之说，致使南唐先后用兵于闽、楚，劳民伤财，四境骚动，极大地削弱了南唐的国力，促使南唐由盛转衰，终至于灭亡。关于这一点，李璟固然要负主要责任；但宋齐丘极力煽惑、首先提议，也负有不可推卸的责任。

孙晟，初名孙凤，又名孙忌，密州（治今山东省诸城市）人。他是进士出身，曾经当过道士，在唐庄宗时当过著作佐郎的小官。后唐明宗时，他在秦王李从荣门下任职，李从荣败亡后，孙晟惧祸，亡命南奔，投于李昇门下。据说孙晟口吃，与人相接，不能道寒暄，一旦坐定，则"谈辩锋生，听者忘倦"。

孙晟厚重沉稳，为人刚直，善文辞，深得李昇的信任和赏识，许多密计谋划，他都参与其中，在李昇取代吴国统治、创建南唐中立有大功，历任中书舍人、翰林学士、中书侍郎等职。中主李璟统治初期，由于齐王李景遂的排斥，孙晟一度被贬为舒州节度使。归朝后，任左仆射、同中书门下平章事，与冯延巳同为宰相。孙晟的拜相，使宋党之人如坐针毡，非常嫉恨。冯延巳曾讥刺孙晟文采不足，孙晟回答说："我只不过是山东一书生，鸿笔丽藻，十生不及君；诙谐歌酒，百生不及君；谄媚险诈，累劫不及君。然而主上将君安置于庙堂之上，希望君能以道义规益，非遣君为声色狗马之友也！我确实不理解君的所作所为，但却知道如此下去，将会危害国家，贻误政事。"冯延巳羞惭不能对答。关于这段话不能仅看成是两党之间的口舌之辩，实际上也反映了他们之间行事为人以及品格上的高下不同。

欧阳修在《新五代史》中记载，孙晟与冯延巳同时拜相，常鄙视冯延巳的为人，说："金碗玉杯而盛狗屎可乎？"而《玉壶清话》的记载却与此相反，说冯延巳看不起孙晟，谓人曰："可惜金盏玉杯盛狗屎。"这两种记载到底哪一种更可靠？不好论定，不过以孙晟之品格，似乎说不出这样的话来，很可能是冯延巳贬低孙晟的话。

后周大军进攻淮南时，南唐军屡战屡败，中主李璟派遣孙晟、王崇质出使后周。临行前，孙晟估计自己此行不免一死，遂对王崇质说："我思之已久，终不忍负永陵一抔土！"永陵即先主李昪的陵墓。果不出孙晟所料，他此次出使被后周扣留，周世宗待其甚厚，每次召见都要先赐酒。周军久攻寿州不下，以楼车载孙晟于城下，要他劝说守将刘仁赡投降。孙晟遥对刘仁赡说："君受国恩，不可开门纳寇。"周世宗质问他时，孙晟大义凛然地说："臣为唐大臣，岂可教节度使外叛？"周军作战不利，先所得南唐诸州皆已失去，世宗忧之，召见孙晟问江南虚实，孙晟拒绝回答，世宗大怒，下狱处死。临刑前孙晟神色怡然，正衣冠，向南而拜，说："臣以死报国了。"

不过孙晟在江南数十年，高官厚禄，因此生活十分奢侈，据载：其进食时，不设几案，命众伎各持一器环立而侍，号"肉台盘"。时人多仿效之。

由于孙晟以死赴国难，对南唐忠贞不贰，受到当时人们的尊敬。周世宗见其是忠臣，又后悔杀之。中主李璟得知其死讯后，流涕不已，追封鲁国公，谥号文忠。陆游评论说："孙晟乃天下伟丈夫，其事迹虽敌仇不敢议也。"一般来说，孙党之中多刚正不阿之士，他们处事多能从国家大局出发，并且疾恶如仇，慷慨激昂，如常梦锡、江文蔚、张易、韩熙载、徐铉、萧俨等，莫不如此。这一点正好和宋党之人形成鲜明对照。

·党争的焦点·

先主李昪时期是两党积蓄力量的时期，除了围绕着禅代问题发生过冲突外，基本上没有太大的公开冲突，加上李昪颇有政治经验，对宋齐丘、李建勋等人采取抑制政策，并不过多地授予权力，所以这一时期南唐内部的矛盾并不尖锐，政治也较清明。及至中主李璟时期，宋党势力急剧膨胀，双方斗争逐渐白热化。

先主李昪刚一逝世，双方的矛盾就公开化了。当时任中书侍郎的孙晟担心魏岑、冯延巳、冯延鲁以东宫旧僚受到重用，专权用事，打算称遗诏，奉太后临朝听政。这一做法固然是出于好意，然此议不但引起了宋党的激烈反对，而且李璟对此也十分不满。翰林学士李贻业出面反对，加之太后也不同意，于是只好作罢。不过李璟知道孙晟此议乃是出于公心，所以并没有因此而过多地迁怒于他。

事情不出孙晟所料，宋党中人见先主已死，喜形于色，积极活动，欲乘机攫取大权。如冯延巳等人，在中主李璟刚刚即位，尚未来得及听政时，就频频入宫奏事。这种行为连李璟都表示了反感，说："书记自有常职，其余人等各有职守，何必这样，难道不厌烦吗？！"李璟统治初年，委政于其弟齐王李景遂，不见朝臣，只有冯延巳、魏岑等人可以出入禁中，中外隔绝，形势对孙党极为不利。于是萧俨率先上疏极谏，晓以利害，促使李璟重新出来听政。

宰相周宗首先遭到宋党的围攻，接着常梦锡也遭到攻击。事情的起因是这样的：李璟为齐王时，常梦锡对其行为多有直言规正，故深得李璟的赏识，及即位，许以翰林学士一职。此事引起了宋党的极大不满，他们借口常梦锡封驳制书不当，将其贬为池州判官。后来常梦锡返回京师，也不甘示弱，经常与李璟争论宋齐丘奸佞，应该早做处置。不过当时李璟正信任宋党之人，所以常梦锡的话并没有起到什么作用。

中主李璟宠信宋党中人，并不是不了解他们结为朋党的事实，他之所以仍然宠信他们，一是因为其即位之初孙晟提出过太后临朝称制的问题，多少引起了他的不满。事后他对李贻业说："疾风知劲草，于卿见之。"可见他对此事还是很在心的。二是宋党中的骨干分子冯延巳、冯延鲁、魏岑等，均是齐王府旧僚，从个人关系上看，李璟与他们的关系要比与孙党人物更为亲近，使他觉得还是这些人靠得住。三是宋党中人多为阿谀谄媚之徒，且多具文学才华，颇投李璟的爱好。如冯延巳就是当时著名的词人，旧史也说李璟"特以旧人不能离也"。这些人经常陪伴李璟走马弄狗，赋诗唱和，饮酒作乐，自然能博得李璟的欢心。这批人还有一个特长，就是善于揣度皇帝的心理，百般迎合，因此他们提出的主张也容易为李璟所接受。尽管李璟偶尔也支持孙党抗衡一下宋党的咄咄逼人之势，但终究抵不住宋党的攻势，有时往往反而受其利用，充当了打击孙党的工具。所以，在中主李璟一朝基本上是宋党得势。

中主李璟统治时期的主要大事为伐闽、灭楚和淮南抗周，所以，宋孙党争也主要围绕着这几件大事展开。在这些问题上双方存在着策略上的分歧，孙党坚持先主制定的策略，主张审时度势，等待时机，不轻动兵端，待机北伐中原；而宋党则主张开疆扩土，以干戈为儿戏，轻率用兵。在宋党的极力倡导下，南唐发动了伐闽战争，宋党主要人物几乎都参与到这场战争中。在朝中主持军务、政务的是宋齐丘、冯延巳等，在外统兵的前后有冯延鲁、魏岑、陈觉、查文徽等，由于他们的无能，伐闽战争彻底失败。对于这场战争孙党本来就不赞成，对于以宋党人物统兵更是坚决反对，当时徐锴就指出冯延鲁等人无统御之才，人望至浅，不是适当的统兵人选，结果遭到贬逐。

宋党积极主张发动战争的目的就很不纯，所谓"欲使立功以取柄任"，即为了获取更大的权力。宋齐丘刚从归隐的九华山回朝不久，遂推荐陈觉充当宣谕使，说他多有智略，可以不劳寸刃，使割据福州的李仁达"坐致阙下"，导致陈觉擅发诸州军队，兵败辱国。战争失败后，孙党韩熙载等人力主斩杀元凶，以正国典，由于宋齐丘、冯延巳的阻拦，也没有达到目的。

进攻楚国的战争也是宋党发动的。当南唐军队进攻得手之际，中主李璟曾打算就此罢兵，孙晟也主张见好就收，不要陷入泥潭而难以自拔。但冯延巳、魏岑等宋党分子反对，坚持要攻取楚国全境。结果劳师费财，搞得本国人民及湖南百姓怨声载道，最终不仅未占得尺寸之地，反而损兵折将，进一步削弱了南唐的国力。

淮南战争就是后周乘南唐伐闽、攻楚接连失败，国力衰弱之际而发动的。在这场战争期间，两党的斗争更加激烈。当时孙党孙晟、严续虽为宰相，但军政大权皆归枢密院，严续多次进言，却不被理睬，不久便被罢了相位。孙晟出使后周，长期未归。当时宋党的陈觉、李徵古任正副枢密使，以后陈觉监李景达之军，留在朝中主持军务的乃是其同党李徵古，朝中决策皆出于宋党人物。南唐军事在他们的主持下一战不如一战，终于导致淮南战争的彻底失败。孙党虽然提出过一些有益的建议，但不能被采纳。宋齐丘在战争中也起到了一些不好的作用，在周军从各地撤退，以便集中兵力攻下寿州时，他怕结怨于后周，阻止诸将据险邀击，致使周军顺利地集结于正阳，寿州之围遂不可解，南唐终于失去了淮南。

南唐军屡战屡败，淮南大部分州郡已为周军所攻占，南唐军力衰竭，无力再战，而后周又有不尽占淮南决不罢兵之势，在这种情况下，只有尽快向后周妥协，才能摆脱困境，挽救危局。因此，李德明出使后周归来后，力主割地求和，宋齐丘出于门户之见，极力陈说割地无益。陈觉、李徵古则指责李德明卖国求荣，罪不可赦。孙晟、王崇质也出使后周，孙晟被扣，只有副使王崇质被放归。宋党遂指使王崇质出面诋毁孙晟、李德明，致使李德明被斩。宋党反对求和并不是建立在决心死战到底的基础上，而且出于朋党之间的钩心斗角。交泰元年，陈觉奉命出使后周，看到周军严整，实力强盛，心中大惧，向周世宗提出割让淮南，两国划江而治，世宗许诺，双方遂达成停战和议。本来严厉指责李德明割地卖国的宋党，此时又力主割让淮南，成了划江而治的积极倡导者，真是莫大的讽刺。

南唐失地丧师，国势危殆，就是在这样的局势下，宋党仍不放过倾轧孙党的机会。陈觉从后周回国后，假传周世宗之命，对中主李璟说："朕听说江南连年拒战，皆是宰相严续之谋，当为朕斩之。"李璟素知两党势同水火，没有轻易相信陈觉的话，而是另派钟谟出使后周，核实此事。周世宗得知此事后，大惊，对钟谟说："真是如此，则严续乃是忠臣，朕为天下之主，岂能教人杀忠臣！"钟谟回国后，才使真相大白，严续因此才不至于冤死。

·党争的结局·

淮南战争结束后，由于宋党实际上把持了南唐的军事指挥权，对战争的失败负有主要责任，他们也认为这种状况必不为群臣所容，如果不想方设法渡过难关，将会遭到灭顶之灾。他们商议的结果就是设法使皇太弟李景遂上台，由宋齐丘执掌大政，则可以保全其党不被清算。于是由陈觉、李徵古出面，乘南唐新败，人心不稳，国家困窘之际，向李璟提出禅位于太弟，由宋齐丘摄理国政，李璟则退居后苑，"从容谈释老而已"。李璟认为此事必是宋齐丘指使的，心中大恨。孙党陈乔、钟谟等人也极力阻止此议，钟谟说："齐丘当国家危难之时，遣门人献议，欲乘便夺取帝位，无复人臣之礼。"从而使宋党的如意算盘落了空。太弟李景遂见事已至此，不便再在太弟之位停留，便提出让出太弟之位，李璟顺水推舟，封其为晋王，拜天策上将、洪州大都督、太尉、尚书令，另立长子李弘冀为太子，参理朝政。

李景遂到了洪州之后，每天闷闷不乐，因小事迁怒于都押衙袁从范之子，并将其杀死。太子李弘冀得知此事后，为了根绝后患，派亲信送毒酒于袁从范,令其寻机毒死李景遂。有一天,李景遂击球口渴,向从人索水,袁从范乘机以毒酒进献,致使李景遂中毒身亡。李璟明知李景遂死得可疑,但由于他的死去了自己的一块心病,也就不加深究。

李景遂的死去,使宋党失去内助,气焰大为收敛。李璟经过这些年的风风雨雨,也对宋党祸乱国事的行为有了清楚的认识,于是决定清洗朋党。与后周议和之后,后周放还了被俘的冯延鲁、许文稹、边镐、周廷构等人,李璟皆弃而不用。接着下诏暴宋齐丘、陈觉、李徵古罪行,放宋齐丘归九华山,将陈觉安置于饶州,李徵古削去官爵,不久又下令赐陈觉、李徵古死。

自从宋齐丘放归青阳后,李璟下诏令锁其家门,在墙壁上挖一小洞,每日用于递食。宋齐丘不堪其辱,于显德六年春自缢而死。也有一种说法云:其家人因齐丘之故而不得食,每日饥饿,又听说如果宋齐丘一日不死,则一日不供食。为了生存,于是大家共谋,将宋齐丘缢死。据载,宋齐丘临死时叹息曰:"我往昔献计幽禁吴主全族于泰州,今日却自己遭到禁锢,应该如此啊!"

《江南野史》载:孙晟出使后周期间,周世宗向其问江南虚实,孙晟答曰:"我国有甲兵三十万,也不是能轻易对付的。"世宗责其夸大其词,孙晟辩解说:"我国有兵十余万,长江天堑可敌十万兵,国老宋齐丘,深谋远虑,机变如神,可比王猛、谢安,也可敌十万之兵。"周世宗由此对宋齐丘非常忌惮,后来南唐在淮南之战中战败,派钟谟出使后周,临返回时,周世宗对他说:"朕与江南大义已定,然宋齐丘不死,则和好很难保证。"宋齐丘之死,即由此而起。

这种记载极不可靠,孙宋两党形同仇敌,孙晟作为其党之魁首，怎么会去赞扬敌政的首领呢？周世宗作为天子也不可能说出这样的话，从他对严续的态度可知其不会令人诛杀忠臣，且南唐已经战败，此时再多杀一人又有何益？

据说，宋齐丘年轻时，有一相面先生对他说："君面相虽然贵不可言，然而不过是周亚夫下狱之相也。"周亚夫是西汉著名大将、丞相，后下狱饿死。又载，宋齐丘当年东下投靠骑将姚洞天时，在投名状中有这些字句："有生不若无生，为人不若为鬼"；"岂堪忧悒万端，无奈饥寒二字"。于是有人说这些都是他最终会被饿死的先兆。宋齐丘好客，士人识与不识，凡投奔其门下者多收留之，以至于三教九流、术士道释，多有出入其门的。又在朝廷中多布私党，国家有善政，其党皆说这是宋公所为；有不得人心的政策出台，便说这是不用宋公之言的结果。他一生撰有《化书》六卷、《增补玉管照神经》十卷、文集六卷。也有一种说法，说《化书》乃谭峭所撰，宋齐丘窃据为己有。

在这一时期查文徽已经因病废于家中，李璟仍不放过，将其流放到宣州，不久就死去了。只有冯延巳下场稍好一些，由于他没有参与南唐对后周的军事指挥，所以李璟并没有给他任何惩罚，只是因为宋党致使南唐在淮南战争中一败涂地，李璟对他这个宋党骨干不能不有所表示，于是便罢去了他的相位，任命为太子少傅。数月以后，局势稍稍稳定，又重新拜其为相。不久，冯延巳患病，遂又改任太子太傅，直至因病而亡。

至于宋党的另一骨干魏岑，早在此前已经死去。他因为伐闽战争的失败被贬为太子洗马。后汉李守贞叛乱，请求南唐派兵增援，魏岑力主出兵，李璟任其为沿淮巡检使，率兵骚扰后汉边境，结果无功而返。不久，又任命其为兵部侍郎、枢密副使。户部员外郎范冲敏与大将王建封上疏，指责魏岑等弄权误国，被中主李璟处死。不久，魏岑也突然患病，不治而亡。旧史说魏岑看到范冲敏变为厉鬼索命，因而患病，请道士作法无效，数月死去。这当然是无稽之谈。

至中主李璟统治末年，随着宋党骨干的被清除，宋孙党争可以说已基本结束了。

通观两党主要人物的作为及他们在政治、经济、外交方针上的分歧，孙党比宋党的主张要更为成熟，更具有积极意义。其主要人物个人的品德与行为，也比宋党人物正直、高洁，政治目光也比较远大。因此，后世的史学家凡论到南唐历史时，莫不对宋党进行鞭挞与批评，这一切绝不是偶然的。撰写过《南唐书》的宋代著名文学家陆游评论宋齐丘时指出："若谓其窥伺篡位，则太过了。此人特好权力，崇尚诡谲，编造虚誉，培植朋党，矜功忌能，富贵满盈，犹不知惧，要挟君主，暗于知人，蒙大恶以死，真是莫大的悲哀！"这种评论可谓至公之言。

轻薄浮躁
宰相冯延巳

·无能宰相·

南唐统治时期文化发达，人才辈出，拥有许多杰出的词人、诗人、画家、书法家，冯延巳可谓其中的佼佼者。他不仅在文学方面才华横溢，绘画、书法也无一不精，尤其是在文学方面，成就最为突出，在我国古代文学史上也具有一定的影响。可惜的是，他在政治上贪浊无能，在品格上轻薄浮躁，从而使后世对他的评价极为不佳。

冯延巳，一名延嗣，字正中，广陵人。其父冯令颙，早年在本州为军吏，先主李昇署其为歙州盐铁院判官。冯令颙为官清正，爱惜吏卒，威望极高。歙州偏将樊思蕴作乱，纵火烧营，大火烧及冯家，参与叛乱的兵士大都放下兵器，纷纷到其家救火，可见其是多么得人心。当时刺史病重，传言已死，全城人心惶恐。这时冯延巳年仅十四岁，奉其父之命入刺史府探问病情，搞清实际情况后，遂出府以刺史的名义安抚将士、吏民，人心始安，局势也逐渐平稳下来。可见少年时期的冯延巳还是颇有胆略的。

成年后的冯延巳，才华横溢，文名远播。南唐统治初期尚没有实行科举制，因此冯延巳是通过荐举的方式入仕的。先主李昇因其文章华美，遂授其秘书郎之职。李璟被拜为元帅时，冯延巳被任命为元帅府掌书记，以辅佐其子。冯延巳后来在中主朝官居宰相，权倾朝野，其根源全在于此。李璟风流倜傥，酷爱文学，加之此时年纪尚轻，喜好声色犬马，而冯延巳也恰恰擅长于此，两人意气相投，大有相见恨晚之意，故冯延巳深得李璟的宠信。这一时期的宋齐丘官高位尊，权势极盛，是朝中炙手可热的人物，成为许多新进之士争相攀附的对象。冯延巳自然也不例外，但是他并不认识宋齐丘，无由得见。此时陈觉已经投入到宋齐丘的门下，而冯延巳又与陈觉关系密切，通过陈觉的引见，才得以投靠宋齐丘。

冯延巳的书法水平远远在宋齐丘之上，他为了讨好宋齐丘，遂拜其为师，向他讨教书法。宋齐丘喜人誉己，竟也煞有其事地指点道:"你的书法并非不佳,只是还未自成一体,字体往往与唐朝大书法家虞世南相似,这样怎么可以呢?"

李璟也逐渐看出冯延巳不是正人君子,只是爱其多才多艺,加之其在齐王府中多年,竟然不能割舍。冯延巳自恃才华,除了宋齐丘、陈觉等同党外,对其他朝士多狎侮不已,引起了一些人的反感。给事中常梦锡就多次在先主李昪面前说冯延巳乃是小人,不可使其在李璟左右,李昪认为常梦锡说得有理,打算将其从李璟身边驱逐,还没有来得及下诏,就因服食丹药而突然死去了。

先主的死去,使冯延巳兴奋异常,以为飞黄腾达的机会终于来临了。中主李璟刚刚即位,他未等新官的任命,便屡次入宫议事。

中主即位之初,以冯延巳为东宫旧僚,任命其为谏议大夫、翰林学士,不久,又升任户部侍郎、中书侍郎等职。保大四年,正式拜相。冯延巳拜相以来,为了攫取更大的权力,极力鼓吹发动对闽国的战争。伐闽战争失败后,他被罢为太子少傅。保大六年正月,外任昭武军(治所抚州)节度使。

《湘山野录》记载了一则故事,说冯延巳任昭武军节度使不久,听说朝中对他另有任命,心中暗喜。有一天晚上梦见自己舌头上长满了毛,次日,遂请一僧解梦,僧曰:"毛生舌间,不可替也。"果然冯延巳不但没有回朝任职,反而等来了其母亡故的消息,只好丁忧归家。由于中主李璟对冯延巳宠信未衰,遂又将其召回,任太弟太保、领昭义军节度使,接着又再次拜为宰相。

冯延巳多次拜相,掌管国政,自以为才略出众,经营天下绰绰有余,而皇帝却亲掌政务,致使大臣不能有所作为,从而使天下难以大治。中主李璟遂将全部朝政交给冯延巳,凡事只需奏知即可。冯延巳突出的只是文学之才,政治方面并无才干,所以他当政以来，纪纲废弛，胥吏弄权。在军事上，冯延巳更是一窍不通，无法驾驭诸将，军旅之事完全由边帅控制，冯延巳不置可否，只知以大言惑人。

冯延巳心胸狭窄，朝士不附己者，往往设计谋害。中书令卢文进在后唐任安远节度使，能征惯战，是所谓北方虎将。因不满后晋石敬瑭对契丹称儿皇帝，遂南渡归顺了吴国。在吴国及先主李昪统治时期担任数镇节度使，颇有政绩，军民爱戴。召回金陵后，授左卫上将军、中书令，封范阳郡王。此人虽是武夫，但南渡以来，礼接文士，谦恭有礼，从不谈论军事，以免引起南唐君臣的疑虑，因此在朝野上下口碑甚佳，唯独冯延巳对其十分厌恶。卢文进本是武人，性格倔强，加之不满冯延巳的为人，因此并不买冯延巳的账。卢文进生前，冯延巳权位尚低，尚无力对其进行陷害。卢文进死后，冯延巳已拜相，遂利用权势诬告卢文进，将其诸子全部收捕，并打算抄没其家产。营田判官高越是卢文进的女婿，于是上书中主称卢文进之冤，并指责冯延巳诬陷忠臣，为恶甚多。当时冯延巳权势正盛，许多人畏惧其权势而不敢言，故高越上书内容传出后，人人拍手称快，并对其胆识表示钦佩。中主李璟看到高越的上书后，嫌其措辞严厉，大怒，将其贬为蕲州司士参军。但是经过这么一闹，冯延巳陷害卢文进全家的阴谋也就落空了。

前面已经论到，南唐灭亡了楚国，占据了楚国的大部分州县。但是朗州却为刘言所占据，本来已有意归顺南唐，只要南唐政府善于安抚，授给节度使衔，并不难保持楚地的稳定。保大九年，刘言拥兵自立，南唐朝廷内部对于如何处理此事，意见不一。包括中主李璟在内的一批人，认为用兵以来，民力困乏，主张安抚。他对冯延巳、孙晟说："伐楚之役，是楚人请求我们出兵，不得已而为之。今不如授给刘言节旄,与其通和,不仅其民得以休息,我国百姓亦可得以休养生息。"孙晟也赞同中主的意见,力主授予刘言节旄。然而冯延巳自以为灭楚之役全是自己的功劳,不愿半途而废,他出面力争曰:"本朝仅出偏师,就可灭亡一国,此举使天下震动,四境无不畏服。今日一旦将楚国的疆土三分弃二,对国威伤害太重,且诸将的功劳又如何体现呢?"双方相持不下。冯延巳又认为此役不必动用本国财力,只需向楚民多征赋税,即可平定刘言之乱。中主向无主见,只好同意了他的主张,结果使南唐在楚地大失民心,百姓纷纷转而支持刘言,致使刘言顺利地夺取了长沙,南唐军队溃不成军,尽失先前所占的楚国州县。

南唐伐楚,不仅损兵折将,耗费资财,且未占到尺寸之地。造成这种严重后果的罪魁祸首,冯延巳便是其中之一。因此,保大十年十一月,李璟在罢去孙晟相位的同时,也罢去了冯延巳的宰相之位。但是时隔仅数月,又于次年三月恢复了冯延巳的相位。

由于淮南战争冯延巳没有过多地参与,所以南唐战败后,中主李璟遂派其与田霖为正副使,出使后周,献银十万两、绢十万匹、钱十万贯、茶五十万斤、米三十万石。与此同时,还献出了汉阳、汉川二县。淮南共十四个州六十个县,这两个县本属鄂州管辖,不在淮南范围之内,由于南唐与后周划江为界,此二县地处江北,南唐索性主动献了出来,故这场战争南唐共丧失了六十二个县的地盘。冯延巳等归国时,周世宗也赐给冯延巳金器百两、银器五千两、绢五十匹、钱五千贯、马四十蹄、羊二百口,副使田霖以下各赏赐不等的钱物。据此看来,此次战争的失败,损失最大的是南唐政府,冯延巳不仅没有什么损失,反倒获得了很大的物质利益。

然而,淮南战争的失败使冯延巳在政治上的损失不小,李璟在惩处宋党其他人物的同时，再度罢去了他的相位。尽管中主对其依然信任，但在宋党人物遭到清洗的情况下，冯延巳的政治声望及势力遭到了沉重的打击，即使想有所作为，也无力掀起风浪了，终于在建隆元年病逝，终年五十八岁。

·五鬼乱政·

中主保大元年至保大四年，是冯延巳人生春风得意的一个时期。在这数年中，他从元帅府一个小小的掌书记步步高升，历任谏议大夫、翰林学士、户部尚书、翰林学士承旨、中书侍郎、同中书门下平章事，官居宰相高位。与此同时，其弟冯延鲁及魏岑、陈觉、查文徽等人，也从名不见经传的小人物逐渐升迁至南唐朝廷中的重要臣僚。他们五人相互勾结，玩弄权柄，时人称之为"五鬼"。

冯延鲁，字叔文，是冯延巳的异母弟，少年时即以才名而闻于世。他与其兄冯延巳一样，都在李璟的元帅府任职，李璟即位后，历任礼部员外郎、中书舍人、勤政殿学士等职。冯延鲁与其兄不同，对于功名利禄的追求更加急迫，唯愿天下大乱，以便建功立业。冯延巳对他这种做法不以为然，劝诫说："只要恪勤职守，则不愁不富贵，何必弄险而图利禄？"延鲁回答说："弟不能慢慢地论资排辈等候拜相。"所以在伐闽战争中，冯延鲁不仅积极鼓吹用兵，而且还亲率军队参加了战斗。在进攻福州城的战斗中，吴越援军自海上到达白虾浦，即将弃船登岸时，南唐军队乱箭齐发，使其无法登岸。冯延鲁认为不如主动后撤，使吴越军登岸，然后四面包围，再予以全歼。其部将孟坚反对这么做，延鲁不听。吴越军登岸之后，奋力冲杀，踊跃向前，与城中守军夹击南唐军队，南唐军大败，四处溃逃，死者万人，抛弃甲仗器械数十万件。冯延鲁自杀未遂，本来应该处以死刑，因宋齐丘的解救而免死，流放舒州。据此来看，冯延鲁不过是志大才疏之辈，根本就不懂军事。

冯延鲁后来遇赦回到金陵，任少府监，历任中书舍人、工部侍郎、东都留守等职。后周进攻东都（扬州）时，冯延鲁率先化装成和尚逃跑，途中被俘。年余，放回南唐，李璟没有治其罪，反而升任为户部尚书。宋太祖征伐淮南节度使李重进时，冯延鲁曾奉命出使过宋朝。后主李煜即位后，命其再度出使宋朝，因突患重病，被送回金陵，不久死去。

冯延鲁不仅在政治上贪浊冒进，同时也是一个贪图钱财的小人。中主李璟经常在举行内宴时拿出财宝赏赐群臣。冯延鲁请求给大家都分一点，剩余之物则全部装入怀中，然后再拜舞谢恩，李璟往往也就一笑了之。他晚年出使北宋时，乘机向宋太祖请求将原在舒州的田宅还给自己，宋太祖也只好赏赐给他。他还当着群臣的面，对中主李璟没有把后湖赏给自己而抱怨不已。

"五鬼"之一的魏岑，字景山，郓州宿城（今山东省东平县东北）人。年轻时苦读力学，博学强识，却不善撰写文章，喜游览四方，凡天下名山大川，无不遍游，风土美恶，无所不知。中原大乱，南渡避难。初任州从事，久不得志，后来投靠宋齐丘，荐授校书郎，供职于齐王府。魏岑善于揣摩人意，尤精谄谀之术，从而得到中主的赏识，保大初骤升至谏议大夫、枢密副使。

中主李璟自以为是李唐皇室之后，有统一中原、恢复旧都之意，有关部门请求举行南郊大礼，李璟说："待天下统一，然后再告谢天地。"魏岑揣知中主心意，与冯延巳、陈觉、冯延鲁等人相互唱和，穷兵黩武，力主扩充疆土。有一次，宫中设宴，魏岑对中主说："臣年轻时游元城，见其风物甚美，陛下还都长安日，臣希望能授予魏博节度使之职。"中主欣然许诺，魏岑遂争趋阶下拜谢。其实魏岑未必真的希望到魏博任职，只不过是向皇帝谄媚讨好而已。

魏岑也是一个贪财之徒，喜欢收受贿赂。清淮节度使刘彦贞乃富家子弟，不知兵法，为了巩固权位，献媚于魏岑，向其赠送了大量的钱物。魏岑遂向中主推荐刘彦贞，并到处鼓吹说刘彦贞善于治民，用兵如古代著名大将白起、韩信。后来后周进攻淮南时，中主首先起用刘彦贞为统兵大将，结果导致大败，数万大军全军覆没。

"五鬼"之一的陈觉，海陵（今江苏省泰州市）人。此人早在李昇辅政于吴国时，就已经投入到宋齐丘门下，得其信任，并推荐给李昇。李昇移居金陵，命次子李景迁留在广陵辅政，以陈觉辅佐之，李景迁病死后，遂任陈觉为东南诸道副都统。南唐建立后，历任宣徽副使、光政院副使、太仆少卿、枢密使等职。

陈觉在伐闽及淮南战争中，都起到了极不好的作用，对这些战争的失败负有重要的责任，本应受到重罚，由于宋齐丘的营救而得以免死，虽然一度被贬官，但很快又得到重用。后来他利用出使后周的机会，假借周世宗的名义，要求中主处死严续。事情败露后，中主大怒，在贬斥宋齐丘的同时，将陈觉贬为国子博士，于饶州安置，又遣使诛杀于途中。

陈觉玩弄权柄，祸乱国事，除了竭力排挤打击孙党人士外，对于敢于触及其利益者，也往往给予残酷的迫害。如其兄在故乡犯法，泰州刺史褚仁规以法惩处，从而得罪了陈觉。陈觉挟私报复，向先主密告褚仁规为政残暴，并指使御史王仲连上表弹劾。先主认为褚仁规罪不至死，只是罢去了其官职。褚仁规不胜怨愤，上书自诉无罪。先主命陈觉前往推问审理，从而导致了褚仁规的被杀。

陈觉出于朋党之偏见，指责主张与后周讲和的李德明卖国，致使其被诛杀。后来他自己却力主割地求和，向后周称臣。和议达成后，陈觉为了讨好周世宗，向其献诗一首，以叙离别之意，为此周世宗赐其金器百两。其气节、品格之低下，于此可见一斑。

查文徽，字光慎，歙州休宁（今安徽省休宁县东北）人。自幼好学，年长后任气好侠，人有困乏，即使不识，也能解囊相济。其家本富，由此逐渐穷困，却仍无悔意。有人赠其金帛，盗夜入其家，尽数偷去，查文徽从不说起，其邻里也不知晓。后来，这个小偷被邻县抓获，经讯问才知其家被盗之事，人们都对查文徽的雅量表示钦佩。

先主李昪在吴国辅政时，查文徽前往谒见，再经宋齐丘的推荐，遂被任命为浙西判官。南唐建立后，入朝任监察御史。中主时，历任谏议大夫、中书舍人、枢密副使等官。闽国内乱，其主王曦被部将朱文进所杀，查文徽好论兵事，力主对闽用兵。中主遂命其为江西安抚使，至境上观察形势，再决定是否用兵。查文徽到达上饶后，力陈进兵之策，声言必克。中主命边镐为将，跟从查文徽进攻建州。建州百姓久苦王氏之乱，伐木开道，争迎唐军。攻下建州后，南唐兵军纪败坏，烧杀抢掠无恶不作，查文徽不加禁止，百姓失望，中主知道后也不加指责，反而升查文徽为抚州观察使，又拜永安军留后。保大八年，南唐进攻福州，吴越兵来援，派人诈降，剑州（治今福建省南平市）刺史陈诲劝查文徽不可速进，查文徽不听，督兵直入福州城，被吴越军队俘获。中主以南唐俘虏的吴越将领交换查文徽，临行时吴越令其饮以毒酒，至金陵后毒发，经医治后虽得不死，但却从此卧床不起，口不能言。十年后，死在了宣州，终年七十余岁。

"五鬼"互相勾结，祸乱朝政，致使南唐由盛转衰。宋齐丘虽居其党之首，但自中主即位以来，并不直接掌握朝政，专权乱政的实际就是这五人，此外还有一个李徵古。这些人多为中主的东宫旧僚，深得李璟信任，故得以充任朝中重要官职，掌控大权。对外他们主导了南唐与闽、楚、后周的几次战争，且无一不以失败而告终；对内他们打击排挤正直人士，营私舞弊，专断朝政，致使南唐政治混乱，民不聊生。

在这五人中，最早与宋齐丘勾结的乃是陈觉，他最早投入其门下，其他四人均是通过陈觉才得以结识宋齐丘，并在宋的提携推荐下得到重用的。他们互相勾结，排斥孙党及不依附于其的人士，然而在其内部也存在着争宠邀功、钩心斗角的矛盾，如魏岑与陈觉之间就是如此。陈觉任枢密使时，魏岑与李徵古皆任副使，魏岑乘陈觉母丧在家丁忧之机，向中主揭露陈觉的种种恶行，致使陈觉被贬为少府监。

冯延鲁与冯延巳虽为兄弟，且均为宋党骨干，然两人关系如同仇敌。之所以如此，主要是冯延鲁不听其兄劝告之故。当年冯延鲁伐闽失败被贬官，押回金陵时，冯延巳叹息道："弟不肯循资为宰相，一至于此！"虽然出面相救，但却自此不喜其弟，兄弟间产生了裂痕。当时冯延鲁之母仍然健在，与冯延鲁住在一处，冯延巳也从不探望。江文蔚弹劾冯延巳等人时，曾经针对此事提出过严厉的批评，他说："陛下以孝治国，而冯延巳母封县君，妻封国夫人，延巳舍弃其母，与其异居，咫尺天威，敢行欺罔，以至纲纪大坏，刑赏失中，风雨由是不时，阴阳以之失序。"这里所说的冯延巳之母，即延鲁之亲生母，延巳之后母。可见即使按照传统的伦理观念衡量，冯延巳也不是一个具有良好品格的人。

"五鬼"的这些行为也引起了南唐宗室中一些人的不满,如李景达就是其中的一位。中主每次举行宴会,冯延巳、冯延鲁、魏岑、陈觉等人借酒喧闹,极尽谄媚之态。李景达实在看不下去,遂出面斥责;并多次劝告其兄李璟远小人,亲君子。李璟不听。有一次,在东宫举行宴会,冯延巳借着酒劲,假装酒醉,抚着李景达的背说:"将来你有了好处,不要忘记我对你的美言!"李景达大怒,拂衣入宫,请求李璟立斩冯延巳,李璟好言相劝,才平息了一场风波。事后,朝臣张易告诉李景达说:"奸人构陷,生死所系,殿下既不能力除其害,而数次当面斥责,使其惧而有备,恐怕将来祸事不远了。"李景达知其说得有理,以后再有游宴,便称病不往。可见"五鬼"能量之大,即使皇室亲王,也不能不对其避之三舍。

·文学成就·

冯延巳在文学方面的成就不可谓不大,曾对我国古代文学的发展做出了较大的贡献。平心而论,冯延巳在词的创作方面,成就不如后主李煜,但却比西蜀的"花间派"词人高得多。

冯延巳的词集早在宋初就已经散佚了,直到宋仁宗嘉祐三年(1058),由陈世修搜集成册,取名《阳春集》,共一卷。冯延巳词原名为《香奁集》,至今仍用宋人所定之名。今据《全唐五代词》一书所载冯延巳词统计,总计为一百一十二首,比之清人的《全唐诗》所载又多出了数十首,应该为目前所搜集冯延巳词比较全的一个本子。至于冯延巳的诗歌创作,由于存留至今的诗作极少,不好评价其成就,但有一点可以肯定,即其诗不如词的创作成就斐然。

冯延巳身居高位，生活优裕，所以其作品自然也脱不了女人、相思之类的内容，然而比较可贵的是，他的词不像"花间派"那样充满了脂粉气，许多作品都写得清丽多采、委婉深情，特别是在词的形象创造和表现艺术方面做出了一定的贡献。后世对其评价甚高，认为南唐二主、冯延巳固为词宗主，对宋代词人产生了极大的影响，其中对晏几道、欧阳修等人影响最大。《词学集成》卷五说："冯延巳词，晏同叔得其俊，欧阳永叔得其深。"《白雨斋词话》卷一则云："晏、欧词雅近正中，然貌合神离，所失甚远。"正中即指冯延巳。词家的评论固然各持所见，不必强求一致，不管怎么说，冯延巳词对宋人的巨大影响是显而易见的。

冯延巳的许多词都具有很高的艺术价值，受到后世的高度评价，如《鹊踏枝》云：

几日行云何处去，忘了归来，不道春将暮。百草千花寒食路，香车系在谁家树。

泪眼倚楼频独语，双燕飞来，陌上相逢否。撩乱春愁如柳絮，悠悠梦里无寻处。

《谒金门·春闺》云：

风乍起，吹绉一池春水。闲引鸳鸯香径里，手挼红杏蕊。

斗鸭阑干独倚，碧玉搔头斜坠。终日望君君不至，举头闻鹊喜。

这些词均具有很高的艺术价值，词句清新自然，韵逸调新，其"风乍起"句，尤是千古传诵的名句。这首词在当时就已产生了很大的影响,据载中主李璟曾戏对冯延巳说:"吹绉一池春水,干卿何事?"冯延巳回答说:"未如陛下'小楼吹彻玉笙寒'。"中主大悦。后人还认为"双燕飞来,陌上相逢否"一句立意深远,读来亲切自然。正因为如此,所以王国维先生才在《人间词话》一书中认为"深美闳约"四字,"惟冯正中足以当之"。可见评价之高。

冯延巳的《归国遥》一词云:

江水碧,江上何人吹玉笛,扁舟远送潇湘客。
芦花千里霜月白,伤行色,明朝便是关山隔。

写送别时的哀伤心绪及难舍情景,词句精练,意境深远,无论是写景叙情都恰到好处,多一分便俗,少一分便淡,成为千古以来人们称赞的名作。

冯延巳的词不仅写得清丽多采、感情深沉,不少词还具有明快精练、语言朴素的风格,这大概和他注意从民间汲取语言营养,受民间歌舞唱词的影响有关。如其《长命女》:

春日宴,绿酒一杯歌一遍,再拜陈三愿:一愿郎君千岁,二愿妾身常健,三愿如同梁上燕,岁岁常相见。

这首词感情真挚明快,洋溢着浓郁的生活气息,用语明白如话,和敦煌曲子词的风格、语言近似,如曲子词中的《望江南》一首云:"天上月,遥望似一团银。夜久更阑风渐紧,为奴吹散月边云,照见负心人。"二者在风格上何其相似。尽管这类作品在他的现存作品中并不多,但也反映了他在创作道路上的勇于探索,在多个方面形成自己的风格。这首词对后世也有很大的影响，宋人吴曾所撰的《能改斋漫录》卷一七《冯相三愿词》记载了一事，大意是说后人仿效冯延巳《长命女》词，撰《雨中花》一词，其词云："我有五重深深愿。第一愿且图久远。二愿恰如雕梁双燕，岁岁得长相见。三愿薄情相顾恋。第四愿永不分散。五愿奴哥收因结果，做个大宅院。"吴曾对此批评说："味冯公之词，典雅丰容，虽置在古乐府，可以无愧。一遭俗子窜易，不惟句意重复，而鄙恶甚矣。"

同书还记载了韩子苍《题御画鹊扇诗》云："君王妙画出神机，弱羽争巢并语时。天上飞来两䴔鹊，一双飞上万年枝。"指出其借用了冯延巳的《鹤冲天》词意，即："晓月坠，宿云披，银烛锦屏帏。建章钟动玉绳低，宫漏出花迟。春态浅，来双燕，红日初长一线。严妆欲罢啭黄鹂，飞上万年枝。"这一切都说明冯延巳之词在北宋影响是比较深远的。

从冯延巳现存的全部作品看，就其内容与境界而言，也不都是女人、相思以及个人情感之类。他身居相位，执掌大政，其作品不可能不反映当时的政治情况。尽管其人品不好，政治上低能，但南唐的兴亡直接关系到他个人的前途安危，不论从公从私出发，政治必然是他的第一生命，因此在其作品中对国势兴衰的反映乃是必然的，只是手法比较隐晦，借景借物去寄托自己的关切之情。这也是词家的常用手法，如果直说反倒显得太露，失去艺术感染力。如其所撰的《采桑子》一词云：

  花前失却游春侣，独自寻芳，满目悲凉，纵有笙歌亦断肠。
  林间戏蝶帘间燕，各自双双，忍更思量，绿树青苔半夕阳。

正当春花怒放、携手观赏之时，失却"游春侣"，独自寻芳，纵有笙歌，亦难免柔肠欲断。作者通过林中戏蝶、燕穿帘间的描写，用"各自双双"来反衬主人的孤寂。用"绿树"一句写景作为结语，正应"满目悲凉"一句，耐人寻思。全词构思新颖，淡雅自然，最能体现冯词的艺术特色。有学者指出："江左自周师南侵，朝政日非，延巳匡救无从，怅疆宇之日蹙，'夕阳'句奇慨良深，不得以绮语目之。"

冯延巳的《菩萨蛮》《蝶恋花》两首词也深深透出忧国愁伤之意。前一首中的"宝钗横翠凤，千里香屏梦，云雨已荒凉，江南春草长"之句，已是满纸萧索荒凉之意，凄婉之极；后一首中的"一晌关情，忆遍江南路。夜夜梦魂休谩语，已知前事无寻处"，以寄托之辞，寓南唐衰弱难挽之意。冯延巳的此类词情调低沉，伤感忧郁，毫无振作之意，反映出他对南唐前途的悲观失望，以及无可奈何的消极精神状态，这也是众多士大夫遇到挫折后的通病。

文学上的奇才与政治上的低能儿就这样体现于冯延巳一身，若从繁荣文化的角度看，南唐有冯延巳这样的文学高手，可喜可贺；若从政治的角度看，南唐有冯延巳这样的宰相，则是最大的不幸。

比翼双飞
徐铉、徐锴兄弟

·徐铉：博学扬美名·

徐铉，字鼎臣，世为会稽人，其父徐延休在吴国任江都少尹后，才将其家迁至广陵。据载他幼年时苦读力学，十岁时便能写文章了。在吴国统治时期任校书郎，由于其才华出众，至南唐统治时期，遂升任试知制诰，即负责起草诏书。徐铉虽然出道比韩熙载晚，并曾一度受到了韩熙载的提携和赏识，但由于其超群的才华，江南人们将他与韩熙载并称，谓之"韩徐"。先主李昪统治初年，宋齐丘任宰相，结党营私，而徐铉却不愿依附于他，引起了宋齐丘的不满。当时汤悦主笔起草了一篇檄文，徐铉与弟弟徐锴认为其用词不当、比附有误，汤悦也是当时有名的文士，对徐氏的批评当然不服气，于是他利用宋齐丘对徐铉的不满情绪，两人共同诬陷徐铉兄弟泄露机密，将徐铉贬为泰州司户，徐锴贬为乌江县尉。

这是徐铉入仕以来第一次在官场上受挫。好在先主对徐铉的才华还是十分赏识的，不久便又召回京城任祠部郎中、知制诰。

徐铉受到的第二次打击是在中主李璟统治时期。当时在淮南大兴屯田，致使许多百姓失去了土地，搞得民怨沸腾，徐铉奉命前往查处，又遭宋党中伤，被免官流放舒州。

后周大军进攻淮南时，中主李璟担心徐铉被周军所获，遂将其迁到饶州安置，这就说明徐铉在李璟的心目中还是占有比较重要的地位。果然，不久徐铉就被召回京师任太子谕德、知制诰，随后又升至中书舍人。后主李煜统治时期，徐铉历任礼部侍郎、尚书右丞、翰林学士、御史大夫、吏部尚书等官职。宋朝大军进攻南唐时，徐铉也曾奉命出使北宋，请求罢战退兵。当时南唐大将朱令赟率大军十几万从长江上游来援救金陵，李煜因徐铉将要出使北宋而犹疑，如果朱令赟继续进兵，与宋军激战，不利求和，且对徐铉的安全也不利。徐铉却认为国家安危全在于这支军队，而自己此行未必就一定能使北宋退军，再说个人的安危如何能与国家安危相比，表示宁愿牺牲自己的生命，也不能置国家于危亡之中。后主李煜听后非常感动，于是升任徐铉为左仆射、知左右内史事。左右内史，即中书省、门下省的改称，因此这一官职实际上就是宰相之职。

关于此事，《十国春秋·徐铉传》说他坚决推辞不受。另据宋人所撰的《默记》卷中载：徐铉无子，其弟徐锴之子在徐铉死后，生活无着落，遂在金陵开一茶肆度日，人称"徐十郎"。其家中收藏有不少徐铉与徐锴的告身（任官状），其中有一道告身上写："归明人伪银青光禄大夫、知内史事、上柱国徐铉，可依前银青光禄大夫、守太子率更令"云云。这就说明徐铉实际上接受了这一官职。

徐铉出使北宋没有说服宋太祖停止进兵。南唐灭亡后，他随后主李煜归顺了宋朝，宋太祖见到徐铉后，严厉地谴责他，声色俱厉。徐铉并不惧怕，不慌不忙地说："臣为江南大臣，国家已亡，罪当死，何必再找其他理由。"宋太祖叹息说："真是忠臣啊！希望今后对待我就像对待李氏父子一样。"于是任命他为太子率更令，后来升至左散骑常侍。

徐铉多才多艺，不仅文章写得很好，在书法方面亦颇有成就，尤精篆书，在中国书法史上占有重要的地位。后人认为自秦朝李斯以来，真正能够算得上篆书家的只有唐朝的李阳冰和南唐的徐铉两人，清代学者甚至认为除了徐铉之外，包括李阳冰在内的其他人都不具备李斯篆法之神韵，可见对徐铉书法成就评价之高。

在南唐时，他长期以来执掌诏敕文檄，其中有不少制敕收入到其所撰的《骑省集》中，文名广泛流传于大江南北，并且也留下了一些逸闻趣事。据《清异录》载：中主李璟保大五年元日，即大年初一，天降大雪，中主召集诸弟在宫中设宴赏雪。在宴会上，中主命诸弟各赋诗词，相互唱和，又派人到李建勋私宅令其接着这些诗词唱和。当时，李建勋正与中书舍人徐铉、勤政殿学士张义方在其家后园中赏雪，遂各自撰写诗词以进。中主得知这个情况后，下令将李建勋等三人召入宫中同宴，一直到深夜才罢。当时参加宴会的诸臣皆撰有诗词，并且召集当时南唐最著名的画家，将君臣同乐的场面画了下来。中主御容由高冲负责，侍臣、器乐由周文矩负责，楼阁宫殿由朱澄主掌，雪竹寒林由董源主掌，池沼禽鱼则由徐崇嗣主掌，最后由徐铉在画面前后写上序言。由于以上画家皆是各自方面的高手，此图绘成后遂成为绝笔。

徐铉与后主李煜不同，不信佛教而喜好神怪，编撰有《稽神录》一书，流行于世，其所收录故事，多来自采择。有人如果进献故事，有求必应。他曾经主持过铨选，选人想接近他却无由能见，然而只要以进献神怪故事为名，便可得以谒见。江南有一人名叫蒯亮，已经九十余岁，好说大话，被徐铉收为食客，据说《稽神录》中的故事多得自其口。蒯亮曾经得罪过徐铉，徐铉好久都不愿与其交谈。一天，徐铉整装入朝，蒯亮大呼曰："有一异人，身长肉翅，自堂中飞升而去。"徐铉听到后，急忙转身，笑着取出纸笔，将这则故事记录下来，从此待蒯亮一如既往。

徐铉多才多艺，博通今古。在北宋任官时，皇家后苑的大象死了，皇帝命令剖腹取胆，结果没有找到。皇帝问徐铉，徐铉说："剖开前左足，可得其胆。"果然如此，皇帝询问其故，答曰："象胆随四时在足，今方二月，故臣知在前左足也。"在场的朝臣们都叹服其博识。

徐铉一生著述丰富，除了有文集三十卷及《稽神录》一书外，还撰有《质疑论》《吴录》等书，又与句中正等人共同校订了《说文解字》一书。

茫然
夜宴的参与者

后主李煜死后，有人与徐铉争名，遂故意向宋太宗推荐说："李煜之事，只有徐铉最为熟悉，撰写神道碑之事，非徐铉莫属。"欲想借此事陷害徐铉。徐铉得知此事后，急忙入宫请求面见皇帝，对太宗说："臣与李煜有君臣旧义，如果允许我以旧臣对故主的名义撰写，才敢奉诏。"太宗同意了他的请求。徐铉在撰写时，只从"历数已尽，天命有归"的角度进行撰写，不言其他，既保存了故主旧臣之义，又不使敌对者找到陷害的借口。太宗阅之，大为感叹。

淳化二年（991），庐州尼姑道安诬告徐铉，宋太宗在惩治道安诬告不实之罪的同时，也将徐铉贬为静难军司马，贬到了西北的邠州。当时柳开任州刺史，对徐铉很是无礼。不久，宋太宗得知柳开喜食生脍人肝，且多有不法之事，大怒，派郑文宝出使陕西，追查柳开一案。柳开得知此事后，心中大惧，他知道郑文宝是徐铉的学生，于是便向徐铉求情。徐铉开始拒绝了柳开的请求，但经不住柳开的再三请求，只好答应为他说几句好话。郑文宝抵达邠州后，没有急于审案，而首先拜见了徐铉。徐铉与他畅叙旧情，只是在临别之时，淡淡地说了一句"柳开对你此次来陕甚为恐惧"。郑文宝默不出声，后来柳开的案子也就轻描淡写、不了了之了。

徐铉入宋以后，在汴梁见到人们在冬季皆穿皮毛衣服，认为这是自五胡乱华以来才有的习气，大为鄙视。他平日只穿宽衣大袍，从不肯穿窄衣。贬到邠州之后，由于地处西北，冬季甚为寒冷，但其仍不愿穿皮毛衣服，因此而患上了疾病，死时年已七十六岁。

徐铉为人耿直，疾恶如仇，早在南唐中主李璟统治时期，他曾联合韩熙载上表中主，请求将擅自兴兵伐闽的陈觉、冯延鲁处以死刑，事虽不成，也足以使宋党震撼不已。南唐初设科举，因人反对而被罢废，后在徐铉的坚持下，仅停罢一年，便又重新恢复了。徐铉在南唐虽然数次被贬，但却从不向宋党妥协。有一次冯延巳对众僚说："唐玄宗赐给贺知章鉴湖三百里，成为一时盛事，他日我致仕归家，只要能够赐给后湖便心满意足了。"徐铉接口说道："主上礼贤下士，岂惜一后湖，所缺少的只是贺知章这样的人才。"冯延巳听后羞愧不语。

·徐锴：多才未彰显·

徐锴，字楚金，徐铉之弟。他四岁时，其父便死去了，母亲教徐铉读书，徐锴在旁听讲，竟然也记诵了不少书。长大成人后，文辞甚美，博学多才，在江南与徐铉齐名。南唐先主李昪统治期间，认为文人浮薄无行，多以经义法律取士，引起了徐锴的极大不满，遂杜门不求仕进。徐铉与常梦锡同在门下省任职时，将其弟徐锴的文章拿给常梦锡看，得到常梦锡的赏识，爱不释手，遂将他推荐给先主李昪，但还未及任用，李昪便死去了。中主李璟即位后，任用徐锴为秘书郎，齐王李景达也非常赏识徐锴，上奏中主任命其为齐王府记室参军。不久，因为与其兄一起批评汤悦所撰檄文之事，被贬为乌江县尉。一年以后，召回金陵任右拾遗、集贤殿直学士。

徐锴也是一个耿直的人，对朝中宋党专权非常不满。中主任命冯延鲁为巡抚使，负责巡察诸州。徐锴上表称冯延鲁有才无德，人望甚浅，不是巡抚使的很好人选。此举得罪了宋党，于是他被贬为秘书郎分司东都，也就是让他以秘书郎的身份到东都（南唐以扬州为东都）任职，实际上是被赶出了朝廷。由于徐锴之才深受中主李璟的赏识，后来又被召回金陵任虞部员外郎。

后主李煜即位后，徐锴历任知制诰、集贤殿学士、中书舍人等官。据载徐锴任知制诰时，按照当时制度，往往可以正式升至中书舍人。徐锴任此职多年，且无过失，应该升至中书舍人，却被宰相游简言所阻止，以至于不能升迁。于是徐锴便去面见游简言，询问此事，游简言不慌不忙地说："以君之才，何止一个中书舍人，但是你们兄弟皆居清要之职，难道不怕舆论议论吗？不如先缓一缓。"徐锴非常失望。游简言为了安抚徐锴，令置酒宴款待徐锴，宴会上歌伎所唱之词皆为徐锴所撰，徐锴大喜，起身向游简言致谢。事后徐锴向其兄徐铉说起此事，徐铉叹息地说："你真是太痴了，难道数阕歌就可以换中书舍人吗？"可见好名喜誉乃是文人的一大弱点，徐锴也不能例外。

徐锴曾经主持过四次科举考试，由于选士公平，号称得人。他所撰的《质论》十余篇，由后主李煜亲自校订，士人以为荣。徐锴读书很多，博闻强记。后主李煜获得了周载所撰的《齐职仪》一书，此书在江南极少流传，很多读书人都不知道有这部书，但问到徐锴时，他却能一一条对，无所遗忘，受到人们的赞誉。徐锴与其兄徐铉一样，都以博学而知名。后主李煜曾经因清暑阁前乱草纷长而不乐，虽时有清除，但也挡不住时时疯长，徐锴告诉他将桂屑包在布中，然后将其塞在砖缝之中，不过一宵，草尽死。这个办法就是受《吕氏春秋》一书所载的"桂林之下无杂木"一句启发而得来的。可见其不仅博览群书，而且还勤于思考。

徐锴嗜好读书，无论隆冬还是盛暑，都能做到手不释卷。他长期在集贤殿任职，主要负责对图书的校勘整理之事，每天早入晚出，书册不离手。由于其对文字学有精深的研究，所以由他经手校勘的典籍最为精审，旧史上说"江南藏书之盛为天下冠，锴力居多"，可见对他的评价之高。后主李煜也常常叹息说："群臣勤于国事，皆如徐锴在集贤，我还有什么可担忧的呢？"

徐锴不仅文才出众，在政治方面亦颇有见解。有一夜在宫中当值，后主召见他议论天下之事，谈到用人以才为先还是以德为先的问题时，李煜说："天下多难之时，当应以才为先。"徐锴不同意后主的观点，反驳说："有人军事才干如同韩、彭，但却德行很差，陛下敢将十万大军交给他统率吗？"李煜也不得不承认他说得很有道理。徐锴虽然是一个醉心于学问的文人，然其忧国忧民之心却丝毫不减于别人，在后主统治末年，他看到南唐国势一天不如一天，而宋朝却虎视眈眈，国家处于极度的危险之中，忧心如焚，渐成疾患，终于一病不起了。临终前，他对家人说："我终于可以免为他人俘虏了。"

徐锴死于宋太祖开宝七年七月，终年五十五岁。次年，宋军攻下金陵，南唐灭亡。

徐锴一生有多种著述流行于世，如《说文解字系传》四十卷、《说文通释》四十卷、《说文隐音》四卷、《说文解字篆韵谱》十卷、《历代年谱》二卷、《方舆记》一百三十卷，此外，还有《古今国典》《赋苑》《岁时广记》以及其他各类文章若干卷，就其著述总数来说，超过了其兄徐铉，但对后世的影响却不及徐铉，这是什么原因呢？

关于这个问题，宋人叶梦得所撰的《石林燕语》卷十有所论及，现节录如下："宋元宪公尝问苏魏公：'徐锴与铉，学问该洽略相同，而世独称铉，何也？'魏公言：'锴仕江南，早死，铉得归本朝，士大夫从其学者众，故得大其名尔。'"文中所说的宋元宪公，即指北宋著名大臣宋庠；苏魏公，指北宋宰相苏颂。"该洽"一词，意为广博。可见徐锴的学问并不弱于其兄，只是因为早亡，才使其失去传扬大名的机遇。该书还记载说，宋庠与其弟宋代大文豪宋祁均喜好文字学，获得了徐锴所撰的《说文解字系传》一书，非常喜爱，珍惜异常，想在其书的基础上有所发明，听到苏颂的议论后，高兴地说："二徐才学难分上下，要是以此书来评其高下，恐怕将来修史者也不便改易了。"意思是说，徐锴此书奠定了其在文字学上的地位，即使其兄也不能超乎其上。可见宋人对徐锴评价之高。

耿直愚忠
潘佑、李平悲惨的命运

南唐的三代君主应该说都是仁慈之主，极少以个人好恶而诛杀大臣，更不要说诛杀上书言事之人，唯有后主李煜诛杀潘佑、李平是一个例外，究其原因，其中既有潘、李二人个人性格的因素，也是南唐朝廷内部矛盾斗争的必然结果。

潘佑，幽州人。其祖父潘贵，唐末在幽州节度使刘仁恭部下为裨将，刘仁恭之子刘守光任节度使时，因故杀死了潘贵。潘佑之父潘处常为了避祸，脱身南渡，在先主李昪时任散骑常侍。因此，潘佑虽为幽州人，但却是在江南出生的。潘佑幼年立志苦学，还未入学，就已经会写文章了。他虽出生于官僚家庭，却不愿经营产业，每日闭门读书，文章诗词均为时人所推重。

由于潘佑才学出众，深为韩熙载所赏识，于是他与中书舍人陈乔一起，向中主李璟推荐了潘佑，潘佑因而被任命为秘书省正字。后主李煜在东宫时，开崇文馆招贤，潘佑又得以任职于崇文馆，因此也算是后主的东宫旧僚了，这对他日后被重用具有非常重要的意义。

后主李煜即位以后，潘佑被任命为虞部员外郎、史馆修撰。当时后主颇想有一番作为，尤其是改变日益困顿的经济状况。潘佑洞悉后主的用心，献议首先从解决土地兼并、赋税不均入手，去苛除繁，使百姓的负担大体平均。南唐在中主时期大兴屯田，在各地设置屯田使，征用民田为屯田，致使不少百姓失去了土地。周军南伐时，虽然宣布罢去屯田，但主要限于矛盾最为激化的淮南地区，而江南一带的屯田仍然存在，此次一并罢去，将土地交给无地农民，由地方州县按常赋统一征收。潘佑还与李平共同献议推行井田之制，想通过这个办法来解决土地兼并的问题，得到了后主的采纳。于是在全国各地令地主将兼并来的土地交还原主，又按照《周礼》重新编造民籍，据《湘山野录》卷中载："民间舟车、碓硙、箱篋、镮钏之物悉籍之。"又下令全国百姓在空旷的土地上栽种桑树，对民间拥有的耕牛也编造了牛籍。由于急于成功，督责州县官吏颇严，于是奸吏乘机骚扰百姓，引起了各地社会的不稳，后主觉察到这些问题后，遂下诏罢去了这些措施。

客观地说，罢去屯田，将土地还给农民，有利于发展农业生产，因为耕种屯田的佃农负担重于普通农民数倍，掌管屯田的官吏还恃势侵扰州县、争夺民利，百姓苦不堪言。然而，推行井田之法，虽然有抑制兼并的积极意义，但却是一种不合时宜的土地政策，这种盲目复古的行为，只会使当时的土地制度遭到破坏，从而抑制社会生产力的正常发展。至于重新编造民籍、牛籍，更是有扩大赋税的嫌疑。加之没有制定适当的实施细则，又急于成功，因此失败自然是难免的。

后主李煜纳小周后为后时，命太常博士陈致雍考古今沿革，草定婚礼仪式，又命徐铉与潘佑参议其事。潘佑援引典籍，力诋陈致雍所草定的仪式。徐铉也是一个博学的人，对这种续弦的婚礼也有自己的一套看法。三人争论不休，相持不下。于是李煜又命文安郡公徐游评定其异同，徐游肯定了潘佑的主张，从而引起了陈致雍与徐铉的不满。不久，徐游因病而死，徐铉戏对他人说："难道周公、孔子也会作祟？致使此人早早归天！"言下之意，是说徐游没有主持公道，违背了周孔之礼。可见文人皆自视甚高，以徐铉之博学也不能避免。由于潘佑的主张被采纳，遂使后主对其才学更加欣赏，恩宠日隆，很快便升任为知制诰。

北宋将要进攻南汉时，命令南唐派使劝告南汉早日归降，李煜不敢违抗，遂命潘佑执笔起草了《劝南汉主书》。旧史记载说：潘佑受命撰写，"文不加点，累数千言"。其实南唐并不愿意充当这种劝降的角色。在后主李煜统治时期，南唐与南汉之间的关系比较密切，除了政治上的往来之外，还保持着比较密切的商业关系。在这一时期，北宋已出兵灭亡了荆南高继冲、湖南周保权、后蜀孟昶，下一个目标自然是南汉，如果南汉灭亡，则南唐将处于四面受敌的困境之中，唇亡齿寒，因此北宋对南唐是否会出兵援救南汉颇为担心。如果南唐出兵援救南汉，宋军前有五岭之险阻，后有南唐军队的截击，将处于腹背受敌、进退两难的境地。所以宋太祖派人到南唐，命李煜劝说南汉主刘鋹投降，可以达到一箭双雕的目的，既可以试探南唐有无出兵援救南汉之意，又可以起到离间南唐与南汉关系的作用。李煜虽然是书生，但也清楚地了解当时的局势，如果南汉灭亡，北宋下一个目标将是南唐了。只是李煜认为自己并无力挽狂澜的本事，因此对北宋的命令不敢稍有违抗，只好命潘佑起草了这封书信。这封书信全文收在清人所编的《全唐文》之中。

　　李煜派其臣龚慎仪为使，将这封书信送到了广州。南汉主得信后果然大怒，将南唐使者龚慎仪打入牢狱，另派使送信至金陵，严厉地斥责了李煜，断绝了双方的关系，从而完美地达到了北宋的目的。潘佑起草的这封书信，言辞恳切，分析透彻，得到了舆论的称赞，也使后主李煜更加宠信于他，不久便正式任命其为中书舍人。在这一时期，后主与潘佑关系极为密切，李煜甚至不称其名，而是呼为"潘卿"，潘佑也对后主忠心耿耿，对朝政知无不言、言无不尽，竭力尽到做臣子的责任。

　　开宝五年，李煜为了表示对宋朝的忠顺，下令更改官名，潘佑担任的中书舍人一职被改为内史舍人，这使潘佑感到无比的羞辱。

　　潘佑酷喜老庄学说，轻视富贵，不惧生死，且性格非常倔强，他见南唐国势日渐危蹙，而朝廷内居大位者却无所作为，感到非常愤怒，于是上疏后主，批评时政，历诋大臣将相，而且言辞非常激愤。李煜感于其出于忠心，所以数次颁下手札对其进行安抚，并对他的忠心表示嘉许，但仍不能使潘佑停止上疏。

　　潘佑前后七次上疏，并且坚请辞官回归乡里。面对潘佑的这种态度，李煜还是容忍下来了，只是免去他的内史舍人之职，命其专修国史，希望通过这种办法使其冷静下来。但是李煜的这种企图很快就落空了，潘佑不但没有收敛，反而上疏说："三军可夺帅也，匹夫不可夺志也。"表明自己并不惧怕降职免官，也不买后主这种息事宁人态度的账，反而在上疏中直接指斥后主，据《十国春秋》

本传载,潘佑的这次上疏中有这样的一些语言:"臣乃者继上表章,凡数万言,词穷理尽,忠邪洞分。陛下力蔽奸邪,曲容谄伪,遂使家国惜惜,如日将暮。古有桀、纣、孙皓者,破国亡家,自己而作,尚为千古所笑,今陛下取则奸回,败乱国家,不及桀、纣、孙皓远矣。臣终不能与奸臣杂处,事亡国之主。陛下必以臣为罪,则请赐诛戮以谢中外。"从潘佑直接指斥后主为夏桀、商纣及三国时吴国的孙皓这些亡国之君的态度看,显然其已经将生死置之度外了,下定了必死的决心。

后主李煜虽然性格懦弱,但毕竟贵为一国之主,面对如此狂傲的臣子,也不能不被激起怒气,但是仅仅因为这些并不能促使李煜下决心诛杀潘佑,还有其他一些因素在起作用。据《鹤林玉露》一书记载:后主在宫中修建了一处红罗亭,四面栽有红梅,欲以艳曲记其事,命群臣各撰一词,潘佑写道:"楼上春寒山四面,桃李不须夸烂漫,已失了东风一半。"(一说此词为韩熙载所写)讽刺后主在疆土日削、国势危急之时,竟然还有如此闲情逸致。这件事引起了李煜极大的不快,新账旧账一起算,遂下令将潘佑收狱。潘佑得知这个消息后,不愿受辱于狱吏,便自缢而死了。也有记载说他是自刎而死。

据载,潘佑虽然才学出众,但却是一个面貌丑陋的人。《湘山野录》卷中载:潘佑的妻子是南唐元老严续的女儿,容貌秀丽。有一天早上,其妻起床后梳妆时,潘佑突然在背后出现,其面貌映在铜镜之中,其妻大惊,竟然栽倒在地。潘佑见其妻嫌自己貌丑,大怒,遂与之离婚。由此可见,潘佑自尊心之强已经到了连自己的妻子都不能容忍的程度。

潘佑死后,其家属被流放到江西饶州。南唐诗人刘洞对潘佑之死寄予深深的同情，曾写诗吊之，在国内广泛传播，人人皆会吟诵，并为之流涕。后来北宋南伐时，宋太祖在诏书中历数李煜罪行，其中所说的诛杀忠臣一事，就是指潘佑之死。后来，李煜在北宋时，徐铉奉命前来探望，李煜相见无语，忽然长叹道："当时悔杀潘佑、李平。"这句话后来成为导致李煜被毒死的原因之一。

据说潘佑年幼时曾经吟诗曰："只因骑折玉龙腰，谪在人间三十六。"后来其果然在三十六岁时死去。这种说法乃无稽之谈，不足以信，但潘佑的死在当时引起了巨大的震动，以致成了后主李煜终生之痛，倒是非常可信的。

潘佑撰有《荥阳集》三十卷，直到宋代时还流行于世，又与高远、徐铉、乔匡舜共同编撰了《吴录》二十卷。其子潘华，在北宋时官至屯田员外郎。

李平，本名杨讷，少年时曾经在嵩山当过道士，后来与朱元同学数年，学成后二人同游河中，在节度使李守贞麾下当幕僚。李守贞在后晋时，曾任数镇节度使、侍卫亲军都指挥使、同中书门下平章事，位高权重。后晋末年李守贞与杜重威率大军抵御契丹，两人贪图富贵，率军投降了契丹，致使中原涂炭，人皆恨之。后汉建立后，任命其为河中节度使。不久，杜重威被诛，李守贞心中畏惧，加上有术士说他有人君之望，遂于乾祐元年三月举兵反叛。为了牵制后汉军队，他派朱元与杨讷为使奉表于南唐，请求南唐出兵淮北，共同夹击后汉。

于是中主李璟派李金全为招讨使率大军渡过淮水，攻入后汉境内。当时南唐诸将，如查文徽、刘彦贞、魏岑等，皆踊跃向前，主张迅速进兵；唯独李金全老成持重，认为李守贞远在关中，两军难以呼应，贸然进兵，恐遭不测。正在南唐军队进退两难之际，后汉

茫然
夜宴的参与者

朝廷已经派枢密使郭威率大军平定了叛乱，李金全遂率军班师。朱元与杨讷两人无法北返，只好留在南唐，杨讷改名李平，被任命为尚书员外郎。

李平本为北方人，自言有统兵之才，因此在后周进攻淮南时，中主曾命其率军增援常州，抵御吴越军队的进攻，李平坚决推辞不去。中主遂命其以卫尉少卿衔率偏师巡于江北，以防后周军队渡江。后周弃守蕲州，又命其为刺史，进据蕲州，朱元被任命为舒州团练使，与李平互相呼应。朱元叛降后周，中主因李平与朱元一同南下，虑其不自安，遂将其召回金陵，实际上还是对其怀有戒心。派去的使者遂将李平打入囚车，押回金陵。中主虽对李平有戒心，但并没有打算治罪于他，所以对李平所受的委屈百般抚慰，并升任其为永安军节度使，镇守建州。建州远在福建，与中原王朝关山阻隔，从这个任命可以看出，中主对李平仍是不放心的。即使如此，中主也不允许其久在外地，不久又召其回到金陵，升任卫尉卿，实际上也是一个闲散之职。

后主李煜统治时期，潘佑甚得宠信。潘佑本好老庄学说，而李平早年又当过道士，修习神仙修炼之术，经常与人谈论仙人鬼神之事，因此潘佑与他很谈得来，交游甚欢。于是，经潘佑推荐，李平被任命为判司农寺，主持推行井田之制，凡豪民买贫民田地者，勒令归还。李平虽然力主施行井田之制，但却不能提出实行此制的具体可行的办法，只是一味督促州县官员强迫执行，从而导致了新法的失败。潘佑又推荐李平判司会府。司会府即尚书省的改名，而尚书省是国家的行政总汇机关，权任甚重。于是群臣议论纷纷，认为潘、李两人结为朋党。事实上这两人确实都是北方人，容易给人留下攻击的口实。

潘佑上疏攻击执政大臣，得罪了后主，后主认为潘、李两人关系密切，潘佑的这些做法都是李平教唆的，加上李平负责推行的井田之制与编造民籍、牛籍均以失败而告终，于是下诏先将李平逮捕下狱，然后才收押潘佑。潘佑闻讯自杀，李平也在大理寺被缢死，其妻子被流放虔州，次年才予以赦免。

　　因为实行井田制及编造民籍、牛籍都是后主赞成的政策，所以收押李平时，便不能以此为罪名，而是以其淫祀鬼神为罪名。这一罪名也不是空穴来风。据载：李平在家中置有静室，每日在其中修习神仙之法，人莫能窥。李平曾对人说潘佑的父亲潘处常已经成为仙官，而自己与潘佑也名列仙籍。所有这一切，都构成了他最终被杀的因素。还有一种因素，即南唐群臣对他们的攻击，具体地说，主要是枢密使陈乔在其中发挥了重要的作用。陈乔在中主迁都南昌时，留在金陵辅佐太子李煜。李煜即位后，历任吏部侍郎、翰林学士承旨、门下侍郎、兼枢密使，总揽军国大权，"政由己出"。潘佑猛烈地抨击执政大臣，首当其冲的便是陈乔，试想陈乔如何肯善罢甘休？故马令《南唐书·陈乔传》说："李平、潘佑之死，亦因乔间焉。"

　　除此之外，与此事有关联的还有新进之士张洎，此人也颇受后主恩宠，《十国春秋》本传说他与游简言同为清辉殿学士，"澄心堂建，洎亦参机密于中，恩宠第一"。所以张洎也是当时的当权人物之一。张洎与潘佑最初共同任职于中书省，关系密切，后来因为志趣不同，逐渐疏远。潘佑深知张洎是一个利欲熏心之徒，曾经叹息地说："堂堂乎张也，难与并为仁矣！"潘佑抨击执政之臣，批评时政，引起了张洎的反感，乘机落井下石，致使潘、李死于非命。故上引之书记载说："后（潘）佑抵罪死，洎颇有力焉。"

陈乔、张洎早年均是与潘佑关系密切之人，而潘、李二人之死，他们又无一例外都是落井下石者。潘佑偏执耿直，虽然言辞激烈，但罪不至死，陈、张二人心胸狭窄，不能容人，致友人于死地，不但使自己留下了千古骂名，而且使后主背上了诛杀忠臣的恶名，其行为亦可恨可叹。

超然洒脱
韩熙载的朋辈

韩熙载晚年很少与政治人物结交为朋友，由于其对南唐政治心灰意冷，所以这一时期所结交的多为一些小人物。关于这一点，从顾闳中所绘的《韩熙载夜宴图》中参加夜宴的人物就可以清楚地看出来：朝中权贵几乎无一人参加，而参加者如李家明、陈致雍、郎粲、朱铣、德明和尚、舒雅等辈，大都政治地位低下，有的多才多艺，有的博学多识，且均淡泊名利、超然洒脱，无论是韩熙载的晚辈还是同辈，均与其情投意合，成为莫逆之交。由于韩熙载晚年的这些朋友政治地位大都低下，所以有关他们生平的记载非常简短，有的人竟然找不到一点相关资料，这不能不说是一件极为可悲的事情。

李家明，庐州（治今安徽省合肥市）人，精通音律，在中主李璟统治时期官至教坊副使。李家明虽为伶人，但却正直敢谏，且聪慧多才，其事迹在江南多有流传。李家明性格诙谐，他对皇帝的进谏多是通过滑稽诙谐的形式表达出来的，这样做既符合其身份，又能使皇帝乐于接受。中主即位之初，只是对其诸弟加恩进爵，而对百官却毫无赏赐。有一次，李家明在宴会上与另一伶人扮作老夫妇，让新婚媳妇进献饮食，每进一饮一食，都要跪拜行礼，颇为烦琐。李家明佯装恼怒地说："自家的官，自家的家，何烦多拜邪！"中主听到后笑着说："我为国主，恩不及外，这是我的过失。"遂给百官进阶赏赐。

中主看见一头牛卧在树荫之下，说："牛也感到天气热了。"李家明说："臣不才，想向陛下进献一诗。"于是吟道："曾遭宁戚鞭敲角，又被田单火燎身。闲背夕阳嚼枯草，近来问喘更无人。"暗喻百姓辛勤劳作，生活困苦，而官府只知收税，无人问其疾苦。在场的以宰相为首的重要大臣听到此诗后皆感到非常惭愧，向中主免冠谢罪。

宋齐丘只生了一个儿子，结果还早早地死了，因此非常悲痛，恸哭一月有余还不止息。中主派亲王、大臣前往劝解，皆不能使其停止悲泣。李家明对中主说："我可以了却此事，事成后希望陛下给予赏赐。"中主答应了他的条件。李家明遂动手制作了一个大风筝，在上面写了四句诗："欲兴唐祚革强吴，尽是先生设计谟。一个孩儿舍不得，让皇百口合如何？"讽刺宋齐丘出谋划策将吴主杨溥一家百余口杀死。然后乘风放之，当风筝飞到宋齐丘家时，遂割断绳索，使其落入宋宅。宋齐丘见到后，大感惭愧，再也不悲泣了，于是李家明便获得了大量的赏赐。据此来看，李家明还是一个颇具正义感的人，对宋齐丘的所作所为颇不以为然，否则他绝不会在宋齐丘承受丧子之痛时，采用这种手法对付他。

南唐灭亡闽国，将闽王王延政俘获到金陵，中主李璟封其为鄱阳王，并命公卿至其家欢宴。为了表示慰问，李家明也率教坊乐伎前往助兴。王延政生性吝啬，给乐工们的赏赐极其微薄，李家明非常生气，便对王延政说："贱工技艺不高，大王的赏赐，我们不敢接受，想向大王乞取一物。"王延政说："只要我家有的东西，任你索取。"李家明说："大王的平天冠，现在已经无用了，家明想索取作为演戏之用。"王延政听到后，又气又愧，默默不语，从此郁郁寡欢，终于一病而亡了。

李家明多谋善断，常有惊人之举。母亲逝世后，他本打算归乡葬母，但尚未告假。正好中主在便殿练习书法，李家明见状，心生一计，对中主说："臣经常模仿别人的签名，已经达到了以假乱真的程度。"中主说："卿能学写我的笔迹吗？"李家明说："臣虽不敏，愿效陛下神迹。"于是中主在麻纸上大书押字，即皇帝的签名，让李家明在旁边照样书写，看看是不是完全相同。李家明遂在押字上书写道："宣州应于上供库支钱二百贯，以给李家明葬母之用。"中主看到后大笑，遂顺水推舟，如数赐钱给他。

后主李煜即位后，李家明不再受宠，除了照常在教坊供职外，与韩熙载过从甚密，韩宅每举行夜宴，都少不了李家明到场助兴，甚至连其妹也经常前往献艺。韩熙载之所以愿意与李家明交往，除了因其多才多艺外，对其品格的欣赏，也是他乐意与之结交的重要原因。

在韩熙载晚年的朋辈中，陈致雍是为数不多的朝官之一。他是莆田（今福建省莆田市）人，早年在闽国任太常卿，闽被南唐灭亡后，他遂流落入金陵，旧史说他"入南唐以通礼及第"。唐代有关礼科的科目只有开元礼与三礼，南唐以唐朝皇室后裔自居，故多沿袭唐制，其在科举考试中设置礼科仅见于此，所以不知陈致雍到底通过哪一种礼科及第的。在中主统治的保大年间，陈致雍已经官居太常博士之职，虽然官阶不高，却是一个非精通礼仪者不能充任的官职。明人杨士奇编辑的《历代名臣奏议》一书中，收录了陈致雍在南唐时的数篇奏议，无一不是与礼乐典制、伦理道德有关，可见其确是南唐朝廷中礼仪方面的权威学者。直到后主统治时期，陈致雍依旧担任着太常博士之职，并且参与过后主纳小周后礼仪的拟定。从陈致雍长期不能得到升迁的情况看，其在南唐朝廷中也是一个落魄不得志者。

以韩熙载之博学，其友陈致雍的学问自不待言，其撰有《曲台奏议集》二十卷、《晋安海物异名记》三卷、《闽王列传》一卷、《新定寝祀礼》一卷、《五礼仪鉴》等书，其中《五礼仪鉴》为入宋后所撰。《曲台奏议集》的序为徐锴所撰，可见两人关系比较密切。此外陈致雍还与徐铉关系密切，其在北宋致仕时，徐铉曾撰诗相送，其中有"三朝恩泽冯唐老，万里乡关贺监归"之句。以古人冯唐、贺知章比喻陈致雍，可见徐铉对其评价之高。二徐与韩熙载关系密切，故陈致雍得其赏识也就无足怪了。由于陈致雍与韩熙载及二徐关系密切，必然为宋党所侧目，受到其排挤也在情理之中，陈致雍长期不得升迁的原因，恐怕也就在于此了。

南唐灭亡后，陈致雍也随之入宋，并且担任过秘书监的高官，由于其无意于仕途，遂请求致仕归乡，后来又被清源军节度使陈洪进辟为掌书记，终老于故乡。

舒雅是韩熙载的门生之一，宣城（今安徽省宣城市）人。中主李璟保大年间，舒雅将自己所撰诗文献给了韩熙载，得其赏识，两人一见如故，成为忘年交。由于舒雅家贫，所以常年住在韩熙载家中，数年后韩熙载主持科举考试时，遂放其进士及第。舒雅姿容秀美，风度潇洒，加之文才出众，为众人所服，所以朝野上下对其此次高中，并未有丝毫的议论。舒雅虽然年轻，然性格孤傲，与韩熙载颇有几分相似。后来，李煜命徐铉对舒雅等新及第进士进行复试，舒雅宁愿不要进士的身份，也拒不赴试。这样他就长期在韩熙载门下生活，与韩熙载朝夕相处，谈诗论文，倒也潇洒自在。南唐灭亡后，舒雅在宋朝担任过将作监丞、秘阁校理、职方员外郎、舒州知州等官，参与编辑过《太平御览》《续通典》，校订过《史记》《汉书》《后汉书》《周礼》《礼记》《七经疏义》等书，活到七十多岁。著有《山海经图》《十九代史目》等书，流传于世。

朱铣也是韩熙载晚年的好友之一，关于此人的生平情况，在有关南唐历史的文献中没有记载。从碑石资料看，他大约与徐铉等人生活在同一时期，可能由于官职低微，加之在政治上没有多少建树，故为史籍所不载。从其能作为韩熙载的座上客这一点来看，朱铣的才学应该也是不错的。《六朝事迹编类》卷下记载说：《张懿公神道碑》，朱铣书写；《蒋庄武帝庙碑》，徐铉撰文，朱铣书写。据此来看，朱铣不仅才学出众，其书法水平在当时也是非常不错的。

至于韩熙载的另一友人郎粲，其事迹已经无从考证了。在顾闳中所绘的《韩熙载夜宴图》中，其身份既然是状元，说明其及第的时间并不很久，很可能是在后主统治时期科举及第的，由于出道较晚，政治上无所建树，故不为史籍所记载。

《韩熙载夜宴图》中还有一位人物，这就是德明和尚，关于此人的生平，已经无法搞清楚了，只知其不仅出入韩熙载宅，也出入于宫廷。当宋军已经包围金陵之后，后主李煜仍在宫中净室内请德明及云真、义伦、崇节等几位和尚讲解《楞严经》和《圆觉经》。李煜崇信佛法，德明得以出入宫中讲解经书，说明其精通佛学。韩熙载愿与德明交往，并且视为朋辈，除了其也信奉佛教外，还有一个原因，就是德明也是一个多才多艺的人，与韩熙载的志向爱好颇为相同，所谓惺惺相惜，遂使德明也成为韩熙载家中的座上客。

在韩熙载的朋辈中应该还有一人，这就是乔匡舜，韩熙载与其虽然极少交往，但却心仪久矣，只是不便公然交往罢了。

乔匡舜，字亚元，高邮人。年轻时就以能文而著称，文章典雅，颇有古风。先主在吴国辅政时，用其为秘书省正字。南唐开国后，他在宋齐丘幕府中任幕僚长达十余年时间，曾担任过大理评事、屯田员外郎等小官。由于其为人正直，从不虚谀讨好上司，故不为宋齐丘所赏识。先主曾打算重用乔匡舜，由于宋齐丘不愿推荐，只好作罢。后来宋齐丘失势，被赶出朝廷，到洪州任节度使，乔匡舜仍然不舍，追随其至洪州，任主管文檄的掌书记之职。正因为乔匡舜品格高洁，才获得了韩熙载的尊重，并为其长期不得重用而抱不平，只是因为这一时期孙宋两党斗争激烈，乔匡舜长期追随宋齐丘，韩熙载自然不便与其公然交往。

直到中主李璟保大年间，才将其召回朝中，历任驾部郎中、知制诰、中书舍人等职。后周军队进攻淮南时，李璟一度打算亲率大军赴前线抵御，遭到乔匡舜的坚决反对，李璟大怒，以阻挠国家大计的罪名将其流放到抚州。后主李煜即位后，将他召回京师，历任司农少卿、给事中、监修国史等职。在这一时期，以宋齐丘为首的宋党骨干分子或杀或贬，然此时的韩熙载已经心灰意冷，对政治漠不关心，也就没有心思再去结好于乔匡舜。后来乔匡舜还主持过科举考试，由于选拔人才公平公正，受到了舆论的好评。乔匡舜晚年还担任过刑部尚书之职，由于年老患病，遂请求致仕归乡。李煜见其家贫，命令终身给其全俸。开宝五年死，终年七十五岁，也算是福禄双全了。

尾声 归宿

南唐灭亡的第三年，即宋太宗太平兴国三年三月，吴越国王钱俶前往汴梁，朝见了北宋皇帝，受到了热情的款待。宋太宗不惜金银器物、宝带绫缎、御酒美食，慷慨赏赐，仅赏赐给随行将校的钱财即达三万余贯。钱俶心知大势已定，自然明白这种热情的背后意味着什么，于是便知趣地上表，请求纳土归顺。

宋太宗早就盼着这一天了。但是他如果马上接受，岂不背上了胁迫属国纳土的恶名？遂略施小计，颁诏不许，但就是不放钱俶归国。五月三日，宋太宗再次派内侍赏给钱俶汤药四金盒、金器二百两、银器三千两。钱俶知道又得表态了，于是他又一次上表请求纳土归顺。宋太宗见时机成熟，也就不再推辞了。

在一个黄道吉日，在汴梁崇元殿，钱俶将所属十三州、八十八县、五十五万人口、十一万五千名军人的籍帐及仓库，毫无保留地奉献给了宋太宗。作为回报，宋太宗授钱俶为太师、尚书令、兼中书令，改封渤海国王，食邑一万户，实封一千户，仍充天下兵马大元帅，赐"宁淮镇海崇文耀武宣德守道功臣"的称号，并赐府宅于汴梁。其他钱氏子弟也都得到了节度使的官职，部下将校也分别加官进爵。

从此以后，宋廷三日一小宴，五日一大宴，给钱俶的赏赐常年不绝。钱氏子孙在北宋也都受到了优待，这比南唐李煜和他家人的待遇不知好过多少。到了第二年，宋朝灭亡了北汉，其主刘继元被迫投降。宋太宗御幸连城台，偏偏命钱俶侍坐。他一面下令诛杀北汉降卒，一面又对钱俶进行表彰，赏赐钱物，加封食邑。宋廷此举的意图，可谓昭然若揭。

钱俶入宋以来，身体一直欠佳，经常患病。有一天黄门赵海饮酒过量，登门求见。钱俶地位虽高，但身处嫌疑之地，自然不敢不

尾声
归宿

见。赵海见他患病，临走时留下了几粒药丸，说是可以治疗眼病，并请钱俶当面服下。钱俶只好照办。赵海走后，钱俶家人非常担心，因为赵海是皇帝身边之人，其来历谁也说不清楚。钱俶再三宽慰家人，家人仍然惊恐不安。此事被皇帝知道后，为了解除钱氏家族的疑心，遂将赵海杖决并流放海岛。

钱俶为了不使宋廷生疑，再三上表，请求辞去天下兵马元帅一职。宋廷先后改封他为汉南国王、南阳国王，钱俶又四次上表，请求辞去国王，宋廷遂又改封他为许王、邓王。钱俶虽然富贵满盈，但生活非常节俭，服大帛之衣，食不重味，为人谦恭有礼，力戒家人招惹是非。端拱元年（988）春病死，终年六十岁。

北宋在统一全国的过程中，只有吴越是自动归降的，其余如南平高继冲、后蜀孟昶、南汉刘𬬮、南唐李煜、北汉刘继元等国君，都是国破而被俘的。这些昔日君主中，李煜的命运最为悲惨，其余诸人虽然也是整日胆战心惊、小心谨慎，但最终还都算是获得了善终。

后蜀孟昶死得最早，他降宋后被授予中书令，封秦国公。乾德三年（965）五月，他抵达汴梁，第二个月就死去了，终年四十七岁。死后，追封楚王。

南平高继冲降宋后被授予徐州大都督府长史、武宁军节度使、徐宿观察使等职。开宝六年病逝，终年三十一岁，追赠侍中。

南汉刘𬬮降宋后被封为恩赦侯，升为左监门卫上将军，不久改封彭城郡公。刘𬬮在国时十分残暴，宋军兵临城下，他又下令焚毁府库。归宋后宋太祖派人责问，他就把责任全部推到臣下身上。宋太祖虽然没有治其罪，但从恩赦侯这一爵号看，宋太祖并非认为他没有罪过，只是予以赦免，不再追究罢了。正因为如此，刘𬬮整日提心吊胆，不知何时大祸临头。

有一天他奉命前往讲武池，其他官员还没有到，宋太祖赐其御酒。刘铱怀疑酒中有毒，跪下哭泣着说："臣下固然有罪，但有幸归国，又逢太平盛世，臣不愿为官，愿为汴梁一布衣，希望陛下怜惜，保全臣的性命。"太祖大笑，说："朕以诚心待人，哪里会做这种事。"命人取来此杯，一饮而尽。刘铱惶惶不可终日的心态于此可见一斑。

为了保命，刘铱想方设法讨取皇帝欢心。此人心灵手巧，曾用珍珠金丝编织成戏龙之状，极为精妙，献给了宋太祖。太祖拿出来给百官观赏，大家都感到非常惊讶。太祖命赐钱一百五十万，以偿还其价，又对百官说："刘铱若以此功夫治国，焉能为我所亡！"宋太宗征北汉前夕，设宴款待群臣，刘铱在宴会上说："朝廷天威，势不可当，今四方僭伪之主，尽在坐中，太原旦夕可下，刘继元也会到来。臣率先来朝，希望能成为诸国降王之长。"太宗大笑，赏赐甚厚。刘铱在北宋苟活数年后，于太平兴国五年（980）死去，追封南越王。

北汉刘继元降宋后被授予右卫上将军，封彭城郡公。由于宋军在平定北汉的战争中伤亡颇多，刘继元担心不能保命，于是向宋太宗说："臣得知车驾亲征，便想开城归降，只是以前那些自中原投降敝国的士卒，担心投降会受到诛戮，胁迫臣而不能投降。"刘继元的这番话倒是保住了自己的性命，却为那些士卒招来了杀身之祸。

刘继元死于淳化二年，是诸降王中死得最晚的一个。他死的时候，儿子三猪才六岁，他在遗表中托太宗关照。太宗也很怜悯这个幼年丧父的孩子，赐名刘守节，授予西京作坊副使之职，这样他就可以支取一份俸禄维持生活了。刘继元死后，赠中书令，追封彭城

尾声
归宿

郡王。

宋朝统一全国后，把各国文士集中到汴梁，为大规模地搜集与编修典籍储备了人才。这些文士也得到了很好的安置，他们不负众望，参与修撰了一批重要的典籍，比如《太平御览》《文苑英华》《册府元龟》《太平广记》等。参与的人员就有徐铉、张洎、吴淑、吕文仲、汤悦、杜镐、舒雅、杨徽之、刁衎、陈彭年、钱惟演等诸国之人，其中以原南唐人士为最多。他们参与修撰的这些典籍，具有非常重要的学术价值。直至今日，研究中国古代的历史、文学、艺术、哲学、语言、文字等，都还要借助于这些典籍。

以上这些大都是韩熙载身后发生的大事，至于其直系子孙，在其死后便湮没无闻，现能考知的是：韩熙载共有八子四女，长子韩畴，在南唐任奉礼郎，早亡；次子韩伉，任校书郎；其余诸子名字及任官情况不详。入宋以后，其诸子竟无一人显达，可叹可悲。

值得欣慰的是，有关韩熙载生前活动的遗迹留存下来的还不少，据两宋时期修撰的《景定建康志》以及《重修毗陵志》《庐山记》等书记载，主要有：韩熙载读书堂，在溧水县（今江苏省南京市溧水区）无想寺中；韩熙载撰《追封庆王碑》，在金陵城南娄湖桥；庐山先天观，南唐中主保大五年赐名真风观，并予以扩建，韩熙载奉命撰写了《真风观碑并序》；丹徒县（今江苏省镇江市丹徒区）张公洞侧有万寿宫，南唐中主赐名洞灵观，韩熙载奉敕撰有《洞灵观碑》；乌江县（今安徽省和县乌江镇）北汤泉院内，立有韩熙载撰的《汤泉院碑》等。这些遗迹在宋元时期仍然完好地保存着，但经过岁月的销蚀，时至今日，除了极少数的仍有痕迹可寻外，其余均已荡然无存了。

参考文献

一、古籍类

[1] 何光远. 鉴诫录[M]//傅璇琮, 徐海荣, 徐吉军. 五代史书汇编. 杭州: 杭州出版社, 2004.

[2] 孙光宪. 北梦琐言[M]. 贾二强, 点校. 北京: 中华书局, 2002.

[3] 李振中. 徐铉集校注[M]. 北京: 中华书局, 2016.

[4] 王溥. 五代会要[M]. 上海: 上海古籍出版社, 1978.

[5] 薛居正. 旧五代史[M]. 北京: 中华书局, 1976.

[6] 郑文宝. 江表志[M]//傅璇琮, 徐海荣, 徐吉军. 五代史书汇编. 杭州: 杭州出版社, 2004.

[7] 郑文宝. 南唐近事[M]//傅璇琮, 徐海荣, 徐吉军. 五代史书汇编. 杭州: 杭州出版社, 2004.

[8] 佚名. 江南余载[M]//傅璇琮, 徐海荣, 徐吉军. 五代史书汇编. 杭州: 杭州出版社, 2004.

[9] 陈彭年. 江南别录[M]//傅璇琮, 徐海荣, 徐吉军. 五代史书

汇编.杭州：杭州出版社，2004.

[10] 史温.钓矶立谈[M]//傅璇琮，徐海荣，徐吉军.五代史书汇编.杭州：杭州出版社，2004.

[11] 陶谷.清异录[M]//上海古籍出版社.宋元笔记小说大观.上海：上海古籍出版社，2007.

[12] 钱俨.吴越备史[M]//傅璇琮，徐海荣，徐吉军.五代史书汇编.杭州：杭州出版社，2004.

[13] 路振.九国志[M]//傅璇琮，徐海荣，徐吉军.五代史书汇编.杭州：杭州出版社，2004.

[14] 佚名.五国故事[M]//傅璇琮，徐海荣，徐吉军.五代史书汇编.杭州：杭州出版社，2004.

[15] 陈师道.后山诗话[M]//文渊阁四库全书.台北：台湾商务印书馆，1983.

[16] 张唐英.蜀梼杌校笺[M].王文才，王炎，校笺.成都：巴蜀书社，1999.

[17] 欧阳修.新五代史[M].北京：中华书局，1974.

[18] 文莹.玉壶清话[M].北京：中华书局，1984.

[19] 文莹.湘山野录[M].北京：中华书局，1984.

[20] 龙衮.江南野史[M]//傅璇琮，徐海荣，徐吉军.五代史书汇编.杭州：杭州出版社，2004.

[21] 句延庆.锦里耆旧传[M]//傅璇琮，徐海荣，徐吉军.五代史书

汇编.杭州：杭州出版社,2004.

[22] 司马光.资治通鉴[M].北京：中华书局,1956.

[23] 王铚.默记[M].北京：中华书局,1981.

[24] 马令.南唐书[M]//傅璇琮,徐海荣,徐吉军.五代史书汇编.杭州：杭州出版社,2004.

[25] 阮阅.诗话总龟[M]//文渊阁四库全书.台北：台湾商务印书馆,1983.

[26] 张端义.贵耳集[M].北京：中华书局,1985.

[27] 刘道醇.五代名画补遗[M]//傅璇琮,徐海荣,徐吉军.五代史书汇编.杭州：杭州出版社,2004.

[28] 黄休复.茅亭客话[M]//上海古籍出版社.宋元笔记小说大观.上海：上海古籍出版社,2007.

[29] 赵溍.养疴漫笔[M]//文渊阁四库全书.台北：台湾商务印书馆,1983.

[30] 蔡绦.西清诗话[M]//王文濡.古今说部丛书.上海：上海文艺出版社,1991.

[31] 耿焕.野人闲话[M]//傅璇琮,徐海荣,徐吉军.五代史书汇编.杭州：杭州出版社,2004.

[32] 佚名.宣和画谱[M].北京：人民美术出版社,2016.

[33] 王辟之.渑水燕谈录[M].北京：中华书局,1981.

[34] 陆游.南唐书[M]//傅璇琮,徐海荣,徐吉军.五代史书汇编.

杭州：杭州出版社，2004．

[35] 叶梦得．石林燕语[M]．北京：中华书局，1984．

[36] 周密．癸辛杂识[M]．吴企明，点校．北京：中华书局，1988．

[37] 王栐．燕翼诒谋录[M]．北京：中华书局，1981．

[38] 吴曾．能改斋漫录[M]．北京：中华书局，1960．

[39] 周羽翀．三楚新录[M]//傅璇琮，徐海荣，徐吉军．五代史书汇编．杭州：杭州出版社，2004．

[40] 罗大经．鹤林玉露[M]．北京：中华书局，1983．

[41] 张敦颐．六朝事迹编类[M]．南京：南京出版社，1989．

[42] 洪迈．容斋随笔[M]．北京：中华书局，2005．

[43] 杨士奇．历代名臣奏议[M]//文渊阁四库全书．台北：台湾商务印书馆，1983．

[44] 董诰．全唐文[M]．北京：中华书局，1983．

[45] 吴任臣．十国春秋[M]．北京：中华书局，2010．

[46] 梁廷枏．南汉书[M]//傅璇琮，徐海荣，徐吉军．五代史书汇编．杭州：杭州出版社，2004．

[47] 王士禛，郑方坤．五代诗话[M]．北京：人民文学出版社，1989．

[48] 陈廷焯．白雨斋词话全编[M]．北京：中华书局，2013．

二、著作类

[1] 李松. 韩熙载夜宴图[M]. 北京：人民美术出版社，1979.

[2] 郭绍虞. 宋诗话考[M]. 北京：中华书局，1979.

[3] 郭绍虞. 宋诗话辑佚[M]. 北京：中华书局，1980.

[4] 杨伟立. 前蜀后蜀史[M]. 成都：四川省社会科学院出版社，1986.

[5] 田居俭. 李后主新传[M]. 长春：吉林文史出版社，1991.

[6] 曾昭岷，曹济平，王兆鹏，等. 全唐五代词[M]. 北京：中华书局，1999.

[7] 杜文玉. 南唐史略[M]. 西安：陕西人民教育出版社，2001.

[8] 王国维. 校注人间词话[M]. 徐调孚，校注. 北京：中华书局，2003.

[9] 唐圭璋. 词话丛编[M]. 北京：中华书局，2005.

[10] 宝鸡市考古研究所. 五代李茂贞夫妇墓[M]. 北京：科学出版社，2008.

[11] 戴均良，刘保全，邹逸麟，等. 中国古今地名大词典[M]. 上海：上海辞书出版社，2010.

[12] 陈欣. 南汉国史[M]. 广州：广东人民出版社，2010.

[13] 成都王建墓博物馆. 前后蜀的历史与文化：前后蜀的历史与文化学术讨论会论文集[M]. 成都：巴蜀书社，1994.

[14] 张朋川. 《韩熙载夜宴图》图像志考[M]. 北京：北京大学出版社，2014.

[15] 彭文峰. 五代马楚政权研究[M]. 北京：中国社会科学出版社，2014.

[16] 南京博物院. 南唐二陵发掘报告[M]. 南京：南京出版社，2015.

三、论文类

[1] 莫锦江. 论前蜀的兴亡[J]. 四川大学学报（哲学社会科学版），1983（4）.

[2] 区潜云. 李后主与牵机药[J]. 学术研究，1983（6）.

[3] 诸葛计. 南唐先主李昇行事述略[J]. 学术月刊，1983（12）.

[4] 任爽. 南唐党争试探[J]. 求是学刊，1985（5）.

[5] 杜文玉. 南唐党争评述——与任爽同志商榷[J]. 渭南师专学报（综合版），1991（6）.

[6] 杜文玉，高长天. 论唐末五代的夏州政权[J]. 延安大学学报（社会科学版），1991（2）.

[7] 杜文玉. 吴越国轻徭薄赋说质疑[J]. 陕西教育学院学报，1992（3）.

[8] 施沁. 李煜与南唐文献[J]. 杭州师范学院学报，1992（5）.

[9] 潘金玲. 韩熙载与《夜宴图》[J]. 东南文化，1998（4）.

[10] 段玉明．大理国主段思平家世考[J]．中国史研究，1998（2）．

[11] 张兴武．马楚政权下的文人群体[J]．首都师范大学学报（社会科学版），2001（4）．

[12] 漠及．《韩熙载夜宴图》新解[J]．美术观察，2003（1）．

[13] 梁励．李昇与南唐政局述论[J]．徐州师范大学学报（哲学社会科学版），2003（3）．

[14] 郭平．问君能有几多愁——浅谈李煜后期词风的形成[J]．山东社会科学，2006（5）．

[15] 徐小兵，温建娇．《韩熙载夜宴图》中的衣冠服饰考[J]．艺术探索，2009（2）．

[16] 彭文峰．马楚政权统治集团本土化略论[J]．湖南大学学报（社会科学版），2009（2）．

[17] 邹华．论李煜词的诗化[J]．云南民族大学学报（哲学社会科学版），2010（1）．

[18] 高峰．南唐党争与文人心态[J]．南京师范大学文学院学报，2010（4）．

[19] 仲伟明．后主李煜前期代表作意境析[J]．语文学刊，2014（14）．

[20] 张成恩．论李煜词的艺术审美价值[J]．社科纵横，2015（5）．

[21] 段玉明．大理国的朝贡及其影响[J]．学术探索，2016（1）．

[22] 皇甫鑫. 论《韩熙载夜宴图》中的屏风[J]. 大众文艺, 2016 (21).

[23] 周安庆. 道不尽的古代名画韩熙载夜宴图[J]. 收藏家, 2017 (9).

[24] 李艳峰, 王兴宇. 大理国国王世系及相关问题研究[J]. 玉溪师范学院学报, 2018 (9).

[25] 梁刚.《韩熙载夜宴图》的断代考订[J]. 荣宝斋, 2018 (5).

[26] 孙克强, 张鹏. 论李后主词在词学史上的地位和意义[J]. 中州学刊, 2019 (3).

五代十国简表

年	五代	吴	南唐	前蜀	后蜀	南汉	楚	吴越	闽	南平	北汉
907	后梁（907—923）太祖 朱温			（891—925）高祖 王建		（905—971）刘隐	（896—951）	（893—978）钱镠	（897—945）王潮 太祖 王审知		（907—963）
908											
909											
910											
911											
912											
913											
914	朱友珪	（892—937）太祖 杨行密									
915											
916											
917	末帝 朱友贞					高祖 刘龑					
918											
919		烈祖 杨渥									
920				后主 王衍							
921											
922											
923											
924	后唐（923—936）庄宗 李存勖	高祖 杨隆演							嗣王 王延翰	高季兴	
925					（925—965）						
926											
927							马殷				
928	明宗 李嗣源								惠宗 王延钧		
929											
930		睿帝 杨溥					马希声			高从诲	
931											

年份	五代	吴	南唐	前蜀	后蜀	南汉	楚	吴越	闽	南平	北汉
932							马希范	钱元瓘			
933	闵帝 李从厚				高祖 孟知祥						
934					后主 孟昶						
935	末帝 李从珂								康宗 王昶		
936											
937	后晋 (936—946) 高祖 石敬瑭		(937—975) 烈祖 李昪						景宗 王曦		
938											
939											
940						殇帝 刘玢			福恭懿王 王延政		
941								钱弘佐			
942											
943	出帝 石重贵					中宗 刘晟					
944											
945											
946			元宗 李璟								
947	后汉 (947—950) 高祖 刘知远										
948							马希广	钱弘倧			
949	隐帝 刘承祐									高保融	
950								钱俶			
951	后周 (951—960) 太祖 郭威						马希萼				(951—979) 废帝 刘继恩
952											
953											世祖 刘旻
954							马希崇				
955	世宗 柴荣										睿宗 刘钧
956											
957											
958	恭帝 柴宗训						后主 刘鋹			高保勖	英武帝 刘继元
959											
960			后主 李煜							高继冲	

注：十国的存在时间，一般从各国开始割据的那一年算起，截止于归附北宋王朝。十国中以前蜀建立最早，是在王建夺取西川的公元891年；以北汉灭亡最晚，直到公元979年才被宋太宗攻灭。

后记

2005年11月，中华书局约笔者写一部有关五代十国历史的书稿，尽管我非常希望承担这一任务，最初还是拒绝了。主要原因是时间太紧张了，只有半年左右的撰写时间；其次是要以南唐历史与人物为中心，同时兼顾其他诸国的历史。众所周知，这一历史时期，中原王朝仍居于中心地位，是所谓正朔之所在，因此这种写法显然与我的历史观并不一致。不过，最终我还是被中华书局的编辑说服了，硬着头皮承担了这一任务。

经过半年的紧张写作，终于完成了这部取名为《夜宴——浮华背后的五代十国》的书稿，随后根据编辑的意见进行修改，大约又花了一个月的时间，于2006年7月交稿。同年8月中华书局竟然正式推行了新书，这个速度令我十分惊异。数万册的新书很快就销售出去了，于是在次月又进行了第二次印刷。2007年，台湾的联经出版事业有限公司引入版权，出版了繁体字版，并将书名改为《夜宴图——浮华背后的五代十国》，增加了一个字。据说销售也很不错。

以上这些销售业绩的取得，在我看来主要有三个方面的原因：其一，中华书局的销售宣传做得很好。具体采取了哪些措施，我也不清楚，但是我看到本书的部分内容当时在新浪网上公开，读者可以先睹为快，是否买书由读者确定，不能不说这是一个高明的办法，这是我所知道的其所采取的一个措施。其二，当时适逢电影《夜宴》公映，一些读者出于好奇，遂购买了本书。其三，那一时期各种媒体，包括报纸、杂志、网络不约而同地发表了许多评论、报道、采访，形成了一个不大不小的高潮，也对本书的销售起到了很好的促进作用。不过，这样的机遇毕竟是不多的。

我的著作大都是按照学术著作的规范循规蹈矩地撰写，如本书这样的写法，对我来说还是第一次，因此困难是不小的。原因就在于写惯了学术论著，甫一改变，还很不习惯，也不如写学术论著那样得心应手。经过认真思考，最终确定了两条写作原则：一是必须以史实为依据，无一字无来历，决不能虚构；二是文字尽量做到流畅自然，语言上可以有一些文学性的修饰，以增加可读性。这两条原则得到了中华书局领导与编辑的认可，于是便大胆地写了起来，并及时交出了书稿。总之，本书仍然是一部严肃的历史著作，只是在写法上有所变化而已，所以希望读者把它当历史书来读，不是戏说，也不是文学创作。

光阴荏苒，转眼十九年过去，市场上已经买不到本书了，因此陕西师范大学出版总社有意再版，我觉得这是一件好事，也就答应下来了。

此次再版主要做了三件事：一是对文字进行了修改润色，同时又进行了增补，大约补充了两万字。由于当年撰写此书时，时间比较仓促，故此次出版增订本，又花了七八个月的时间进行修改，弥补了一些不完善之处，使内容更加丰富。二是增补了一些图片，原书的图片是中华书局邀请故宫博物院提供的，此次增加了一些图片，与文字配合，以增加直观性。三是在书末增加了参考文献，以便使读者了解本书的资料来源。书名仍然不变，为了有所区别，故称增订本。此次再版首先要感谢陕西师范大学出版总社社长刘东风先生，没有他的支持和允准，本书是不可能顺利再版的。其次还要感谢陕西师范大学出版总社编辑王森先生，其一丝不苟、认真负责的工作态度，不仅使本书避免了一些讹误，而且还增色不少。

杜文玉

2021 年 6 月于古都西安